마침내 내뱉은 말

LIFE ON DELAY
Copyright © 2023 by John Hendrickson
All rights reserved

Korean translation copyright © 2025 by Maybooks
Korean translation rights arranged with Creative Artists Agency UK, Ltd
through EYA Co., Ltd.

이 책의 한국어판 저작권은 EYA Co., Ltd.를 통해 Creative Artists Agency UK,
Ltd.와 독점 계약한 도서출판 오월의봄이 소유합니다. 저작권법에 의하여 한국
내에서 보호를 받는 저작물이므로 무단 전재 및 복제를 금합니다.

이 책에 쏟아진 찬사

"이 책은 말더듬이란 개념을 새로이 구성해 장애를 향한 오랜 태도에 도전한다. 헨드릭슨은 사적인 경험과 연구 내용, 그리고 타인의 이야기에 대한 깊은 공감을 서술하는 방식으로 오랫동안 인정하지 않았던 자신의 장애를 우리 모두에게 진정한 인간성을 증명해 보일 기회로 전환한다."
― 《워싱턴 포스트》

"헨드릭슨은 간결한 은유를 만들어내는 뛰어난 재능으로 자칫 장황해질 수 있는 설명을 기억에 남을 선명한 이미지로 압축해 신속히 전달한다. …… 말을 하려고 분투해온 자신의 경험뿐만 아니라, 자신을 바라보는 타인들의 시선을 끊임없이 인식해 그것을 인상 깊게 묘사하며, 과학과 감정, 아이디어와 경험을 짜임새 있게 엮어 매끄럽게 서술했다."
― 《뉴욕 타임스》

"다만 남들과 다르다는 느낌과 싸우는 이들뿐만 아니라 모든 이의 삶에 변화를 가져다줄 책이다."
― 《북리스트》

"영혼이 녹아든 글이다. …… 헨드릭슨은 자신의 삶과 말더듬 경험을 날 것 그대로 보여준다. 이 책은 깊은 울림을 주는 작품으로, 언어장애로 고충을 겪는 이들에 대한 독자의 인식을 바꾸어놓을 것이다."
― 《에스콰이어》

"감동적인 탐구. …… 흥미로운 면면을 방대하게 담아냈다."
― 《뉴요커》

"강렬하다. …… 헨드릭슨이 연구자, 치료사, 말더듬이들과 말더듬이 자녀를 둔 부모들과 나눈 인터뷰는 이야기의 영역을 확장하며 사회적으로 낙인찍힌 공동체를 격려한다. …… 이 회고록은 우리가 너무도 자주 간과하는 장애를 향해 꼭 필요한 조명을 비춘다."
― 《퍼블리셔스 위클리》

"엄청나게 매력적인 회고록이다. 이 책을 읽은 당신은 존을 응원하게 될 뿐만 아니라 그의 이야기 속에서 당신 삶의 여정을 엿보게 될 것이다."
― **아이작 피츠제럴드**Isaac Fitzgerald**, NBC 〈투데이 쇼〉**

"깊은 영감을 준다. …… 말을 더듬는 사람들의 경험을 알아가는 데 친근한 길잡이가 되어줄 것이다."
― 《내셔널 북 리뷰》

리즈에게

행동에 대한 걸림돌이 행동을 나아가게 한다.
앞길을 막아선 것은 길이 된다.

―마르쿠르 아우렐리우스 Marcus Aurelius

오늘 밤 이후로 이것을 과거의 비밀로 두고 싶지 않다면
내가 이를 되살려, 좋은 쪽으로 흐르게 하리

―송즈 오하이아 Songs: Ohia,
〈고별 방송 Farewell Transmission〉

차례

저자의 말   *13*

1. 손에 아무것도 없이   *15*
2. 빈 오디오   *19*
3. 그 시선   *33*
4. 야구공과 스트라이크   *48*
5. 유창성 공장   *62*
6. 설명하기 어려운   *71*
7. 조 선생님   *79*
8. 술이 주는 용기   *90*
9. 검은 파도   *97*
10. 카이로스   *111*
11. 펜실베이니아주립대학교 1   *123*
12. 부푼 꿈을 안고   *137*
13. 펜실베이니아주립대학교 2   *144*
14. "고객님, 그게 어느 나라 말이죠?"   *150*
15. 서부를 향한 편도 여행   *162*

16.	불확실한 미래	171
17.	"제가 몸에서 빠져나가요"	179
18.	해고 통지서	188
19.	봉인된 상자	204
20.	"우리 몸이 우리를 저버려서요?"	220
21.	조 바이든 기사와 편지들	230
22.	"그게 저를 막지는 못하죠"	250
23.	"더 부드러운 안식처"	259
24.	"아직이란 없답니다"	268
25.	엄마 아빠	279
26.	당신이 아니었다면	287
27.	프렌즈	293
28.	형제	303

참고 문헌	317
감사의 말	327

일러두기
· 본문의 각주는 모두 옮긴이의 것이다.
· 단행본, 정기간행물(신문, 잡지), 음악 앨범은 겹화살괄호(《》)로, 노래, 기사, 영화, 공연, 텔레비전 프로그램 등은 홑화살괄호(〈〉)로 표기했다.

저자의 말

　이 책은 두 해에 걸쳐 진행한 수십 건의 인터뷰를 바탕으로 한다. 대부분 인터뷰는 대면, 전화, 다양한 오디오 및 영상 플랫폼을 통해 진행되었다. 모든 인용문은 적절한 길이로 명확하게 전달하기 위해 편집해서 실었다. 많은 대화의 내용이 기억에 관한 것이다. 나는 직접 내지 제삼자의 도움을 받아 사실을 확인한 뒤, 추가 인터뷰 및 사진, 동영상, 이메일, 일기, 신문 스크랩 그리고 기타 기록 자료를 통해 이 책에 기술된 사건들을 입증하기 위해 신중한 노력을 기울였다. 책에 등장하는 대부분의 대화는 녹음 및 필기되었지만 일부 인용문—수년 또는 수십 년 전의 대화들—은 나와 다른 개인의 기억에서 재구성한 것이라 본질적으로 불완전하다. 그러나 되도록 정확하게 그리고 타인의 입장에 공감하며 쓰려고 최선을 다했다.

1.

손에 아무것도 없이

"이렇게까지 할 필요 없는 거 알지." 제프가 아들을 대하는 투로 말한다. "자네랑 나, 여기서 나가도 돼. 아침 먹으러 가도 좋고." 그의 말은 농담이지만 진담이기도 하다. 내가 그러자고 하면 제프도 좋다고 할 테고, 우리는 엘리베이터를 타고 로비로 내려가 다시는 이 일을 입 밖에 내지 않을 것이다. 나는 그저 다른 여러 날과 마찬가지로, 말하기보단 사라져버리는 또 다른 아침을 맞이하리라.

그가 거울을 등지고 메이크업 선반에 기댄다. 내 얼굴에 컨실러가 덕지덕지 발려도 여드름 흉터와 눈 밑 다크서클, 지저분하게 남은 수염은 감춰지지 않는다. 나는 머리카락을 자르는 어린아이가 회전의자에 앉아 귓가에 윙윙거리는 바리캉 소리에 몸을 움츠리듯 겁에 질린 모습이다. 제프는 나의 상사다. 그가 걱정스러운 안색을 비친다. 나는 그의 제안을 받아들이고 싶다. 자리를 박차고 나가 이 모든 것을 잊고 싶다.

마침내 먼저 자리를 뜨려는 그는 어깨를 토닥이며 행운을 빌어주고 문을 나선다. 나는 대기실로 마련된 어느 조그만 방으로 걸어 들어간다. 어릴 적, 내 삶은 조그만 방들로 규정되었다. 천장 높이의 벽 거울이 있던 언어치료사 사무실. 초등학교 지하실의 창문이 없던 작은 방. 반 친구들 모두 내가 그 조그만 방에 간다는 사실을 알았지만 누구도 물어보려 하지 않았다. 나 역시 말을 꺼내지 않았다. 애써 문제를 외면하다보면 그것이 사라질지도 몰랐으니까. 나와 우리 엄마, 아빠, 형 모두가 바랐던 바가 바로 그것이다. 우리는 수십 년 동안 이 이상한 것이 내 몸에서 빠져나가 사라져버리길 기다렸다. 수십 가지 이유로, 그것은 여전히 남아 있다.

평생토록 사람들 앞에서 말하는 일이라면 어떻게든 피해왔다. 그런데 지금, 녹화장으로 불리길 기다리며 앉아 땀으로 셔츠를 흥건히 적시고 있다. 두 무릎이 걷잡을 수 없이 덜걱거린다. 오늘 아침 던킨도너츠에서 어렵사리 주문한 미지근하게 식은 블랙커피를 마시며 바닥을 응시한다. 점원이 내게 흘린 동정 어린 미소는 너무도 익숙했다.

지난밤에는 늦게까지 사무실에 남아 홍보 담당자 헬렌과 테이블을 사이에 두고 마주 앉았다. 6층에 있는 조그만 방으로 들어가자 그녀는 뉴스 앵커를 흉내 내며 모의 인터뷰를 시작했다. 나는 한마디도 제대로 답하지 못했다. 그녀는 계속해서 나를 몰아세웠다.

"다시 한번 해봐요"라고 그녀가 말했다.

"네, 다시."

"자, 해볼까요?"

나는 문장들을 뱉어낼 수 없었다. 시선을 피하기만 했다. 다음 단어로 넘어가기 위해 주의를 분산시키려고 펜을 만지작거렸다. 퇴근하고 싶었지만 어쩔 수 없었다. 우리는 다시 시작했고 나는 펜을 쥐었다. 헬렌이 부드러우면서도 쓸쓸하고 우아한 투로 말했다. "이번에는 손에 아무것도 없이 해보죠."

오늘 내가 이 조그만 방, 맨해튼 미드타운에 자리한 MSNBC 대기실에 있는 이유는 스물네 시간 전 내 인생이 바뀌었기 때문이다. 지난 30년 동안 나는 한 단어, 바로 '그' 단어로부터 숨어 지냈다. 지금껏 어떻게든 그 단어를 피해가며 몇 단락을 지나왔다. 그러나 당신은 이미 그 단어를 알아챘으리라. 어렸을 적부터 당신은 '말더듬'이 못난 단어라는 것을 내면화한다. 말더듬의 모든 것이 이상하다. 두 개의 디귿과 중간에 '더'라는 발음은 '덜떨어진' 이를 떠올리게 하고 '불구자' 내지 '저능아'처럼 덜컥하고 다가온다. 당신은 본능적으로 말더듬에서 달아나고 말더듬에 관한 대화에서 벗어나고자 한다. 말더듬은 고통스럽고 어색해 아무도 이야기하고 싶어 하지 않는다.

오늘은 2019년 11월 22일 금요일이다. 내가 이 자리에 나온 건, 어제 내가 살아 있는 말더듬이 중 가장 유명해진 사람에 대한 기사를 《애틀랜틱 The Atlantic》에 게재했고, 그간 살면서 아예 생각조차 해보지 않은 일, 즉 텔레비전에 출연해 말하는 일을 앞두었기 때문이다. 이제 열두 달도 채 남지 않은 시점에 조 바이든은 미국

대통령으로 선출될 예정이다. 어쩐 일인지 그는 어렸을 때 말을 더듬었을 뿐만 아니라 나이가 들어서도 말을 더듬는다는 사실을 수천만 명의 사람들이 잘 모르게 한 채로 여기까지 왔다. 우리 잡지사에는 나보다 더 재능 있고 유능하며 차기 대통령을 인터뷰할 자격을 갖춘 수십 명의 기자가 있다. 나는 단지 말을 더듬는다는 이유로 이 일을 맡았다.

　이런 기회가 생기면 누구라도 턱을 치켜들고, 가슴을 내밀고, 주위에서 승리의 경적이 울리는 가운데 당당히 앞으로 나아가는 모습을 떠올릴 것이다. 지금 나는 그저 두렵다. 90초 후면 푸른색 재킷을 입고 투명한 이어폰을 낀 채 벨트 뒤쪽에는 배터리를 달고 세트장으로 걸어갈 것이다. 그러곤 거기 있어야 할 사람의 역할을 연기하려 애쓸 것이다. 하지만 내가 말을 시작하는 순간 사람들은 불편해하리라. 앞으로 15분이 얼마나 힘들지 잘 모르겠다. 그리고 그 이후에 무엇이 기다리고 있을지 전혀 모르겠다.

2.
빈 오디오

말하기의 어려움은 내 인생 거의 모든 결정에 영향을 주었다. 자기소개 시간이면 이름을 말하기 싫어 남자 화장실로 슬그머니 숨어들었다. 중국집에 가서 메뉴를 주문할 바에야 우리 집 텔레비전 앞에 앉아 조용히 밥을 먹는 게 나았다. 집 전화, 휴대폰, 그리고 회사 전화를 받아 인사를 건네는 대신 전화벨이 울리고 울리고 또 울리도록 내버려두었다.

"-이-이-이-"

나는 끝내 '여'조차 말하지 못했다.

매일 수업시간마다 선생님이 출석을 부를 때도 같은 소리를 소환해야 했다. 나는 물리적 공간에서 "여기요!" 하고 외치며 내 존재를 확인시키기가 두려웠다. '여'의 블랙홀이 뒤에 따라올 '기요'를 삼켜버릴 걸 알았던 탓이다.

내가 말을 더듬으면 당혹감을 느낀 당신이 비웃으며 뒷걸음질 치리란 걸 잘 안다. 말을 더듬거려 괜히 서로의 시간을 낭비한다고 느낄 수 있고, 말더듬에는 우리 모두를 당황케 하는 힘이 있다는 점도 안다. 그리고 그 힘을 이해하는 유일한 방법은 그것에 대해 이야기하는 것뿐이라는 사실을 깨닫기 시작했다.

처음으로 방송에 나가 말을 더듬은 그날 아침 이후, 나는 전 세계 말더듬이들과 심오한 대화를 나누었다. 다른 이들은 어떻게 대처하는지 알고 싶었다. 대부분의 경우 그냥 앉아서 그들의 이야기를 듣고만 있었지만, 필연적으로 같은 질문들을 반복하게 되었다. 말을 더듬는 데서 오는 수치심을 어떻게 받아들이세요? 그 모든 화를 어떻게 다스려요? 분노는요? 두려움은요? 어릴 적부터 혐오하도록 길들여진 자신의 한 측면은 어떻게 받아들이죠? 그러다 나는 예기치 않게 내 과거의 유령과도 대화를 나누었다. 이제는 다른 이들에게 물었던 질문에 대해 스스로 답해보려 한다.

엘리자베스라는 낯선 이에게서 메시지를 받았다.

"안녕하세요, 저희가 만난 적은 없긴 한데……"

삭제 버튼을 누르려다가 계속 읽는다. 엘리자베스는 이제 막 메인주에 다녀오는 참인데, 우연히 아들 유치원 때 선생님을 만났고, 선생님은 예전에 가르쳤던 어느 제자가 기사를 썼다며 극찬을 아끼지 않았다고 전한다.

메일을 몇 번 주고받은 끝에, 뜬금없게도 유치원 때 선생님의 이메일 주소를 얻는다. 곧 선생님의 전화번호도 알게 될 것이다. 이야기를 나누기로 약속을 잡았지만 당장은 너무 민망해서 전화를 못 건다. 내가 왜 이러고 있지? 선생님은 어떻게 나를 기억하는 걸까? 선생님의 번호를 누른 나는 겨우 수화기를 들고 있다.

빅포드 선생님이 여보세요, 하고 27년 전과 정확히 같은 목소리로 전화를 받는다. 자애롭고 엄격하며, 부드럽고 담담하게 말하는 분. 어릴 적 수많은 이야기를 들려주던 그 목소리가 친근하다. 엄지손가락을 책등에 대고 우리를 향해 책을 들고 있던 선생님의 모습이 눈에 선하다. 책장을 넘기기 전 그녀는 양반다리를 하고 카펫에 둘러앉은 나와 친구들이 천천히 책을 돌려보며 삽화를 충분히 감상하도록 해준다. 선생님이 책을 읽자 나는 차분해진다. 선생님 목소리에 빠져들고 만다.

내가 뭔가 잘못되었다는 사실을 가장 먼저 알아차린 이가 바로 선생님이었다.

"네가 기억할진 모르겠지만, 우리가 자주 했던 게 '오늘의 뉴스'라는 활동이었거든." 빅포드 선생님이 말한다.

선생님 입에서 그 말이 떨어지기가 무섭게 뱃속 어딘가가 조여오기 시작한다.

날마다 오늘의 뉴스를 시작할 시간이 되면—이제는 페티 부인이 된—빅포드 선생님이 교실 앞에 하얀 종이로 된 차트를 펼쳤다. 우리 반 꼬마들은 저마다 특정 요일을 배정받아 친구들에게 전할 뉴스를 준비했다.

"앞에 앉은 내가 따옴표 안에 '존이 전합니다'라고 적고 나면,

네가 어떤 문장이든 말하고 우리 모두는 그 문장을 따라 읽는 활동이었어." 선생님이 당시를 회상했다.

나는 이 활동을 시작부터 어려워했다. 처음 빅포드 선생님은 내 기억력에 문제가 있다고 생각했다. 그래서 나더러 뉴스 발표 전날에 엄마의 노란 포스트잇을 떼어서 그림이든 대사든 할 말을 떠올리게 해주는 메모를 준비해오라고 일렀다. 볼티모어 오리올스 구단의 팬이었던 나는, 비뚤배뚤 작은 스티치가 삐져나온 비대칭 야구공을 그려가곤 했다.

내가 준비한 뉴스를 상상해보자. 어젯밤, 내가 가장 좋아하는 선수, 칼 립켄 주니어가, 엄청난 홈런을 쳤습니다. 나는 교실 앞쪽에 서 있다. 포스트잇을 준비해 왔다. 다 아는 단어들이다. 단어들이 **느껴진다**. 그러나 문장을 내뱉을 수 없고 그 이유를 모른다. 겨우 첫마디를 밀어내도 다음 말이 나오지 않는다.

"넌 그 활동을 좋아하지 않았지"라고 선생님이 말한다. 목소리에 찌릿한 통증이 스며 있다. 향수에 젖은 우리의 대화가 잠잠해진다. "근사한 곱슬머리에 작고 귀여운 남자아이였는데."

오늘의 뉴스 발표는 끝내 수월해지지 않았다. 그러다 곧 이름이 불리는 것 자체가 싫어졌다. 마침내 빅포드 선생님은 엄마와 면담을 했다. 뭔가가 잘못됐어요. 검사를 받아보셔야 할 것 같습니다.

**

1992년 가을, 내게서 말더듬 증상이 나타났을 때만 해도 말더듬은 너무 늦기 전에—신속히!—바로잡고, 해결하고, 치료해야 하는 무언가로 여겨졌다. 자녀가 말더듬이로 자라길 원하는 사람이 어디 있겠는가.

2000년도에 접어들고서야 과학자들은 말더듬이 신경학적 장애임을 이해하게 되었다. 그러나 여전히 해당 분야 연구는 약간 어수선하다. 심지어 말더듬의 핵심 '문제'에 관해 의견을 모으는 전문가도 거의 없다. 어떤 이들은 말더듬이 말하기의 언어적 요소(생각을 말로 바꾸기)와 관련 있다고 주장하는 반면, 다른 이들은 운동 제어 문제(근육이 단어의 소리를 구성하는 방식)에 더 가깝다고 믿는다.

우리의 말하기 능력은 유아 때부터 발달하기 시작한다. 조그맣게 내뱉는 소리나 옹알이는 훗날 때가 되면 문장으로 발전할 모음과 자음 소리를 위한 타격 연습이다. 전체 아동의 5에서 10퍼센트는 어떤 형태로든 비유창성disfluency을 보인다. 생후 초기에는 아무런 문제 없이 말하기 시작하다가 2세에서 5세 사이에 나처럼 말을 더듬기도 한다. 그 아이들 중 적어도 75퍼센트는 성인기에 접어들기 전에 유창성을 회복한다. 하지만 계속 말을 더듬는 아이는 해가 갈수록 유창하게 말하거나 끊김 없이 말하기를 점점 더 어려워한다. 10세에도 여전히 말을 더듬는다면, 살아가는 내내 어느 정도 말을 더듬을 가능성이 높다.

'말더듬'은 문장을 말하는 과정에서 발생하는 다양한 방해 요인을 포괄적으로 설명하는 용어다. 아마 속사포처럼 빠르게 단어 일부를 반복하는 전형적인 말더듬이가 떠오를 것이다. 나는 말을 더더더더더듬어요. 그러나 말더듬은 단어를 말하는 중 의도치 않은 연장으로 나타날 수도 있다. 같이 여어어----어---어엉화 보러 갈래요? 그리고 더 설명하기 어려운, 말막힘이 있다.

　한 단어가 막히면, 모든 것을 잠식하는 가혹한 침묵이 뒤따른다. 흘러나오던 라디오에서 오디오가 빌 때처럼. 온 힘을 다해 첫 말을 내뱉으려 해봐도 몇 초 동안 소리를 낼 수가 없다. 애를 쓰면 쓸수록 숨이 가빠온다. 숨이 가빠지면, 단어를 내뱉을 수 있을 만큼의 충분한 공기가 폐와 후두를 통해 이동하지 못할 가능성이 높다. 이따금 말막힘은 1분 혹은 그 이상 지속된다. 심한 경우 기절할 듯한 기분이 들기도 한다. 말막힘은 두 개 자석을 같은 극끼리 서로 맞대려고 밀어붙이는 것과 같다. 가까이, 정말 가까이 밀어서 결국엔 닿을 것 같은데 결코 닿지 않는다. 속에 엄청난 압력이 쌓인다. 당신은 숨을 헐떡이며 다시 시작한다. 기억하자. 이게 단지 **한 단어** 때문이었다는 것을. 어쩌면 다음 단어가 또 막힐지도 모른다.

　미국에서 300만 명이 이런 식으로 말한다고들 하는데 그렇게 흔히 눈에 띄진 않는다. 말더듬은 부분적으로는 유전적인 현상이다. 10여 년 전 유전학자 데니스 드레이나Dennis Drayna는 말더듬과 관련한 세 가지 유전자 돌연변이를 발견했다. 현재 이러한 '말더듬 유전자'는 최소 네 가지가 존재하며 앞으로 더 많은 유전자가 발견될 가능성이 있다. 하지만 유전적 측면조차도 불분명하다. 말더듬은 부모에서 자식에게로, 명확한 우성 또는 열성 패턴 없이 유전된다. 동일한 유전자를 지닌 일란성 쌍둥이여도 한 명만 말을 더듬을 수 있다.

일반적인 언어치료사는 (가령 'ㄹ' 소리를 뚜렷하게 발음하기 어려워하는) 발음 문제부터 삼킴 문제까지 다양한 장애를 치료하는 법을 배운다. 그러나 많은 치료사들이 말더듬과 같은 다층적인 문제를 다루기에는 능력이 부족하다. 미국 내 약 15만 명의 언어치료사 중 말더듬 전문가로 인증된 사람은 150명 미만이다. 심지어 오늘날에도 말더듬 환자를 효과적으로 돕는 방법에 관해 의료계 내에서 활발한 논쟁이 벌어진다. 많은 교사들도 학생이 말을 더듬을 때 어떻게 대처해야 하는지 모르긴 마찬가지다. 말더듬은 외롭다. 가족 중에 형제자매나 아빠 혹은 조부모가 말을 더듬을 수도 있지만, 대부분 경우 학급에서 말을 더듬는 아이는 단 한 명, 바로 **당신**뿐이다.

워싱턴 D.C.에서 태어난 나는 메릴랜드주 타코마 공원의 녹음이 우거진 교외에서 자랐다. 엄마는 어린이 병원의 간호사였다. 7남매 중 딱 넷째인 그녀는 협상가이자 평화 지킴이였다.

엄마는 내 유일한 형제인 맷 형과 나를 데리러 학교에 올 때마다 대형 마트에서 산 저렴한 탄산음료를 푸른색 혼다 어코드 컵홀더에 준비해두었다. 집에 돌아오면 페퍼리지팜 빵 위에 구운 치즈를 얹어 주셨다. 한 손에는 미니어처 도마에 따뜻한 샌드위치를, 다른 한 손에는 감자칩 한 접시를 들고 텔레비전 방으로 들어오던 엄마. 가방에는 구겨진 크리넥스 휴지 한 뭉치가 늘 준비돼 있었다(그 휴지를 내 코에 대고 "흥! 불 꺼야지"라고 말하곤 했다). 어느 핼러윈에는 거실에 나를 데려다놓고 머리부터 발끝까지 붕대로 칭칭 감아 미라로 변신시켰다. 간호사 키트에 있던 의료용 반창고와 핀을 사용해 여러 종류의 응급처치용 붕대를 겹겹이 둘렀다. 몸을 점점 더 많이 감싸면서 엄마는 진지하게 경고했다. 쉬하고 싶으면 지금 하는 게 좋을걸.

빅포드 선생님이 전한 이야기는 엄마에겐 감당하기 버거운 소식이었다. 엄마는 소아과에 전화를 걸었고, 소아과 의사는 언어치료사에게 상담을 의뢰했다. 그 언어치료사는 내게 실제로 문제가 있다고 판단했지만 별다른 도움을 줄 수 없다고 했다. 우리는 저절로 좋아지길 바라며 한동안 기다렸다. 하지만 상황은 악화했다. 내게 남은 다음 선택지는 학교에 있는 조그만 방에 가서 다목적 치료사를 만나는 것이었다.

형과 내가 다니던 학교는 시내에 있는 가톨릭 초등학교 홀리 트리니티Holy Trinity였는데 엄마가 교장 선생님과 거래한 덕분에 학비를 감당할 수 있었다. 우리 수업료를 할인받는 대신 엄마가 대체 보건교사로 자원봉사를 했던 것이다. 엄마가 학교에서 근무하는 날이면 나는 지하에 있는 보건실에 가서 반들거리는 식탁보 앞에 앉아 엄마와 점심을 먹었다. 사랑스러운 날들이었다. 하지만 엄마를 만나러 가는 길에 그 조그만 방을 지나쳐야 했다. 나는 그 방이 싫었다. 그 방에 들어갈 때마다 내가 실패작처럼 느껴졌다.

노크 소리가 난다. 내가 자리에서 일어나 교실을 나가려고 하자 아이들이 쳐다본다. 슬레이트 계단을 따라 두 층을 내려간 다음 모퉁이를 돌아 조그만 방으로 들어간다. 작은 책상, 작은 의자, 작은 책꽂이. 작은 방 안의 모든 것이 작다. 나는 이제 꽤 컸고 쉬는 시간에 야구를 하고 손바닥 밀치기에서 이기기도 하는데, 방 안의 온갖 장식들이 나를 어린애 취급한다. 나는 늘 키가 크고 건장한 편이었다. 일곱 살 때는 책상 아래 무릎이 간신히 들어갈 정도였다. 조그만 방에는 대부분 비슷한 포스터 몇 개가 덕지덕지 붙어 있다. 선명한 형광색 단어들, 강렬한 이탤릭체 문구들, 그리고 당신이 복잡한 존재임을 은유적으로 설명하는 빙산 그림 같은 것들. 학교 치료사가 내 문제에 대해 말을 꺼낼 때면 나는 바닥에 깔린 이상한 갈색 카펫을 응시한다. 그녀는 절대 '말더듬'이란 표현을 사용하지 않으려고 조심한다.

자, 이제 처음부터 시작해보자.

탁자 위에는 나보다 어린 애들이 볼 법한 책들이 쌓여 있다. 이런 책에 나오는 대부분 문장은 한 음절의 단어들로 구성된다. 펼쳐진 페이지의 문장들은 모음이—굵은 글씨나 밑줄로—강조되어 있다. 그 소리들을 길게 늘여 말하라는 시각적 신호다. 오늘은 '차'를 '츠으---아'로 읽는 연습을 한다. 당황스럽다. 나는 '차'가 어떤 소리인지 안다. 다른 이들이 어떻게 '차'를 발음하는지도 안다. 이 연습을 하면 바보가 되는 기분이다. 말하기도 어려운데 이제는 읽지도 못하게 된 것 같다. 내가 'ㅊ'에서 막힐 때마다 탁자 건너편에서 한 줌의 좌절감이 감지된다. 나는 몇 번이고 헐떡이면서 시도한 끝에 로봇처럼 어색하게 한 문장 전체를 읽어낸다.

츠으---아-가아-- 쁘으으으아아-르으게에-- 드아아알--려어요--오.

어떤 이유에선지 이 말하기 방식은 기념비적인 성공으로 간주된다. 나는 말을 더듬는 것보다 늘여서 말하는 게 더 창피하다. 하지만 계속 그렇게 해야만 한다. 그게 대원칙이다. **말을 천천히 하기.**

혹시 말더듬이에게 말을 천천히 하라고 해본 적 있는가? 다음에 말더듬이를 만나거든 '말을 천천히 하세요'라는 요청이 어떻게 느껴지는지 물어보라. '말을 천천히 하세요'는 **제발 말을 더듬지 마세요**라는 당신의 진짜 의도를 전하는 예의 바르고 많은 뜻이 담긴 대안일 뿐이다. 하지만 놀라울 정도로 많은 언어치료가 이 세 마디로 요약된다.

약 40분이 지나고 나는 다시 교실로 간다. 조그만 방을 나오며 한숨을 내쉰다. 계단을 올라가 문을 열고 긴장 어린 미소를 지으며 엉거주춤 자리로 돌아와 앉는다. 나는 나의 티콘데로가 연필 2번을 엄지와 검지 사이에 끼우고 지우개가 달린 금속 부분으로 손톱을 긁으며 좌절감을 해소하려 애쓴다. 내가 왜 아무 설명도 없이 그냥 나갔다가 한참 후에 돌아왔는지 다들 궁금해하는 게 분명하다. 나는 아무렇지 않은 척 교과서를 넘기며 시계를 흘끗 올려다본다. 이름이 불리지 않길 기도하며 고개를 푹 숙인다.

빅포드 선생님은 여러 해 동안 수백 명의 제자들을 가르쳤다. 대체 어떻게 나의 말더듬과 관련한 일화를 면면히 기억하고 계셨을까? 이렇게 되자 다른 이들은 어떤 기억을 갖고 있을지 궁금해졌다. 우리가 통화한 지 약 한 달 뒤, 빅포드 선생님은 내가 2학년 때와 4학년 때 담임을 맡았던 (지금은 서던 부인이 된) 샘슨 선생님을 연결해주셨다. 선생님은 현재 콜로라도주에서 세 아들을 키우며 여전히 학생들을 가르치신다.

"네가 이런 글을 써서 기사로 냈다는 게, 그러니까, 정말, 교사 입장에서는 할 수 있는 게 거의, 뭐랄까, 배운 게 없어서……" 그녀는 적절한 단어를 찾으려 애썼다. "이걸 어떻게 다뤄야 하는지 우린 배운 적이 없거든."

홀리 트리니티에서는 고학년과 저학년이 다른 건물을 사용했다. 고학년은 식당에서 점심을 먹었지만 저학년은 교실에서 먹었다. 샘슨 선생님의 책상 모퉁이에는 언제나 작은 라디오 한 대가 놓여 있었다. 점심시간이면 올드팝 100선 채널을 틀고 화이트보드 앞쪽 교단을 2학년 어린이들을 위한 댄스 무대로 만들어주셨다. 날마다 오후 무렵이면 아이들의 결혼식 피로연이 열린 듯했고, 나는 매일같이 그 시간이 오기만을 기다렸다. 터키 샌드위치를 허겁지겁 먹어치우고는 책상을 밀치고 일어나 교실 앞으로 튀어나갔다. 라디오 방송의 정오 디제이 캐시 화이트사이드가 끝내주는 히트곡 퍼레이드를 준비했다는 걸 알고 있었다. 포 탑스, 수프림스, 템테이션즈, 샘 앤 데이브의 노래가 차례로 흘러나왔다. 스트리트 댄스를 선보이거나 양손에 수건을 쥔 듯한 자세로 트위스트를 추기에 더할 나위 없는 시간이었다.

샘슨 선생님이 라디오를 틀면 어깨가 들썩이고 폐가 가득 차오르는 느낌이었다. 교단 위에서 면바지나 체크무늬 치마를 입고 흔들어대는 우리가 모두 얼간이처럼 보였겠지만, 그래도 **한 팀**의 얼간이였다. 학급의 말더듬이에게 그건 특별한 의미다. 한 시간 전만 해도 숨차고 당황해서 놓친 단어를 삼키고 밀어내느라 목뒤를 타고 식은땀이 흐르는 익숙한 느낌에 젖어 있었으니까. 그런데 지금은 〈언더 더 보드워크Under the Boardwalk〉의 리듬에 맞춰 헤엄치듯 흔드는 아이들 중 하나일 뿐이다. 언젠가 당신은 미셸 B를 향해 춤을 뽐내듯이 다가간다. 마주 본 둘은 서로를 향해 킥킥 웃는다. 어떤 날 두 사람은 눈을 맞춘다. 새로운 노래가 흘러나온다. 재키 윌슨의 목소리는 당신을 점점 더 높이 들어올린다.

그러다 음악이 멈추면 당신은 바닥으로 곤두박질친다.

"얼굴이 얼룩덜룩했어. 정말, 정말로 빨갛게 말이야." 샘슨 선생님이 말했다. "너무 힘들었는지, 아니면 '아무도 안 듣는다'고 생각했는지 소감을 말하다 말더구나. 하지만 네가 참여하려는 의욕을 보였기 때문에, '이 아이가 생각하고 있구나. 생각이 있고, 말하고 싶어 하는구나'라는 걸 나는 알았지. 그 점이 가장 힘들었단다."

이것이 바로 말더듬이들이 살아가며 느끼는 긴장이다. 말을 하다가 창피를 당하는 게 나을까, 아니면 입을 닫고 아무 말도 하지 않는 게 나을까? 둘 중 어느 쪽도 행복으로 이어지지 않는다. 어린 말더듬이들은 억지로라도 단어를 뱉으려고 작은 요령들을 익히기 시작한다. 특히 말이 끊어질 때 다른 신체 부위를 움직이기 시작한다.

나는 아직도 그러는데 그게 정말 싫다. 왜 효과가 있는지 모르겠지만 어떤 단어가 걸려서 안 나올 때 오른쪽 발을 흔들면 막힌 소리를 훨씬 빨리 통과할 수 있다. 'ㅂ'에서 막혔는가? 그럼 무릎을 튕겨라! 안타깝게도 이러한 수반행동은 금세 근육 기억이 된다. 때로는 틱으로 변하기도 한다. 그리고 지난달에는 손을 살짝 문지르면 되었는데 이번 달에는 같은 방법을 써도 막힌 단어를 뚫는 효과가 나타나지 않는다. 즉, 한 번 말할 때마다 몇 초씩 말을 더듬을 **뿐만 아니라** 이상한 사람처럼 다른 신체 부위도 움직인다는 뜻이다. 정말 지친다. 이런 수반행동의 저주는 그것이 말더듬 만큼이나 불편할 수 있다는 점이다.

몇 년 안에 당신은 같은 반의 다른 아이들이 밤마다 통화를 하기 시작했다는 사실을 알게 될 것이다. 손에 쥔 펜을 미친 듯이 던졌다 받으며 긴장을 가라앉히지 않는 한 여학생 집에 전화 걸기는 상상도 못할 일이다. 텔레비전 방을 배회하며 무선 전화기를 머리와 오른쪽 어깨 사이에 끼우고 한쪽 눈으론 움직이는 펜을 바라보는 당신은, 미셸의 오빠 브라이언에게 여동생이 집에 있는지 물어보려 한다. 거의 숨도 못 쉴 지경이다. 브라이언이 수화기를 건네자 들려오는 미셸의 인사는 부드럽고도 애처롭다. **안녕**. 마침내 그녀가 전화를 받았는데 당신은 말할 기운이 없다. 내일 당신은 고개를 숙이고 그녀를 피할 것이다. 요즘 부쩍 고개를 자주 숙이기 시작했다는 사실을 깨닫는다.

그리고 익숙한 노크 소리가 들린다. 책상에서 일어나자 당신을 좇는 반 친구들의 시선이 느껴진다. 계단을 내려가 모퉁이를 돌고 조그만 방으로 들어간다. 한동안 이곳에 내려왔음에도 당신은 전혀 나아지지 않는다. 모두의 시간을 낭비한 것 같아 죄책감이 든다. 머릿속에서 조용한 목소리가 말한다. 모든 게 네 잘못이야. 죄책감은 곧 수치심이라는 새로운 감정으로 변질되기 시작한다. 이 둘의 차이를 이해하기 어려울 수 있지만, 말을 더듬는 다른 친구가 내게 그 차이를 명확히 설명해준 적이 있다.

"'내가 잘못을 **저질렀어**'는 죄책감이야. 수치심은 '나는 잘못 **되었다**'는 느낌이지."

3.
그 시선

자, 이제 웨이터가 다가온다.

나는 은식기를 빤히 쳐다본다.

웨이터가 손에 쥔 펜을 딸각거린다.

나는 언제나 마지막에 주문한다. 이따금 엄마가 내가 시킬 만한 메뉴를 예상해 질문을 건넨다.

"치즈버거지, 존?"

"---ㄴㄴㄴㄴㅇㅇ---네" 하고 겨우 말을 밀어낸다.

운이 좋으면 후속 질문이 없다. 그러나 운이 좋은 경우는 드물다.

"패티는 어떻게 익힐까요?" 웨이터가 묻는다.

"-----ㅁㅁㅁㅁㅁㅣㅣ---디엄."

그의 표정이 변한다. 미디엄 레어로 주문하고 싶지만 'ㄹ' 발음은 어려우니 이쯤에서 스스로 말을 자른다.

"치즈는 어떤 종류로 할까요?"

모음 발음은 비교적 쉬워야 하는데 끝내 첫소리를 내뱉지 못한다. 나는 아예 그걸 건너뛰고 자음으로 넘어가버린다.

"---므므--메메에-리칸."

이제 웨이터는 무언가 잘못됐다는 걸 알아챈다. 그가 초조한 눈길로 엄마를 쳐다보고, 엄마는 껄끄러운 미소를 되돌려준다. 아무 문제 없습니다. 제 아들은 괜찮아요.

"네, 그럼 다음은," 그가 어색한 미소를 지으며 묻는다. "감자 튀김은 컬리로 할까요, 레귤러로 할까요?"

레귤러로 먹고 싶지만 'ㄹ' 발음이 어렵다는 걸 기억하자. 불행하게도 'ㅋ' 발음 역시 어렵다. 나는 이러지도 저러지도 못한다. 마지막 순간 단어를 전환하기로 해본다. 안 좋은 생각이다.

"---으으으으--아아-아무, 아무거나."

나는 메뉴판을 접어 앞으로 밀어낸다.

"음료는 뭐로 하시겠어요?"

'그 시선'은 거의 언제나 똑같다. 당신이 뭔가 잘못됐다는 걸 알아차리는 순간, 듣는 이들은 미묘하게 움찔한다. 그들은 당신이 말을 시도하고 실패하는 동안 끼어들어야 할지 아니면 계속 기다려야 할지 모른다. 아마 그들은 불쾌감에 자신의 어깨가 움츠러들고 고개가 뒤로 빠진 걸 감지하지 못할 것이다. 이러한 반응, 말 그대로 다른 이의 신체가 당신에게서, 그 문제로부터 후퇴하는 건 원초적이다. 말을 더듬는 혼돈 속에서도 당신 눈에는 그 모든 게 보인다. 판단. 동정. 왜 저렇게 말하는 거지? 하는 표정. 아무리 많은 세월이 흐른들, 아무리 무감각해진들, '그 시선'은 당신을 떠나지 않는다.

나는 부모님, 신부님, 학교 선생님, 상사, 친구, 그리고 여자친구에게 그 시선을 받으며 살았다. 그 시선은 어렸을 적 놀이터에서 나를 따라다녔고 나이가 들자 카운터 뒤에서 기다렸다. 승무원과 바리스타 그리고 아파트 근처 피자집에서 주문받는 직원도 그 시선을 던졌다. 직장 동료와 이웃들, 생일파티에서 만난 낯선 이들에게서도 그런 눈길을 받는다. 그들을 탓하는 건 아니다. 당신도 어쩌면 누군가에게 그 시선을 보냈을 수도 있지만 나는 당신을 나무라지 않는다. 당신은 말을 더듬지 않는 99퍼센트 인구에 속할 가능성이 높으니까. 그러나 만일 당신이 전 세계 1퍼센트에 속하는 말을 더듬는 사람이라면, 당신에겐 그 시선에 대해 설명할 필요가 없다. 누군가 오늘 아침에도 당신에게 그 시선을 던졌을 테니까. 누군가가 오늘 밤 당신이 잠들기 전에 그 시선을 보낼 테니까.

말을 더듬는 사람들이 눈 맞춤을 피하는 이유 중 하나가 바로 그 시선이다.

말을 더듬는 이들이 말을 할 때면 시선을 아래로 떨구는 걸 아마 눈치챘을 것이다. 어떤 말더듬이들은 천장을 향해 고개를 들어 올리고, 다른 이들은 저 먼 데 어디쯤을 응시하며 말막힘이 제발 끝나기를 조용히 기도한다. 집을 나서서 말을 하려고 시도하는데 누군가가 그 시선을 던지면, 당신은 자기방어 차원에서 고개를 돌린다. 말을 더듬으면 무언의 약속을 위반하는 것이다. 사람들은 이렇게 말하지 그런 식으로 말하지 않는다는. *왜 그렇게 말하는 거야? 그런 식으로 말하지 마.* 매번 말을 더듬기 시작할 때마다 나는 극심한 슬픔을 느낀다. 또 시작이구나. 이번에도 불완전한 문장이야. 나 때문에 또 대화가 지연되네. 언젠가 누군가의 시선은 내 눈에서 아래로 흘러, 교통사고가 일어난 내 입으로 향할 것이다.

1956년 큰 인기를 끈 도서 《자아 연출의 사회학》을 쓴 사회학자 어빙 고프먼은 모든 사회적 상호작용의 보이지 않는 무대에서 우리가 저마다의 역할을 수행한다고 주장했다. 누구나 사람들에게 호감과 신뢰를 얻고 싶어 하지, 사기꾼으로 낙인찍히고 싶어 하지 않는다. 말을 할 때마다 우리는 누군가의 존경을 얻을 수도 잃을 수도 있다. 초등학생부터 성인에 이르도록 ('음', '그러니까', '알다시피' 같은) 간투사 없이 깔끔한 문장으로 소통하려 노력한다. 똑똑해 보이려고 많은 노력을 기울이는데, 이는 소통에 능한 사람이 존경받을 가치가 있다는 사실을 알아서다. 알렉스 트레벡Alex Trebek은 37년간 〈제퍼디!Jeopardy!〉*를 진행하며 보여준 탁월한 말솜씨 덕분에 상징적인 존재로 거듭났다. 지금 이 순간 당신도 아마 트레벡의 목소리를 머릿속에 떠올릴 것이다. 명료함, 품위, 자신감과 침착한 태도. 미국인들은 트레벡이 다른 어떤 것보다 말을

---

* 다양한 주제를 다루는 미국의 텔레비전 퀴즈 쇼. 1964년 3월 30일 NBC에서 처음 방영되어 오랜 시간 사랑받는 프로그램이다.

너무 잘해서 그를 사랑했다.

대중문화에서 말더듬이는 바보나 거짓말쟁이, 아니면 그저 무능한 사람으로 자주 묘사된다. 1992년 코미디 영화 〈나의 사촌 비니〉를 보면, 말을 더듬는 국선 변호사가 첫 진술 내내 지독하게 말이 막히는 바람에 사람들이 움찔한다. 충격을 받은 한 배심원은 입을 다물지 못한다. (말더듬이를 연기한 배우 오스틴 펜들턴Austin Pendleton은 보드빌** 배우 수준의 연기를 선보였다.) 2001년 마이클 베이 감독의 블록버스터 영화 〈진주만〉에서는 1941년 12월 7일 아침, 말더듬이 병사 레드가 긴박한 상황에서 말을 잇지 못해 결정적인 몇 초를 허비한다. 레드는 이를 악물고 막사 안에서 비틀거리며 어떻게든 소식을 입 밖으로 내뱉으려 애쓴다. "이이이이-일본군이에요!" 마침내 소식을 전하지만 이미 때는 늦었다. 적군의 총격이 동료들이 자는 방을 뚫고 들어와버렸다. 레드와 그의 멍청한 말더듬 때문에 진주만에서 필요 이상으로 많은 사람이 죽고 말았다.

말을 더듬는 사람은 내면의 시계와 경주를 벌이며 일생을 보낸다.

내가 얼마나 말했지?

내가 얼마나 더 말해야 이 사람이 자리를 뜰까?

아이 적에는 시계가 더 고요하고 느리며 교묘하게 째깍거린다.

** vaudeville. 17세기 말부터 프랑스에서 시작된 버라이어티 쇼 형태의 연극 장르로, 코믹한 상황에 기인한 희극을 의미한다.

너무 늦기 전에 이걸 이겨낼 수 있을까?

시간이 흘러, 나는 그 조그만 방에 더는 가지 않고 방과 후 일주일에 한 번씩 새로운 언어치료사를 만나기 시작했다. 토미 로빈슨 박사의 진료실은 어린이 병원에서 그리 멀지 않은 16번가 부속 시설에 있었다. 매주 수요일마다 그는 대기실로 와서 나와 하이파이브 인사를 나눴다. 미시시피주의 대가족 틈에서 자라 구수한 시골 말투를 구사하는 분이었다. 빳빳하게 다린 흰색 셔츠에 실크 넥타이로 무장한 그는 인내심이 넘쳤다.

그를 만나는 게 확실히 더 나았다. 더는 수업 시간에 자리를 뜨지 않아도 되고, 꼬마들 보는 책을 볼 필요도 없었다. 로빈슨 박사의 철학은 보드게임처럼 일상적인 것들에 유창성-형성fluency-shaping 전략을 접목하는 것이었다. 우리는 갇힌 주사위가 튀어나오도록 투명 돔을 누르며 시간 가는 줄 모르고 트러블 보드게임에 몰두했다. 보드판에서 파란색 말을 움직이면서 부드럽게 말을 내뱉는 기술을 연습하곤 했다. 구절을 소리 내어 읽을 땐 학교에서 내준 숙제를 활용했다.

로빈슨 박사는 '쉬운 시작easy onset'이라는, 흔히들 접목하는 전략을 자주 활용했다. '츠으으---아아'라고 발음하는 전략과 일종의 사촌 격이었지만 첫소리에 더 중점을 두는 방식이었다. 목표는 첫 단어를 가벼운 느낌으로 편안하게 내뱉은 다음, 모음을 길게 늘이고, 시간이 지나며 지나치게 늘였던 부분을 짧게 줄이는 것이다. 말더듬이들이 고충을 겪는 소리는 저마다 다르지만, 모든 말더듬이들은 특정 모음 및 자음 군집에 유난히 시달린다. 말을 더듬는 많은 이가 자기 이름을 말하는 행위를 두려워하는데, 그렇게 길들여지는 게 한몫한다. 우리는 다른 어떤 명사보다 자기 이름을 자주 말하고, 새로운 사람을 만나 소개할 때 말을 가장 많이 더듬는 경향이 있기 때문이다.

나는 '존'에서 'ㅈ'을 발음하려 하면 턱이 잠긴다. 보통 아주 길고 고통스러운 말막힘에 걸려들고, 그러다 최대 볼륨으로 이름을 외친다. --------------------**존!** 때로 나의 'ㅈ' 발음은 기관총이나 시동이 안 걸리는 뷰익처럼 아주 빠르게 반복되는 형태로 나오기도 한다. **ㅈㅈㅈㅈㅈㅈㅈㅈ존**. 나는 다른 이름을 가진 삶은 어땠을지 상상하며 오후 내내 시간을 허비하기도 했다. 부모님은 왜 내 이름을 마이클이라고 짓지 않았을까? 'ㅁ'에다가 'ㅏ이'만 꿰면 되잖아. 두 번째 음절은 개울물에 닿는 빗방울처럼 톡톡 떨어질 텐데. 마이클. '마이클'이라고 얼마나 자주 말했으면 단어가 닳아버릴 지경이었다. 마이클, 마이클, 마아아아이클. (물론 내 이름이 마이클**이었다면** 아마 'ㅁ'에서 막혔을 테지.)

말더듬은 증상이 나타나기 전까지는 보이지 않는 장애다. 말을 더듬는다는 건 끔찍한 첫인상을 수백 번씩 안기며 살아간다는 뜻이다. 그리고 두 사람의 거북한 대화는 단지 거북한 **당사자**에게만 영향을 주는 게 아니라 거북함을 감당하며 듣는 사람에게도 영향을 미친다. 말더듬이는 '정상인'으로 가득한 방 안에 들어가 일시적으로는 '정상인'으로 보일 수 있으나, 입을 여는 순간—그 들쭉날쭉한 말이 다른 이들의 두 눈과 양쪽 귀에 닿는 순간—끝이다. 고프먼은 이렇게 말한다. "발표를 하다 망신당하는 사람은 수치심을 느낄 수 있다. 다른 참석자들은 적대감을 드러내기도 한다. 얼굴을 마주하고 상호작용하는 와중에, 섬세한 사회적 시스템이 무너지며 발생하는 일종의 아노미를 경험한 이들은 마음이 편치 않아 어찌할 바를 모르며, 무안해하고 당황한다."

거기서 한 문구가 눈에 들어온다. "수치심을 느낄 수 있다"니. 이 말에는 수치심이 지나가리라는 가정이 깔려 있다. 사춘기에 접어들면 주변인들이 점점 더 비열해지면서 말더듬에 대한 수치심도 달라진다. 어느 순간부터 그랬는지 정확히는 몰라도, 수치심은 주기적으로 나를 휩쓸던 무언가에서 날마다 배낭처럼 짊어지고 다니는 무언가로 변모했다.

로빈슨 박사는 초기 치료 과정에 우리 형을 참여시키려 시도했다가 실패했다. 형은 엄마와 함께 대기실의 어항과 잡지들 틈에서 내 진료가 끝날 때까지 짜증을 삭이며 기다렸다. 집으로 돌아오는 차 안에서는 자주 싸움이 벌어졌다. 형은 내가 말을 더듬는 걸 나보다 더 싫어했기 때문에 수요일마다 화가 잔뜩 나 있었다.

형은 내가 아는 사람 중에 가장 똑똑하고 뭐든 열심인 사람이다. 어릴 때 이미 다채로운 소규모 사업을 벌여 성공적으로 이끌었다. 그는 우리 마을의 꼭대기까지 올라가 미닛메이드 레모네이드를 다 팔아치우고 빈 쿼터 나무상자를 들고 언덕길을 내려오곤 했다. 한 이웃이 3달러에 형을 고용해 반려견 산책을 시켰더니, 얼마 뒤 동네가 눈길을 사로잡는 파란 전단지로 뒤덮였다. "반려견 산책은 맷에게 맡겨주세요!" 여러 해 동안 여름만 되면 그는 버스를 두 번 갈아타고 몇 킬로미터 떨어진 컨트리클럽에서 캐디 일을 했는데 때론 골프백을 양쪽 어깨에 둘러메고 일했다. 어느새 반에서 가장 인기 많은 클레어와 어울리더니 그녀가 듣는 너바나, 펄 잼, 오프스프링 등 90년대 밴드 음악을 듣기 시작했다. 나도 곧장 그 음악들과 사랑에 빠졌는데—왜 아니겠는가?—형이 좋아하면 동생도 좋아하는 게 당연하다.

형도 말을 더듬었지만, 빅포드 선생님의 수업을 듣던 유치원 시절 그의 말더듬은 저절로 사라졌다. ("굉장히 외향적인 아이였지"라고 빅포드 선생님은 웃으며 말했다.) 그는 유머감각도 뛰어났다. 〈사인펠드〉와 〈레터맨〉을 좋아했고 반 친구들이 여전히 어린이 채널을 볼 때 형은 〈SNL〉을 녹화해가며 시청했다.

형은 내 말더듬을 조롱하는 데 능란해졌다. 온몸으로 내 흉내를 냈다. 몇 초 동안 한 단어에 갇힌 척을 하며 눈을 깜빡거리고 코는 찡그리면서 입을 축 늘어뜨렸다. 마치 당근을 향해 돌진하는 말처럼 내 쪽으로 머리를 들이밀었다. 피셔프라이스 장난감 농장 동물들이 내는—내가 내는 것과 같은—끔찍한 소리를 따라 했다. 화가 많이 날 때면 자기는 말더듬을 **이겨냈지만** 나는 그러지 않았고, 못했고, 앞으로도 절대 극복하지 못할 거라고 소리쳤다.

어떤 날에는 로빈슨 박사님과 커다란 거울 앞 바닥에 앉아 우리 입의 움직임을 살펴보았다. 이게 말처럼 쉽지 않다. 다시 치료실로 돌아와 전략대로 애를 써보지만 무엇도 잘되지 않는다. 벽을 가득 채운 거울 앞에서 달리 쳐다볼 데도 없어 말을 더듬는 자기 모습을 볼 **수밖에** 없다. 거울 표면과 거의 닿을 만큼 가까이 가보면, 반대편 어두운 방에서 흐릿한 형체가 보인다. 이 사실을 알게 된 날은 마치 산타클로스의 진실을 알게 되었을 때와 같은 기분이었다. 나만 **빼고** 모두가 알고 있었다고?

우리 치료실 어딘가에 마이크가 숨겨져 있었다. 반대편 공간에는 조그만 스피커가 있어 우리 목소리를 전달했다. (경찰 드라마에서 많이들 봤을 것이다.) 어느 날 오후 로빈슨 박사님께 누가 건너편 방에서 우리를 지켜보는지 물었다. 그는 가끔 대학원생들이 우리 세션을 관찰하는데, 치료사가 되는 법을 가르쳐주는 것이니 아주 좋은 일이라고 했다. 다른 날 그 흐릿한 형체는 바로 우리 엄마였다.

엄마가 치료를 지켜본 데에 불만은 없다. 의사들이 보라고 해서 봤을 테니까. 말을 더듬는 자녀의 부모들은 안쓰럽다. 그저 아이가 행복하고 성공적인 삶을 살기만 바랄 뿐인데, 이 낯설고 추악한 문제가 그것을 위협하는 듯 보인다. 앞서 언급한 시간과의 경주도 안타깝다. 해가 갈수록 두뇌는 가소성을 잃어 진정한 유창성을 얻기가 더욱 어려워진다. 많은 건강보험사가 언어치료를 보장하지 않으니 넉넉하지 않은 이들은 전문가를 만나 치료할 기회를 더더욱 갖지 못한다. 하지만 여유가 있는 부모들—자녀를 성실하게 진료실에 데려다줄 형편이 되는—조차도 문제적인 조언에만 의지한다.

배운 기술을 사용하라고 자녀에게 알려주세요! 천천히 말하라고 일러주세요!

우리 말더듬이들은 말막힘이 발생하기 한참 전에 이미 예측한다. 우리는 뇌와 폐와 입술이 모든 알파벳 글자에 어떻게 반응하는지 잘 안다. 우리가 어떤 모습인지, 어떤 소리를 내는지, 주변 분위기를 어떻게 만드는지도 알고 있다. 우리의 말더듬이 나아지지 않았으며 어쩌면 더 나빠지리라는 사실도 안다. 수많은 밤 당신과 당신의 부모가 증상이 사라지기를 기도한다는 사실을 알고 있다. 당신은 스스로 도움이 되고 있다고 믿을 테지. 달리 어떻게 말해줘야 할지 모르겠으나, 그렇지도 않다.

권위 있는 사람이 어린 말더듬이에게 '배운 기술을 사용하라'고 말한다면, 말더듬이가 가진 최악의 두려움, 즉 누구도 당신이 무슨 말을 하는지에 관심 없고 어떻게 말하는지만 본다는 것을 확인해주는 꼴이다. 이 정도면 아예 말하기가 싫어질 정도다. 유창성 기술은 치료실에서는 효과가 있을지 모르나 대부분의 경우 실제로 세상에 나가 적용하기란 극도로 어렵다. 로봇처럼 말하기는 자연스럽지 않다. 내 머릿속에 이 문장을 읽어내는 목소리가 있는데, 소리 내어 읽는 목소리는 너무도 다르다. 두 목소리는 서로를 싫어한다. 둘은 날마다 통제권을 놓고 싸운다. 말하자면 어느 쪽도 통제권을 갖지 못한다는 뜻이고, 내게 통제권이 없다는 의미다.

"네가 전략을 사용하는 게 보였어, 호흡을 사용해서 말을 해 보려 애썼지." 샘슨 선생님이 말했다. "그리고 그게 뭐였든 간에 연습을 많이 하긴 했는데 할 수 있다고 생각하는 만큼 해내지 못했어. 좌절하는 게 느껴지더라고. 넌 고개를 숙이고 그냥 자리로 돌아갔단다."

간단한 숙제가 있었다. 부모님 가운데 한 분의 직업에 관해 인터뷰하기. 나는 오래된 서류와 사진 상자 속에 파묻혀 있던 그 종이를 발견했다. 아빠의 IBM 워드프로세서로 타이핑한, 173단어의 줄 간격이 좁은 리포트였다. 취재 진행 과정이 추적 가능한 손 글씨 초안들이 뒷면에 스테이플러로 고정돼 있었다. 취재 꾸러미 끝에는 기자 수첩에서 뜯은 좁다란 노란색 종이가 두 장 있었다. 아무렇게나 갈겨쓴 아빠의 답변 사이사이에 가로줄이 그어져 있었는데 나는 요즘에도 사람들을 인터뷰할 때 그 방법을 쓴다.

존 헨드릭슨
4학년
1997년 10월 2일

혹시 자기 아빠가 오리올스 팀과 원정 경기를 다녀온 사람이 있을까? 우리 아빠는 다녀온 적이 있다. 폴 헨드릭슨은 작가 겸 기자로 특집 기사를 쓴 적이 있는 나의 아빠다.
아빠는 〈드라이빙 미스 패니 Driving Ms. Fannie〉라는 기사가 가장 마음에 들었다고 한다. 《워싱턴 포스트》 1면에 났던 기사다. 어느 여성 노숙인이 가족을 만날 수 있도록 테네시까지 데려다준 내용이었다. 그녀는 40년 동안이나 오빠를 못 보고 살아왔다.

아빠는 글쓰기보다 취재가 더 재미있단다. 무엇이 세상을 돌아가게 하는지 발견할 수 있어서다. 언젠가 나도 책을 쓰고 취재를 하고 특집 기사도 쓰는, 그런 아빠가 될 거다.

아빠와 함께 15번가 L거리에 자리한 오래된 워싱턴 포스트 빌딩에 가는 게 좋았다. 건물 안 어딜 가도 웅성거리는 뉴스룸의 분위기가 느껴졌다. 나는 덜거덕거리는 파일 캐비닛과 계속 울려대는 탁상전화, 그리고 타닥타닥 키보드 소리 틈바구니에서 회색 칸막이 미로를 헤매곤 했다. 엘리베이터 옆에는 아빠가 1991년에 작성한, 워싱턴 D.C.의 악명 높은 그래피티 아티스트 프로필에 실린 쿨 '디스코' 댄의 흑백 초상화가 걸려 있었다. 우리 반 친구들 부모님 중엔 변호사나 의사가 많았고 대부분 우리보다 부유했지만, 아빠는 먼 곳의 언론사 배지를 잔뜩 가지고 계셨다.

나는 몇 번인가 아빠의 취재 여행에 따라나섰다. 어느 토요일 밤 뉴저지 로데오에 갔을 때, 아빠가 경기장을 돌아다니며 황소 기수들을 인터뷰하는 모습을 지켜보았다. 손가락 대신 뭉툭한 마디만 남은 카우보이와 악수를 나눴다. 그의 손이 내 손에 닿았던 느낌, 낯선 차이를 지닌 그 사람을 만났을 때 침착하게 행동하려 얼마나 애를 썼는지, 절대 잊지 못할 것이다. 집으로 돌아오는 길에 우울한 기분이 들었다. 사람들도 나를 만나면 이처럼 애를 쓰는 걸까?

날마다 새롭고 재미있어 보이는 언론사 일이 나는 좋았다. 게다가 보람도 있었다. 아침마다 문 앞에 배달된 《워싱턴 포스트》에 때때로 아빠의 이름이 보였다. 하지만 나는 기자가 되는 미래를 꿈꾸면서도 그 조그만 목소리를 잠재우려 분투했다. 말더듬이를 뽑아주는 곳은 없겠지. 사람들한테 질문은 어떻게 하려고?

아빠는 자주 출장을 다녔고 출장이 없을 때면 집에 늦게 들어오셨다. 엄마와 나는 종종 어두운 시간에 타코마 지하철역으로 아빠를 마중 나갔다. 엄마는 아빠가 식탁에 앉아 스테이크 한 덩이나 케첩을 뿌린 간단한 햄버거를 드시는 동안 곁을 지켰다. 형은 위층에 있거나 어디 다른 곳에 있었다. 나는 나의 또 다른 가족인 〈심슨 가족〉과 저녁을 먹겠다고 농담처럼 말하곤 했다.

수년간 반 친구 몇 명과 나는 아침에 등교하면 전날 저녁에 연이어 방송된 심슨 에피소드의 대사를 따라 하며 놀았다. "나 뛰게 하지 마, 초콜릿으로 가득 차 있다고!" "이게 오로라라고? 하필 오늘 이 시간에?" "해먹으로 돌아가게, 친구!" 같은 대사를 더듬더듬 말해도 너무 심하게 웃고 있었던 탓에 문제 될 게 없었다. 문화와 유머, 삶에 대한 이해를 넓히는 데 심슨 가족과의 저녁 식사만큼 큰 영향을 준 것은 없다. 5시 59분이 되면 나는 교과서를 덮고 텔레비전 방으로 달려갔다. 2인용 코듀로이 소파에 혼자 앉아 엔젤 헤어 파스타 한 접시에 프레고 소스를 듬뿍 얹어 먹으며 넋 놓고 앉아 있었다. 광고가 나올 때 빈 접시를 싱크대로 가져가면 엄마는 기다란 줄이 달린 크림색 전화의 수화기를 들고 주방을 오가며 펜실베이니아에 사는 이모와 통화하고 있었다. 모든 요리를 마친 후에는 설거지를 하셨다. 설거지를 마치면 접시를 말리고 냄비를 치운 다음 세탁물을 한데 모아 아래층으로 내려갔다. 금이 가고 찌그러진 탁구대 위에 빨래 바구니를 올린 다음 세탁물을 빨고, 말리고, 개고, 옮기셨다. 엄마가 이 모든 일을 처리하는 동안 우리들은 대체 무엇을 하고 있었을까?

샘슨 선생님은 거의 모든 학생의 가족과 친밀히 지냈다. 내가 4학년이었을 때 형은 고등학교 입학을 앞둔 8학년이었다. 십 대 초반부터 형은 나와 내 말더듬을 향해 공격적으로 행동하기 시작했다. 그의 놀림은 괴롭힘으로 변했다. 그러다 괴롭힘도 다른 무언가로 바뀌었다. 당시 나를 향한 형의 행동에 대해 엄마가 털어놓았던 내용을 샘슨 선생님은 이제야 내게 말씀해주셨다.

"네 어머니는 무언가 통제 불능 상태가 되어가는 모습을 지켜보면서도 뭘 어떻게 해야 할지 몰랐다고 하시더구나. 자세히 말씀하시진 않았어도, 네가 어떤 일을 겪고 있는지, 집안 분위기가 마냥 좋지만은 않다는 점을 내게 알려주고 싶으셨던 것 같아."

4.

야구공과 스트라이크

    1998년 9월 20일, 칼 립켄 주니어는 뉴욕 양키스에 맞선 경기의 볼티모어 오리올스 선발 라인업에서 스스로 빠졌다. 다음 날 아침 《워싱턴 포스트》는 벤치에 앉아 있는, 너무도 낯선 그의 모습을 사진으로 실었다. 사진 아래에는 커다란 숫자의 헤드라인이 적혀 있었다. "2632." 그 숫자는 립켄이 단 한 차례도 빠지지 않고 연속 출전한 횟수였다. 몇 시즌 전에 그는 이미 2130경기를 치른 루 게릭의 종전 기록을 경신했다. "립켄이 허리와 무릎, 발목 부상을 당해 연속 출전 행진이 중단될 뻔한 적이 여러 차례 있었다"라고 《워싱턴 포스트》 스포츠 기자 리처드 저스티스는 썼다. "하지만 그때마다 그는 다시 경기장에 나타났다."

    칼이 벤치에 앉았을 때 나는 열 살이었다. 나는 신문 기사를 오려 가장자리를 다듬은 뒤 검은색 판지에 붙였다. 그날 밤 아빠의 도움으로 그것을 오래된 나무 액자에 끼워 넣었다. 다음 날 학교에 액자를 가져가 사물함 뒤쪽 고리에 걸었다. 지금은 내 책상 뒤편 책꽂이에 놓여 있다. 립켄은 타고난 내야수이자 위기 상황에 능한 타자로 열아홉 번이나 올스타에 선정되었다. 하지만 그러한 이유로 나의 영웅이 된 것은 아니다. 나는 그가 계속해서 경기장에 나타났기에 그를 우러러봤다.

우리 가족은 야구광이었다. 아빠와 나는 포근한 아침이면 등교 전에 캐치볼을 했다. 형과 나는 여러 베이비시터들과 위플볼이나 홈런 더비를 몇 시간씩 하고 놀았는데 형이 내 말더듬을 놀리거나 나를 향해 공을 던져서 내가 집 안으로 피하기 전까지만 그랬다. 아빠는 해마다 한두 번씩 캠든 야드에 우리를 데려가 오리올스 경기를 보여주셨다. 주유소에 차를 대고 유타 스트리트 정문 밖의 B&O 웨어하우스에서 1달러짜리 핫도그를 사 먹었다. 좋은 좌석에 앉은 적은 없지만 그건 중요하지 않았다. 우리가 그곳에 있었으니까. 칼도 그곳에 있었으니까.

내 어린 시절 침실은 야구 유니폼과 같은 파란색 핀스트라이프 벽지로 꾸며졌다. 침대 위에는 립켄이 게릭의 기록을 깬 날 밤의 커튼콜 사진과 재키 로빈슨의 모습을 차분한 세피아 톤으로 담은 사진이 있었다. 립켄이 팔을 쭉 뻗은 사진 위에는 "인내"라는 단어가 크게 적혀 있었고, 아래쪽에는 '인내'의 사전적 정의가 쓰여 있었다. "1. 어려움, 반대, 또는 낙담에도 불구하고 어떤 행동을 계속함. 2. 굳건하게 버팀." 재키 로빈슨의 포스터는 조금 더 직접적이었다. "용기—1. 위험, 두려움, 또는 어려움에 맞서 모험하고 인내하며 견디는 정신적 또는 도덕적 힘. 2. 용맹함."

매일 아침 눈을 뜨면 이 포스터들을 눈에 담은 뒤 아래층에 내려가서 팝타르트나 에고 와플을 먹었다. 그런 다음 자동차 뒷좌석에 올라탄 나는 말하는 데 또다시 실패하기까지 얼마나 갈까 근심에 잠겼다.

고학년 건물의 지하 식당은 천장이 낮고 비좁은 공간에 테이블이 줄지어 있어 소리가 울려 퍼지는 곳이었다. 어느 날 오후, 우리 반에 전학 온 케니라는 아이가 뒤돌아서서 눈을 번뜩이더니 식당에 모인 다른 아이들이 지켜보는 데서 큰 소리로 가짜 말더듬이 흉내를 내며 나를 불렀다. "즈-즈-즈-즈-즈-즈-즈-조오오오오오오온!"

최근 내 절친 앤드루가 이 얘기를 꺼냈다. 나와는 세 살 때부터 알고 지낸 친구다. 사춘기에 막 접어들었을 때 우리는 그의 집 욕실 거울 앞에서 상의를 벗고 서로의 겨드랑이 털이 얼마나 자랐는지 재보곤 했다. 열세 살 때는 앤드루네 텔레비전 앞에 앉아 〈아메리칸 파이〉의 특정 장면을 계속 되감아 봤다. 나는 앤드루가 거의 11년 동안 매일 똑같은 샌드위치를—눅눅한 원더 식빵에 땅콩버터와 딸기잼을 발라—먹는 모습을 지켜봤다.

"너무 속상했지, 그때 내가 케니랑 앉아 있어서 뭔가 엮인 기분도 들었고." 앤드루가 당시를 회상했다. 그날 또 다른 친구인 대니가 어떤 식으로 내 편을 들어줬는지도 기억했다. 이야기를 하던 그의 목소리가 갈라졌다. "너는 가만히 있기만 하잖아."

사실 말더듬이들은 친구들의 이런 무작위 공격을 예상하게 된다. 방금 진흙탕 잔디밭에서 다 함께 터치 풋볼을 하며 놀았는데, 경기가 끝나고 어느 순간 한 녀석이 당신 표정을 따라 하고 말을 더듬으며 달려든다. 당신은 아무 일도 아닌 척 웃어넘기려 애쓴다. 그 얘기만큼은 절대 하고 싶지 않으니까.

앤드루는 비스듬한 계단에 굴곡진 난간이 있는 오래된 벽돌 연립주택에 살았다. 그의 어머니는 침실 옆 게스트룸에서 내가 하도 많이 자고 가자 그 방을 '존의 방'이라 불렀다. 밤에 창문을 열면 택시 지나가는 소리가 들려서 좋았다.

누군가의 집에 놀러 가 다 같이 저녁을 먹을 때면 제인 구달이 되어 다른 종을 연구하는 기분이었다. 앤드루네 아버지는 늘 식탁의 상석에 앉아 사람들을 즐겁게 해주셨다. 신문에서 읽은 흥미로운 내용을 알려주며 우리에게는 학교에서 무엇을 배웠는지 물어보셨다.

"눈치챘는지 몰라도 가끔 네가 저녁 자리에서 어떤 단어를 더듬으면, 우리 엄마가 박자에 맞춰 식탁을 두드렸어, 그게 도움이 될 거라고 생각해서." 앤드루가 말했다.

의도했든 아니든, 그녀는 음절 박자 언어syllable-timed speech, STS라는 개념을 기습적으로 내 말에 적용하고 있었다. 이것은 치료사들이 어린 말더듬이들에게 제안하기도 하는 또 다른 유창성 형성법이다. 대화의 자연스러운 리듬을 무시하고 각 문장의 모든 단어를 한 번에 한 음절씩 발음하는 것을 목표로 한다. 음절 박자 언어를 지지하는 사람들은 이 방법이 두뇌를 효과적으로 재훈련해 유창하지 않은 부분에서 유창함을 만들어낸다고 믿지만, 반대자들은 그것이 로봇이 말하도록 강제하는 것과 같은 결과를 낳을 뿐이라고 주장한다.

"엄마가 네 말더듬에 대해서 나한테 계속 물었어." 앤드루가 말했다. 나아지고 있니? 더 나빠졌어? 이건 시도해봤다니? 그것도 해봤대?

우린 모든 것을 시도했다.

홀리 트리니티 학교의 레지나 수녀님 권유로 심지어 최면술사까지 만나봤다. 몇 달 동안 일주일에 한 번씩 엄마가 나를 어느 낯선 남자네 집에 데려다주면 나는 그곳 캄캄한 지하실로 내려갔다. 그는 내 심박과 호흡 패턴을 측정하려고 여러 전선과 기구를 몸에 연결했다. 내가 눈을 감으면 차분한 목소리로 말을 걸며 나 역시 그를 따라 말하도록 유도했다. 그는 모든 과정을 카세트테이프에 녹음한 뒤, 매일 밤 잠들기 전 내가 잠시나마 부드럽게 말했던 소리를 다시 들으라고 지도했다…… *거봐, 어때!*

효과가 없었다.

앤드루는 성인이 되어 이런 대화를 나누기 전까지는 우리가 나의 말더듬에 대해 이야기해본 적이 전혀 없다고 지적했다. 그는 5학년 말 학급 프로젝트에서 친구들이 나의 페이지에 작성했던 내용을 기억하냐고 물었다. 나는 수십 년간 그 책을 보지도 생각지도 못했는데, 그는 여전히 그 반들거리는 파란색 책을 가지고 있었다. 나는 나중에 엄마가 지하실에 따로 모아둔 과제물 상자에서 파묻혀 있던 그 책을 찾아냈다. 책의 각 페이지에는 빛바랜 사진과 짧은 약력이 적혀 있었다. 사진 속 나는 덩그러니 벌어진 앞니를 드러내며 어색하게 웃고 있다. 얼굴 오른쪽에는 짙은 그림자가 드리웠다. 그 페이지를 바라보다가 반 친구 린지가 나에 대해 쓴 글이 눈에 들어와 읽고는 깜짝 놀랐다.

존은 스스로에게 전반적으로 만족하는 것 같지만 몇 가지는 아쉬워하는 듯 보인다. 만일 존이 인생에서 한 가지를 바꿀 수 있다면, 아마 그건 말더듬일 것이다. 말을 더듬어서 성당에서 말씀 읽기 같은 걸 하지 못하니까.
존은 커서 야구 선수가 되고 싶어 한다. 그의 형인 맷과 야구 선수 칼 립켄, 재키 로빈슨에게 영감을 받았다. 야구 선수를 못하면 스포츠 기자가 되고 싶어 한다. 그것도 아니라면 제2의 톰 행크스 같은 배우가 되고 싶을 것이다.

마지막 줄에서 멈칫한 나는 그 부분을 다시 읽었다. 말더듬이가 배우를 꿈꾼다는 건 반직관적으로 들리지만 이상하게도 논리적이다. 샘슨 선생님은 내가 촌극 시간만 되면 딴사람이 되더라고 말씀하셨다. "기쁨으로 가득한 네 표정은 정말 대단했단다. 단지 그런 순간을 자주 맞지 못했을 뿐이지."

인간은 즉흥적으로 대화할 때와 암송할 때 두뇌의 다른 부위에 의존하기 때문에 암기한 말을 전달할 때는 평소와 다른 신경 경로를 사용한다. 무대에 오르면 즉시 다른 사람이 되어버린다. 줄리아 로버츠, 니콜 키드먼, 하비 케이틀은 모두 말더듬증을 앓았고, 그보다 훨씬 전에는 지미 스튜어트와 마릴린 먼로가 있었다. 에밀리 블런트는 수년간 자신의 유명한 플랫폼을 활용해 이 장애에 대한 관심을 불러 모았다. 그녀는 항상 어린 말더듬이들에게 연기에 도전해보라고 권유한다.

"솔직히 존, 어떻게 이런 일이 일어났는지 잘 모르겠어요." 그녀가 내게 말했다. "제겐 정말 기적 같은 일이었죠." 인터뷰 당시 그녀는 고국인 영국에서 텔레비전 프로그램을 촬영 중이었다. 블런트는 말더듬이 집안에서 태어났다. 어린 시절 그녀는 심한 걸림돌을 통과할 때면 고개를 숙이고 팔다리를 비틀었다. "몸 안에 사기꾼이 있는 것 같았어요. 정말 짜증 났죠. 너무 화나고 열받고요."

중학교 때 한 선생님이 연극에 도전해보라고 권했다. "제가 영국 북부 억양으로 말하는 걸 보시곤, 그렇게 우스꽝스러운 목소리로 그냥 시도해보라고 하셨어요." 그녀는 '튀는' 북부 억양을 시도할 때 놀랍게도 유창했다. 대부분 관중들은 블런트가 **설마** 말하는 데 어려움이 있는지, 수년이 지난 지금도 여전히 말더듬증을 일부 앓고 있는지 전혀 알지 못한다.

"방금 이야기하다보니 제가 '영원히' 같은 단어에 걸리면 넘어진다는 걸 알겠어요. 저한테는 어려운 소리죠. 말더듬에 대해서 당신에게 말하니까 인지가 돼요. 어릴 적부터 망설임 없이 말하려다보니 부지불식간에 언어 체조를 하고 있다는 생각이 드네요."

브로드웨이 배우인 알렉스 브라이트먼은 여전히 무대 위에서 자신의 말더듬을 관리한다.

"저는 절대 '말더듬이 배우'라고 소개하지 않아요. 부끄럽다거나 수치스러워서가 아니라, 광고할 만한 일은 아니니까요."

그는 쑥스러우면서도 들뜬 미소를 지으며 어릴 적 처음으로 자신의 마음을 움직인 뮤지컬 이야기를 들려주었다. (그것은 〈캣츠〉였다.) 여덟 살이던 그는 타임스퀘어 바로 북쪽에 자리한 윈터 가든 극장 2층 앞자리에 앉았다. 노스캐롤라이나에서 뉴욕으로 여행 온 가족들과 함께였다. 조명이 꺼지고 커튼이 올라가자 그의 몸에 전율이 일었다. 말더듬이 너무 심해져 꾀병을 부리거나 지친 발걸음으로 보건실에 가 집에 전화를 건 다음 엄마 차 뒷좌석에 뛰어들어 흐느끼던 그였다. 하지만 알렉스는 이제 그 모든 것에서 3000마일이나 떨어진 곳에 있었다. 아무것도 중요하지 않았다. 어두운 브로드웨이 관중석에 앉아 넋을 잃었다. 그로부터 약 21년 후, 그는 바로 그 윈터 가든 무대에서 초연 인사를 했다. 심지어 브로드웨이 버전의 〈비틀주스〉와 〈스쿨 오브 락〉 주연으로 토니상 후보에 오르기도 했다.

브라이트먼은 연기가 자신의 삶을 어떻게 바꿔놓았는지, 그리고 연기 메커니즘이 어린 말더듬이 안의 무언가를 풀어내는 방식에 관해서라면 몇 시간이고 이야기할 수 있다.

"제가 목소리로, 호흡으로, 그리고 잠시 멈칫하며 하는 것들이 있는데요, 조금만 티를 내도 아마 예리하게 알아차리실 거예요. 하지만 다른 사람들은, 그것에 대해 힌트를 주어야만 그제야 제가 하는 것의 본질을 꿰뚫어 보죠." 그가 말했다. 그는 끊임없이 목소리를 높였다가 낮추고 교묘히 단어를 바꿔가며 분출하듯 말한다. 마치 만화 캐릭터가 살아 움직이는 것만 같다. "기저에서 약간의 계산이 돌아가고 있다고 해야 할까요, 마치 저를 유창하게 해주는 또 다른 프로그램이 있는 것처럼요."

그는 학교 다닐 때 괴롭힘을 당했다. "싸우려고 했지만 너무 왜소해서 소용이 없었어요." 차선책으로 친구들을 웃겨주려 노력했다. 이제 삼십 대가 된 그의 코미디 타이밍은 흠잡을 데가 없다. 농담이 아니다. 브라이트먼의 발성은 블런트의 그것과 마찬가지로 무척 능수능란해서 말더듬이가 아닌 이들은 그가 말더듬으로 어려움을 겪었다는 사실을 절대로 눈치채지 못할 것이다. 그는 여전히 내면의 말더듬을 감지할 수 있으며, 이따금 스트레스를 받으면 말을 더듬기도 한다.

〈비틀주스〉의 주인공 역을 소화하기 위해 그는 줄담배를 피우는 뽀빠이처럼 거칠게 긁는 목소리를 찾았다. 내가 아는 거의 모든 말더듬이가 유창하게 말하기 위해 새로운 목소리를 찾는 단계를 거친다. 초등학생 때 나는 어떤 단어가 막히면 약 2주간 외계인처럼 으르렁거리는 목소리를 냈다. 어디에서 그런 소리가 나왔는지는 나도 모른다. 이웃에 살던 닉과 함께 홀스HORSE 게임*을 할 때, 내가 루이 암스트롱 같은 목소리로 단어를 내지르자 그는 농구공을 든 채 어리둥절한 표정으로 나를 쳐다보았다.

하지만 다른 말더듬이들과 달리 나는 연기 연습의 장기적인 치료 효과를 보지 못했다. 할렘 르네상스에 관한 학교 연극에서

---

* 간단한 슈팅 게임. 다른 사람의 성공한 슛을 그대로 따라 하되, 성공하지 못하면 H부터 순서대로 단어를 받고 다섯 단어를 모두 받으면 탈락한다.

모든 아이들이 저마다 역할을 맡았고, 나의 대사는 정확히 한 줄이었다. 대사는 반 친구들이 각자 무대의 다른 위치에 서서 독백을 마친 끝에 등장하는 대사였다. "장소. 소리. 축하" 오직 세 단어로 이뤄진. 심지어 단어 사이에는 잠시 멈추는 부분까지 있었다. 나는 관객석이 텅 빈 리허설 중에 지독하게 말이 막힌 상태에서 고개를 숙이고 흔들며 경련을 일으켰다. 감독님이 자비롭게도 첫 단어와 끝 단어를 다른 친구에게 주었고 나는 중간에 있는 딱 한 단어만 말하면 됐다. "소리."

두 음절로 된,

단 하나의 단어.

기운 내, 할 수 있어.

"-----스스스-----스스스---스스스----------스스스스스스스스스스스스-"

도저히 할 수가 없었다.

결국 감독님께 그 대사를, 내가 맡은 유일한 단어를, 다른 누군가에게 주라고 부탁했다. 연극에서 아무 말도 하지 않은 학생은 나뿐이었다.

나는 평생토록 전화기가 두려워 피해 다녔지만 어쩐 일인지 줄리 브랜던버그와는 1999년에서 2000년 학기 중에 거의 매일 밤 통화했다. 우린 무슨 얘기를 나눴을까? 텔레비전 방의 문을 닫은 나는 라디에이터 위에 걸터앉았고 뒤로는 MTV 채널이 깜빡이고 있었다. 30분, 45분, 그러다 한 시간, 한 시간 반이 흘러갔다.

수화기를 댄 오른쪽 귀가 뜨뜻해졌다. 그날 학교에서 무슨 일이 있었건 집에서 형이 얼마나 못되게 굴었건 줄리는 나의 도피처였다. 줄리와 통화할 때는 말을 더듬어도 전혀 문제 될 게 없었다.

이제 줄리 맥거핀 부인이 된 그녀는 메릴랜드주에서 두 아이를 키우며 행복한 결혼생활을 하고 있다.

"존?"

줄리의 목소리는 타임머신이다. (6학년 때 여자친구를 인터뷰하다니, 별일을 다 해본다.)

짙은 갈색 눈의 줄리는 활짝 웃을 때 얼굴 절반이 미소로 변한다. 중학교 견학 때 줄리와 나는 서로의 곁에 붙어 다녔다. 우린 그녀의 집 뒷마당에 있는 커다란 트램펄린을 뛰거나 집 근처 고등학교에서 썰매를 탔다. 어느 밤에는 세이프웨이 마트 뒤편에 있는 젤레프 롤러장에서 롤러스케이트도 탔다. 후들거리는 다리로 넘어지지 않으려고 땀에 젖은 손을 꼭 잡고 브리트니 스피어스와 백스트리트 보이즈가 부르는 사랑 노래에 맞춰 링크를 돌았다.

줄리가 말했다. "그걸 떠안고 살아가기가 결코 쉽지 않다는 건 직감적으로 알았어. 그래도 넌 아무렇지 않게 지냈어—아마 다른 선택의 여지가 없어서 그랬겠지만—전혀 상처받지 않은 사람처럼 보이려 했던 기억이 나."

당시 내게 그것은 유일한 전략이었다. 억누르기. 무시하기. 그것에 대해 절대 말하지 않기. 나쁜 감정이 표면으로 드러나지 않도록 하기. 한동안은 효과가 있었지만, 결국 실패하고 말았다.

줄리의 아버지도 나만큼이나 야구를 좋아했다. 줄리가 4학년이 되기 직전에 그는 비인두암 진단을 받았다. 수술을 받은 뒤부터 입술이 계속 오므려진 상태가 되어서 그의 말은 상대가 이해하기 힘든 경우가 많았다. 줄리의 표현을 빌리면 "입에 돌멩이를 문" 것처럼. 그래도 나는 그와 대화하는 게 좋았고, 그는 늘 내가 온전하다는 느낌을 받게 해주었다. 그는 얼굴의 윗부분만으로도 아주 많은 감정을 전달했다.

"아빠가 너무 안쓰러웠거든" 하고 줄리가 말을 이었다. "너도 알다시피, 아빠는 쉰일곱 나이에 의사소통하는 법을 완전히 다시 배워야 해서 당황하셨지. 너무 힘들어했어. 그때는 우리 주변에 비슷한 상황에 놓인 사람이 있어서 정말 좋았다고 해야 하나? 넌 내게 선생님 같은 존재였어."

어느 오후 줄리와 나는 저학년 건물 3층에 몰래 올라가 서로의 첫 키스 상대가 되었다. 농담처럼 결혼 얘기도 꺼냈다. 그러던 어느 날 올 것이 왔다. 노트에서 찢어내 일고여덟 번 접은 그 불길한 쪽지. 거기에는 동글동글한 보라색 글씨로 이렇게 쓰여 있었다. *정말 미안해. 좋아하는 사람이 생겼어.*

고통이 잠잠해진 이후 줄리와 나는 좋은 친구로 남았고, 그녀는 내 야구 경기를 보러 오기도 했다. 한 해 뒤 우리는 함께 작문 수업을 들었다. 나는 소리 내어 읽는 걸 싫어하는 만큼이나 글쓰기를 통해 얻는 명료함과 통제력을 좋아했다. 줄리도 그걸 눈치챘다. "어린 내가 봐도 어느 순간에 알겠더라고. '세상에, 얘는 평생 글을 쓰며 살겠네' 생각했어."

나는 줄리에게 혹시 우리가 밤마다 통화할 때 내 형에 관해 이야기한 적이 있는지 물었다.

"나는 항상 너희 형이 뭐랄까…… 유령 같다고 생각했어." 그녀가 말했다.

그 누구보다도 가까이서 우리 가족의 면면을 지켜본 친구는 앤드루였다. 내가 야구부 올스타로 뽑혔다고 더듬더듬 자랑했을 때 그도 뒷좌석에 함께 있었다. ("너희 형이 돌아보더니, 차에 있던 누군가가 축하를 건네기도 전에 '그건 네가 불쌍해서 준 거지'라고 말하더라.") 혹여 내가 정말 심하게 말이 막힐 때면, 형은 손을 올리며 "관심 없거든" 하고는 딴 데로 가버렸다. 형 친구들이 집에 오기라도 하면 형은 내게 입도 뻥긋하지 말라고 경고했다.

덩치가 컸던 형은 고등학교 2학년 무렵에 벌써 아빠보다 키가 크고 힘이 세졌다. 여러 밤의 기억이 한데 섞여 흐릿하지만, 특정한 장면들만큼은 선명하다. 당시 아빠가 들고 다니던 오래된 랜드 맥널리의 지도책이 있었다. 수십 번의 취재 여행을 다니며 주마다, 페이지마다 표시해둔 토템이었다. 어느 밤 형은 아빠의 면전에서 그 책을 찢어발겼다. 다른 밤에는 아빠가 책장에 올려두고 오리올스 경기 중개 방송을 듣곤 했던 라디오를 집어 들어 집 밖의 인도로 냅다 던져버렸다.

많은 가정이 이런 양상을 경험한다. 폭력이 주기적으로 일어나는 가정에서 자란 아이는 세상 돌아가는 이치를 세세하게 알게 된다. 누군가의 얼굴에 대고 고함치면 상황은 악화될 뿐이다. 주먹을 날리겠노라 큰소리치는 사내는 사실 그러고 **싶지가** 않다.

학창 시절에는 잠을 못 잔 날이 무척이나 많았다. 형이 무언가에 발끈해 집을 난장판으로 만든 밤이면 엄마가 부엌 전화기로 달려가 경찰을 부르겠다고 협박도 했다.

어느 밤에 나는 갈아입을 옷가지와 칫솔을 배낭에 넣고 서둘러 엄마 차에 올라탔다. 우리는 울면서 숨을 고르고 도로를 달려 조지아 애비뉴에 있는 모텔6에 체크인했다. 다음 날 집에 돌아와도 상황을 제어할 현실적인 방안이 없었고, 수년간 그런 밤을 통과하며 내 말더듬은 점점 심해져갔다.

5.
유창성 공장

　수년간 언어치료를 받으러 다녔음에도 아무런 성과가 보이지 않아 죄책감을 느꼈다. 그러던 중 저 멀리 버지니아주 로어노크에서 홀린스Hollins라는 께름칙한 선택지가 떠오르고 있었다. 정식 명칭은 홀린스 커뮤니케이션 연구소이지만 말더듬이들에게는 그냥 홀린스로 불린다.
　이 연구소의 웹페이지는 눈길을 사로잡는다. 단지 '말더듬.orgstuttering.org'라는 포괄적인 도메인 때문이 아니라, 치료 전후 영상이 무척 충격적이기 때문이다. 알렉산드라는 두 뺨을 부풀리고 눈을 찡그리며 턱을 떤다. 이름을 말하는 것조차 힘겨워 보인다. 그리고 며칠 뒤, 카메라 앞에 선 그녀는 침착한 눈빛으로 아주 매끄럽고 부드럽게 말한다. 평온해 보인다. 어떤 말더듬이가 이 영상을 보고 치료를 거부할까?
　나는 단지 인위적으로 말하는 방법을, 내가 싫어할 게 분명한 방법을 배우겠답시고 수백 마일을 이동해 수천 달러를 지불하고 호텔에서 장기간 머물러야 할 정도로 내 문제가 심각하다는 점을 믿고 싶지 않았던 것 같다. 게다가 또 다른 질문이 있었다. 만약 그것이 효과가 없다면?

1966년 가을, 홀린스대학교 1학년이던 앤 오버헬먼Anne Oberhelman이 생물학 수업을 듣는데 누가 강의실에 들어왔다. 그는 자신을 이 학교 심리학과의 론 웹스터 박사Dr. Ron Webster라고 소개했다. 그보다 몇 년 전, 웹스터 박사는 루이지애나주립대학교에서 박사 학위를 준비하며 아기가 말이 트일 때 내는 소리를 연구했다. 그는 유아들을 다양한 언어 자극에 노출하려고 모음이 풍부한 소리와 자음이 강한 소리를 그룹을 구분해 들려주었다. 언어 병리학자와 협력한 그는 유아의 소리를 음성학적으로 기록하고 분류했다. 이 과정에서 의문이 생겼다. 왜 특정 아기들은 비정상적으로 말하는 걸까? 여자 대학인 홀린스에서 그는 말을 더듬는 이들에게 초점을 맞춘 새로운 프로젝트를 진행하고 있었다. 수업이 끝난 후 오버헬먼은 그를 막아서고 말했다. "웹스터 박사님, 저는 **반드시** 이 프로젝트에 참여해야 해요."

오버헬먼이 고등학생 시절부터 만나던 (지금은 남편이 된) 남자친구 빌이 말더듬이였다. 그는 앤 집에 전화를 걸었을 때 다른 사람이 받으면 그냥 끊곤 했다. 빌은 말을 더듬어서 비참했고 때로는 아예 입을 닫아버렸다. 그는 심지어 '말더듬이'라는 단어조차 내뱉지 않았다. 친한 친구는 그를 다그쳤다. 해봐, 빌, 나한테 말해봐, 그것에 대해 얘기를 해보라고. 절대로. 그는 오버헬먼에게도 털어놓지 않았다. 그녀는 필사적으로 그를 돕고자 했다.

웹스터 박사는 누구나 혹할 정도로 단순한 출발점, 즉 사람들이 노래를 부를 때는 말을 더듬지 않는다는 측면에서 말더듬증에 접근했다. 이것은 거의 보편적인 진실이다. 엘비스 프레슬리, 빌 위더스, 칼리 사이먼, 오아시스의 노엘 갤러거는 말더듬증을 앓았던 수많은 가수 중 일부에 불과하다. 에드 시런은 말을 더듬던 어린 시절 에미넴의 앨범 《마샬 매더스 LP The Marshall MAthers LP》를 들으며 랩을 따라 하곤 했는데, 때로는 랩이 유창성을 기르는 데 도움이 되었다고 회고한다. 현존하는 최고의 래퍼 켄드릭 라마는 래퍼가 되기 훨씬 전부터 말을 더듬었지만, 덕분에 음악을 만드는 데 에너지를 쏟을 수 있었다고 믿는다.

나도 노래할 때는 **절대로** 말을 더듬지 않는다. 심지어 노래할 때는 말을 더듬을지도 모른다는 **가능성**조차 염려하지 않는다. 노래는 멜로디와 리듬으로 구성되고 호흡을 위해 잠깐 멈춰야 하는 순간이 언제인지도 명확하다. "컨트리 로오오오드 (호흡), 테익미 호오오오옴 (호흡)." 많은 경우 노래를 하려면 가사를 외우거나 대충이라도 알고 있어야 한다. 라디오에서 흘러나오는 노래를 따라 부를 때는 다른 목소리에 얹어가기 때문에 그러한 합창 요소도 수행의 부담을 일부 덜어준다. 이는 낭송 내지 연구자들이 '합독choral speech'이라 부르는 방식에도 적용된다. 어린 시절 나는 반 친구들과 함께 서서 국기에 대한 맹세를 낭송하곤 했는데, 서른 명의 작은 목소리가 낭랑히 울려 퍼질 때 한 번도 말을 더듬지 않았다. 하지만 다른 친구들이 동참하기 전 앞장서서 낭송을 시작해야 할 때면—"나는 미국의 국기에……"—첫마디 '나'에서부터 심하게 막혔다. 이것은 고통스러운 질문으로 이어졌다. '가끔은 정상적으로 말하는데 왜 항상 그렇지는 못하지?' 나는 답을 알지 못했다.

생각을 자음과 모음 소리로 변환한 다음 발화하는 과정은 수십 밀리초 단위로 이뤄진다. 웹스터 박사는 폐와 목 주변부의 특정 발성 근육을 재훈련해 말더듬을 치료할 수 있다는 이론을 세웠다. 첫 번째 실험 참가자들은 다양한 배경의 이십 대에서 사십 대 남성이었다. 그들 중 일부는 과격한 수반행동을 보였는데 어떤 남자는 한 마디를 내뱉으려 분투하며 예닐곱 차례나 여덟 차례 연속으로 고개를 90도씩 꺾었다. 반세기가 지났는데도 학부 연구생 시절 목격한 장면을 회고하는 오버헬먼의 목소리엔 긴장이 감돈다.

"누군가 말이 막힐 때면 벌어진 상처를 보는 것만 같았어요. 지혈을 위해 꾹 눌러줘야 하는데, 그럴 수가 없었죠." 오버헬먼이 말했다. "상처가 저절로 응고되도록 그냥 둬야만 하는, 당시 기분이 그랬어요."

"그때 소리가…… 지금…… 제가 통화할 때와 비슷한가요?"

"글쎄요, 조금은 그러네요."

버지니아 심리학자의 말더듬 치료
컴퓨터를 활용하지만
일부 전문가 우려의 목소리 내기도

이것은 1972년 3월 27일 자 《뉴욕 타임스》 헤드라인이었다. 이 기사는 코파카바나에서 열린 짐 베일리의 밤 공연을 알리는 작은 광고와 같은 면에 실렸다.

연구 초반 모든 말더듬이는 《리더스 다이제스트》 한 권과 헤드폰을 받았다. 참가자들은 연구원이 헤드폰을 통해 백색소음을 주입하는 동안 큰 소리로 책을 읽었고, 덕분에 자신이 더듬는 소리를 거의 듣지 못했다. (당시 웹스터 박사 역시 말더듬증이 중이 문제와 관련이 있다는 잘못된 가정하에 연구를 진행했다.)

참가자와 함께 앉은 오버헬먼은 청각 보조 장치를 사용할 때와 사용하지 않을 때의 반복, 말막힘, 연장을 집계했다. 백색소음은 참가자들이 자신의 말더듬에서 주의를 돌리는 데 도움이 되는 듯 보였지만 그것도 잠시뿐이었다. 많은 참가자는 약간의 연습을 거치며 통제되고 폐쇄적인 환경일 때 말의 속도를 늦춰 유창하게 말할 수 있었지만, 전화를 받거나 대중 앞에서 말할 때면 다시 말을 더듬었다. 웹스터 박사는 좌절하지 않았다. 그는 자신이 말더듬을 완전히 고칠 수 있다고 확신했다.

홀린스 커뮤니케이션 연구소는 치료 이후 고객의 93퍼센트가 유창성을 얻고 그중 75퍼센트는 두 해가 지난 뒤에도 유창성을 유지한다고 주장한다. 무척 놀라운 통계이긴 하지만 계산법이 의아하다. 홀린스는 창립 이래 7000명 이상의 말더듬 환자를 치료했다. 이토록 인상적인 수치인 93퍼센트와 75퍼센트는 해당 프로그램을 통과한 7000명 졸업생 전체에서 도출한 것이 아닌, 홀린스에 자발적으로 치료 과정을 공유한 훨씬 적은 수의 사람들을 대상으로 한다.

그렇다면 다른 이들은 어떨까?

아디다스 커뮤니케이션 디렉터인 크리스 코크란은 중학생 때와 대학교 3학년 시절 두 차례나 홀린스를 거쳐갔다. 그때마다 그는 일시적으로 유창하게 말했지만 몇 주만 지나면 말더듬이 재발했다. 진전이 없는 상황은 특히 가족이 투자한 비용을 감안했을 때 패배처럼 느껴졌다. 홀린스의 12일 집중 프로그램 비용은 현재 4285달러다.

2020년 가을 웹스터 박사와 처음 이야기를 나눴을 때, 나는 그에게 이와 같은 말더듬이들의 사례를 많이 들었다고 말했다.

그는 발끈했다. "그런가요, 우리가 살고 있는 곳은 현실이니까 그렇겠죠?"

나는 내 말더듬 정도가 그의 평균적인 고객들과 비교해 어느 정도인지 물었다.

"굳이 비교하자면 중간보다 조금 심하고, 심각한 수준으로 넘어가기도 하는 것 같네요." 그가 말했다. "발화 초반에 조음 위치를 많이 놓치는 것 같아요. 의도한 소리를 내기엔 잘못된 위치인데, 잘못된 힘을 사용하니 잘못된 발성 경로가 형성되는 거죠."

나는 그에게 내 말더듬의 대부분이 말막힘 때문이라고 말했다. "가끔씩 반복이 있긴 해요, 말하자면, 주로, '더-더-더-더듬는다'고 할 때요."

"그게 당신에게 어떤 의미죠?" 그가 물었다.

순간 그의 질문에 당황했다.

"그러니까, 음, 그게, 두뇌에서 폐, 성대, 그리고 입 있잖아요, 그렇게 다 이어진 신경 경로가 망가져서, 그게,"

"잠깐 말 좀 할게요. 당신의 후두에 무슨 일이 일어난다고요?"

나는 지금껏 살면서 말더듬이의 말을 끊는 언어치료사는 처음 본다고 그에게 말했다.

스콧 야루스 박사Dr. Scott Yaruss는 미시간주립대학교 의사소통과학 및 장애학 교수다. 수년간 그는 말하기 패턴의 다양성을 연구해왔다.

"제가 아는 수많은 사람들이 '홀린스는 정말 효과적이다, 세 번이나 다녀왔다'라고 말하곤 했는데 그 자체가 모순이에요." 그가 말했다. "지난 수십 년 동안 제가 봐온 사례자만 해도 꽤 많아요. 인위적인 말하기 수단으로 유창함을 얻었던 사람, 시도해봤던 사람, 유지하지 못한 사람, 실패하고 좌절한 사람." 그는 일시적으로 유창함의 가능성을 보다가 후에 그걸 잃은 말더듬이들은 이전보다 자존감이 더 낮아질 수 있다고 지적했다. 야루스 박사와 그의 동료들은 홀린스를 비롯해 그와 유사한 다른 프로그램을 두고 이렇게 표현했다. "유창함의 신을 좇는다"고.

"나이가 들어서 더 솔직해졌는지 몰라도, 개인적으로 그런 종류의 약속이 해롭다고 생각합니다." 스콧 야루스 박사가 말했다. "론이 저와 말을 섞으려고 할지는 모르겠지만, 그의 면전에 대고 말할 수 있어요."

야루스 박사는 말더듬이들이 우선 모든 것을 유창하게 말한

다음에야 자기 자신을 더 나은 사람으로 느끼도록 지도하는 대신, 말더듬으로 인한 감각과 공포에 대한 부작용을 잘 다스리도록 돕는 데 중점을 두는 보다 진보적인 치료사 집단에 속한다.

그는 환자들을 떠올리며 이렇게 말했다. "사회는 그들을 판단하고, '뭐야, 이름을 까먹었어?' 같은 헛소리를 하고, 말도 끊고, 유창함만을 목표로 삼지요. 저는 말 그대로 한 번의 주말 동안 사람들의 삶이 변하는 것을 봐왔는데요, 수천수만 달러를 들여 일주일에 한 번씩 홀린스식 치료를 받아서가 아니에요. 오히려 말의 유창함이 아닌 말하는 내용에 관심을 갖고 전적인 수용을 표현해 주는 타인을 만났기 때문이죠."

홀린스를 두 번이나 거쳐간 말더듬이 크리스 코크란은 말더듬이 나아지지 않으리란 사실을 받아들인 이십 대에 이르러서야 그것을 편안하게 느끼기 시작했다고 술회했다. 수년간 모든 것을 속에 담아두기만 했던 그는 이제 가까운 친구와 가족, 특히 아내 에린과 함께 자신의 문제에 관해 이야기한다.

"아내는 제가 아는 제 모습과 제가 되고 싶은 모습, 그러니까 온전한 사람으로 저를 봐줘요." 그가 말했다. "오랫동안 저는 말더듬의 유전적인 측면이 우려돼 아이를 절대 원치 않았어요. 그런데 에린이 그러더군요. '만일 아이가 말을 더듬으면, 그 문제에 대해 당신보다 더 좋은 선생님이 어디 있겠어.'"

나는 끝내 홀린스에 등록하지 않았다. 뉴스 캐스터 존 스토셀처럼 유명한 말더듬이들은 홀린스 덕분에 자신의 삶이 더 나아졌다고 주장했지만, 나는 홀린스로 인해 내 삶이 더 나쁜 쪽으로 변할까봐 불안했다. 나는 말더듬을 두려워하는 만큼, 아니 심지어 그보다 더, 인위적으로 들리는 말투를 갖는 게 두려웠다. 나만 그런 게 아니다. 웹스터 박사와의 대화에서 나는 성인의 말더듬에 관해 연구하면 할수록 유창성 형성 프로그램의 효과에 대한 회의적인 시각을 접하게 된다고 말했다.

그러자 박사가 응수했다. "우리의 언어치료 방식과 세부적인 작업은 올바른 방향으로 나아가고 있다고 생각해요. 당연히 아직 배워야 할 점이 많지만, 그건 모두가 마찬가지죠."

그는 다시 한번 발끈했다.

"비판은 참 쉽죠. 하지만 직접 발 벗고 나서서 현실 세계에서 진전을 이루는 건 아무나 할 수 있는 일이 아니에요."

6.

설명하기 어려운

스트록스의 데뷔 앨범 《이즈 디스 잇Is This It》이 전 세계를 강타했을 무렵 내 나이는 열셋이었다. 나는 그 앨범을 무척 좋아하면서도 조금 의아했다. 기타 소리가 어쩜 그리 탁할까? 이런 목소리는 어떻게 낼까? 저런 바지는 대체 어디서 구했을까? 교복을 입은 어리숙한 모습으로 나는 〈라스트 나이트Last Nite〉와 〈하드 투 익스플레인Hard to Explain〉*을 흥얼거리며 홀리 트리니티의 복도를 돌아다녔다. 밤이면 침실 거울 앞에서 리드 싱어인 줄리안 카사블랑카스의 심드렁한 표정을 따라 하기도 했다. 그해 크리스마스에 낸시 이모가 《스핀SPIN》 구독권을 선물로 주었다. 우편으로 잡지가 도착한 날 처음부터 끝까지 다 읽고, 다음 날에 귀퉁이를 접어둔 부분을 다시 읽었다. 그때가 2001년, 8학년이던 내가 음악에 빠질

---

*   이 장의 제목이기도 하다.

수밖에 없는 굉장한 시기였다. 여름에는 아빠가 MCI센터에서 열리는 U2 콘서트에 나를 데리고 갔다. 마치 유사 종교집단의 집회 같았다. 우리 자리는 무대가 멀리 보이는 높은 관중석이었는데 나는 2만 명의 팬들 사이에서 익명으로 모든 곡을 따라 부르며 몸을 흔들고, 마치 내 몸을 떠나는 듯한 감각을 만끽했다. 내가 〈프라이드Pride〉와 〈선데이 블러디 선데이Sunday Bloody Sunday〉 가사를 한 번도 더듬지 않고 소리를 내지르는 동안 보노는 하트 모양 무대를 전력 질주하며 공연을 펼쳤다. 자유를 느꼈다.

《이즈 디스 잇》은 9·11 테러 다음 달에 발표됐다. 홀리 트리니티는 포토맥 강을 사이에 두고 펜타곤 건너편에 자리한 학교였다. 아메리칸 항공 77편이 추락한 곳에서 차로 불과 10분 거리에. 그날 오전 10시경, 3교시가 시작되고 몇 분이 채 지나지 않았는데 행정실 직원 한 명이 다급하게 들어와 공격이 발생했다며 미술 선생님께 뭔가를 속삭였다. 크롤리 교장 선생님은 10시 반에 모두를 하교시켰다. 아빠는 외출 중이었고 엄마는 곧장 데리러 올 수 없어서 학교에 전화해 메시지를 전달했다. 존에게 앤드루와 같이 가라고 전해주세요. 가방을 챙겨 학교를 나서는데 출구 근처 소파에서 울고 있는 셰퍼네 쌍둥이 케이티와 에리카가 보였다. 당시 쌍둥이 아빠의 직장이 펜타곤이었다. (나중에 그가 괜찮다는 소식을 들었다.)

워싱턴 D.C.는 섬뜩하리만치 고요했다. 앤드루와 내가 어느 피자집을 지날 때 안에는 입을 헤벌리고 벽걸이 텔레비전을 올려다보는 낯선 이들로 가득했다. 앤드루 집에 도착한 우리는 현관문을 밀고 뛰어 들어가 3층으로 전력 질주했다. 앤드루가 욕실 천장에 달린 접이식 사다리를 끌어내렸다. 지붕에 올랐더니 펜타곤에서 피어오르는 짙은 연기구름이 보였다. 희미한 히로시마 사진에서만 보던 연기 기둥이었다.

다음 날 학교는 문을 닫았다. 목요일에 등교했더니 영어 전담인 셀라노 선생님이 우리에게 노트를 꺼내 계속 글을 쓰라고 했다. 그해 우리는 거의 날마다 글을 썼다. 사춘기를 지나며 말더듬은 점점 심해졌지만, 이 자유로운 글쓰기 시간 동안 내 안에서 짧은 이야기들과 에세이가 쏟아져나왔다. 셀라노 선생님은 절대로 글에 점수를 매기지 않았다. 무엇보다도, 글쓰기에는 치유 효과가 있었다. 내겐 이것이 필요했다.

2002년 봄, 우리 집 앞마당에 검정 노랑 색깔의 '매매' 표시가 나붙었다. 몇 해 전 아빠는 펜실베이니아대학교에서 학생들을 가르치기 위해 워싱턴 포스트를 그만둔 참이었다. 그동안 필라델피아 외곽에 자리한 지인의 집 남는 방에 지내면서 매주 암트랙을 타고 동부 해안을 따라 오가셨다. 부모님이 한동안 이사에 대해 논의하시긴 했는데 '매매' 표시가 이를 공식화했다. 학기가 끝나면 펜실베이니아주로 이사를 가게 된 것이다. 참담한 심정이었다.

그해는 가끔 평일 밤에도 앤드루네 집에서 자곤 했다. 방과 후에는 우리를 졸졸 따라다니는 앤드루 동생 윌과 함께 로즈 파크에 가서 몇 시간 동안 농구를 하며 놀았다. 집에 오면 지역 얼터너티브 록 밴드인 WHFS의 음악을 밤늦도록 들었다. 우리는 다가올 고등학교 생활과 우리 집의 이사에 관해 이야기했다. 줄리와 있을 때와 마찬가지로 나는 미친 듯이 말을 더듬었지만 아무렇지 않았다. 앤드루는 단 한 번도 나를 무안하게 하지 않았다.

"너랑 맷 형이 집에서 같이 어울리는 모습이 상상이 안 됐어"라고 훗날 앤드루는 말했다. "나랑 내 동생과는 뭔가 다른 사이라는 걸 느꼈지."

부모님은 형과 나의 대학 자금을 마련해두지 못했다. 아빠의 교직 생활은 재정적으로 대비를 시작한다는 의미이기도 했다. 형은 좋은 성적과 높은 SAT 점수 덕에 교직원 학비 할인 혜택을 받아 펜실베이니아대학교에 진학할 예정이었다. '모든 게 더 수월해질 거야'라는 메시지가 계속해서 들려왔다. 그럼에도 나는 무언가가 급습해 이 모든 이사 계획이 취소되기만을 바랐다. 어느 날 아침 등굣길에 나는 엄마랑 나만 여기 워싱턴 D.C.에서 아파트를 얻어 남으면 안 되냐고 엄마에게 물었다. 엄마는 울었다.

8학년을 마치고 2주가 지난 6월 중순 이삿짐 트럭이 나타났다. 필라델피아에서 몇 마일 떨어진 외곽의 낯선 길로 접어들 때, **나의** 길이 아닌 그저 어디에나 있는 길 같다고 느낀 기억이 난다. 새집에 있는 다락방은 내 차지가 되었다. 여름에는 무덥고 침침하고 겨울에는 냉골이었지만 며칠씩 그저 흘려보내기에 훌륭한 공간이었다. 이사하고 처음 몇 달간은 《스핀》과 《롤링 스톤Rolling Stone》에서 여러 페이지를 뜯어 압정으로 붙이며 빈 벽을 최대한 메우려 애썼다. 중고 매장과 벼룩시장에서는 해진 러그와 헌 의자들을 구해왔다. 아빠는 파일 캐비닛 두 개를 세우고 그 위에 낡은 문을 얹어 책상으로 만들어줬다. 나는 거기 앉아 밤새 CD를 들으며 다가오는 9월을 두려워했다.

2002년, 고등학교에 입학한 첫날이었다. 알파벳순으로 배치한 좌석에 따라 성이 'H'로 시작하는 내 자리는 세 번째 줄 맨 뒷자리로 정해졌다. 제일 모퉁이 자리에 앉은 학생부터 자기소개를 시작한다. 첫 번째 줄 앞쪽 학생부터, 차례로 한 명씩 순서가 돌아간다. 내 시선은 이름과 고향, 자기 장단점을 말하는 친구들을 향했다가 검정색과 보라색으로 된 '성취를 향한 믿음' 교훈 위에 걸린 벽시계로 옮겨간다. 호흡을 가다듬으려 애쓴다. 손가락을 오므려 주먹을 불끈 쥔다. 오른쪽 무릎이 걷잡을 수 없이 떨린다. 이제 두 번째 줄의 소개가 시작된다. 눈썹에서 식은땀이 흘러 눈이 따갑다. 한 사람당 몇 초가 걸리는지, 남은 학생들의 소개는 얼마나 걸릴지 계산하느라 머릿속이 분주하다. 겨드랑이 땀으로 러닝셔츠가 축축하다. 손목의 정맥이 불거진다. 세 번째 줄이다. 이제 성이 'G'로 시작하는 친구가 자기소개를 한다. 나는 마이크 헤이건에 이은 두 번째 'H'다. 그가 소개를 마치고 자리에 앉는 순간 극심한 공포가 닥친다. 가슴이 꽉 조여와 간신히 숨을 쉰다. 자리에서 일어선 나는 곧장 바닥을 쳐다본다.

"---즈즈즈즈즈즈저어는---------즈즈즈즈즈즈존온이고-------그그리고------그리고--------즈즈즈즈즈저어는-------으으으으으얼마-----즈즈즈즈저언에----이이이이이이여기로----이이이이사--왔어요------우워워워-워-워싱턴에서요."

담임인 브레이스웨이트 선생님이 태연한 척한다. 열여덟 해가 지난 지금, 내가 더듬더듬 그날에 대해 묻는다. 혹시 기억이 남아 있는지, 회의적인 심정으로. 그는 모든 것을 기억한다.

"그때 살집 하나 없이 비쩍 마른 네가 흐느적거리며 일어서니까 교실 분위기가 싸해졌지"라고 그가 회상한다. "모두가 동시에⋯⋯ **헐**⋯⋯ 하는 표정으로 고요하게 초집중했으니까. 너무 많은 감정이 일었어. 나름의 죄책감도 있었고. 어쩌다 너를 그런 상황으로 몰고 갔을까? 하는 지독한 죄책감, 압도적인 연민, 솔직히 말해 지금까지도 여전한 보호 본능. 나는 어떤 식으로든 네가 상처받는 게 싫었지만, 상처받을 수도 있다고 느꼈지. 그 와중에도 나는 평정심을 유지해야 했어. 학생들이 지금 무슨 일이 일어나고 있는지 판단하면서 분위기가 바뀌고, 갑자기 나를 향해 마치 '네가 시작한 일인데 이제 어떡할래?' 하는 식으로 쳐다보니까. 그 순간 널 위해 내가 할 수 있는 최선은 연기력을 발휘하는 것뿐이었어. 난 그저 너를 안아주거나 그냥 앉으라고 말하고 싶었는데 모두의 시선이 탁구공처럼 너와 나를 오가는 상황에서 그나마 할 수 있는 가장 좋은 일은 너에 대한 불안과 죄책감을 감추고 웃으면서 마치 이게 세상에서 가장 아무렇지 않은 일인 양 행동하는 것임을 깨달았지. 그리고 존, 내가 세상 편안한 표정을 짓고 있었어도 속으로는 '이게 옳은가? 내가 잘하고 있나? 지금 그에게 잘하는 짓일까?' 하고 갈등했어. 혼신의 힘을 다하고 있었단다."

9학년 첫날, 그런 자기소개 시간은 여덟 번이나 있었다.

새 학교는 필라델피아 북부에 자리한 세인트 조셉 남자 고등학교였다. 대부분 반 친구들이 초등학교부터 알고 지낸 다섯, 열, 혹은 스무 명의 아이들과 함께 신입생으로 입학했다. 여름방학 때 열린 신입생 풋볼 캠프에서는 수십 명씩 금세 친구가 되었다. 상급생 형이 있는 학생들도 많았다. 나는 아는 친구가 단 한 명도 없었다.

첫날, 4교시 점심시간이다. 거대한 교내 식당에는 시끄러운 십 대 남학생들이 둘러앉은 서른 개의 식탁이 놓여 있다. 내가 층층이 쌓인 밤색 식판을 집어 금속 선반에 밀어넣는다. 다시금 내 앞줄에 선 아이들의 머릿수를 센다. 고개를 숙여 메뉴의 모든 항목을 확인하며 무엇이 가장 말하기 쉬운지 고민한다. 이제 말할 차례다.

"ㄱㄱㄱㄱㄱㄱ-----ㄱㄱㄱㄱㄱㄱ------"

직원이 미간을 찡그린다.

"ㄱㄱㄱㄱㄱ---어---ㄱㄱㄱㄱㄱ가가----"

나는 '감'에 도달하지 못한다. 그녀가 내게 '그 시선'을 던진다.

이제 내 뒤에 줄이 더 길어진다.

"ㄱㄱㄱㄱㄱㄱ-----ㄱㄱㄱ가---"

내 옆에 있던 애가 웃는다. 걔 뒤에 있던 누군가가 소리친다. "아 존나 뭔데?"

"ㄱㄱㄱㄱㄱㄱ-----ㄱㄱㄱ가암자튀김."

직원이 투명 가림막 너머로 감자튀김을 건네며 안쓰럽다는 듯 미소를 짓는다. 나는 바닥을 내려다보며 선반을 따라 식판을 민다. 계산하려고 줄을 선 내내 바닥만 쳐다본다. 여기 있는 모든 학생들이 행복해 보인다. 어떤 애들은 펜을 귀에다 꽂고 셔츠 단추를 푼 채로 돌아다닌다. 계산대 뒤에 선 직원이 거스름돈을 건넨다. 나는 양념 코너에 식판을 내려놓고 주변을 둘러본다.

    대체 어디에 앉아야 하나?

7.

조 선생님

"안녕, 존." 조 선생님이 말한다. "다시 들어가서 얘기하자."

긴 복도를 따라 걸어갔더니 그가 유아용 가구와 장난감이 놓인 창문 없는 방의 문을 연다. 그는 조그만 의자에 앉고 나는 앉기를 망설인다. 알록달록한 공과 닥터 수스Dr. Seuss 책들만 봐도 또다시 치료를 받아야 한다는 당혹감이 증폭된다. 선생님이 펜을 두 번 딸깍이더니 깨끗한 노란색 리갈패드에 뭔가를 끼적인다.

"그래서, 왜 치료를 받고 싶니?"

"---즈즈즈즈저는----스스스사실------아아아니고----으으으으어엄마가-----우워워워원해서요."

"좋아, 그렇다면 어머니를 여기로 모셔야겠구나."

선생님이 자리를 뜨더니 몇 분 뒤 엄마와 함께 들어온다. 엄마는 혼란스러워 보인다.

"어머니, 존이 왜 치료받길 원하시죠?"

엄마가 대답을 구하듯 내 쪽을 본다. 선생님이 노란색 작은 야구공을 탁자에 대고 튕긴다.

"글쎄요, 꼭 제가 원해서라기보다는…… 그게…… 저랑 존이랑 둘 다 이게 좋은 생각 같아서."

"존은 여기 안 오고 싶었다고 하네요. 엄마가 원해서 왔다고요."

엄마가 나를 본다. 상처받은 표정이다.

"그게 사실이니?" 엄마가 묻는다.

나는 대꾸하지 않는다. 조가 공을 튕기는 소리만 들릴 뿐 방 안은 고요하다.

"도나허 선생님, 저는 단지 존이 치료를 받고 싶어 할 거라 생각했어요." 엄마가 말한다. "존이 조금 더 편해질 수 있도록 우리 모두가 애쓰고 있어요."

"감사합니다, 헨드릭슨 부인. 그럼 이제 존과 이야기해볼게요."

엄마가 방을 나선다. 참담한 심정이다.

"좋아," 조가 말한다. "너 왜 여기 온 거니?"

나의 수반행동들은 통제 불능이 되었다. 이제 말이 막힐 때마다 왼쪽 어깨로 고개를 획 젖히는 습관이 생겼다. 그러다 이따금씩 머리 전체를 위아래로 움직인다. 이런 행동은 한 문장을 말하는 동안 다시 또다시, 여러 번 반복되기도 했다.

고등학교 1학년 때 친구를 몇 명 사귀긴 했는데 내가 말을 엉망으로 내뱉을 때마다 녀석들이 당황하는 게 느껴졌다. 나는 사물함 앞 삼삼오오 모인 친구들 틈에서 농담이나 우스운 말들을 주고

받을 수 없었다. 친구 브랜던의 집에는 전화하기조차 미안했다. 그의 형이나 누나 혹은 아버지가 받는다면 '여보세요'의 '여'도 못 할 게 뻔했으니까. 친구들이 나를 불쌍히 여기고 학교에서 불우한 이웃이 된 기분이 들어 침울하게 하루하루를 보냈다.

언젠가 열두 자리를 놓고 아흔 명이 경쟁하는 신입생 농구 시합에 나갔다. 중학교 때 야구팀에서 뛰었고 7학년 때는 8학년 농구팀에 뽑혀 들어갔지만, 그건 과거일 뿐 더는 알아주는 이가 없었다. 규모 있는 남고에서 팀원으로 뽑히기란 훨씬 더 어렵다는 걸 금방 깨달았다. 나는 1차에서 탈락했다. 1월에는 조정팀에 지원했다. 매일 방과 후 두 시간 동안 격렬한 운동을 하는 조건이었다. 팔굽혀펴기와 윗몸일으키기, 스쿼트 자세로 벽에 기대어 버티기와 살을 에는 한겨울에 북부 필라델피아에서 장거리달리기를 해야 했다. 어떤 날에는 필라델피아 미술관까지 달려가 로키처럼 계단을 오르내렸다. 토요일 아침에는 학교에 일찍 등교해 지하실에 있는 조정 기계로 일정 시간 스프린트를 했다. 처음 몇 라운드는 통과했지만 이번에도 탈락이었다. 수치스럽게도 코치님은 매니저 자리를 제안했다. 나는 받아들였다. 날마다 다른 선수들과 함께 버스를 타고 연습장에 다녔는데 진짜 선수들은 마침내 보트에 올라 스쿨길 강에서 노를 저었지만, 나와 다른 매니저들은 보트하우스를 배회하며 선수들이 돌아오기를 기다렸다.

지성 피부 얼굴에는 여드름투성이었다. 성적은 고만고만했다. 말만 안 더듬었다면 그저 갈색 머리를 숙이고 복도를 어슬렁거리며 반 친구들 틈에 묻혔을 것이다. 그러나 나는 눈에 띄었다.

그게 이상적인 이유가 아니었을 뿐. 2학년이 되어 몇몇 친구들과의 관계가 소원해졌을 땐 이유를 묻기조차 두려웠다. 다른 친구들 무리 주변을 맴돌며 혹여 주말에 나오라는 연락이 올까 기다리기만 했다. 부모님은 내게 베르투치스 같은 근사한 교외 레스토랑에 저녁을 먹으러 가자고 설득했지만 늘 거절했다. 학교에서 기나긴 한 주를 보낸 뒤 또다시 웨이터를 마주한다고 생각하면 견딜 수 없었다. 나는 금요일마다 블록버스터에서 DVD를 빌려 엄마가 파이나소스에서 시켜준 치즈스테이크를 먹었고 덕분에 카운터 직원과 말할 필요가 없었다. 얼마 안 가 부모님과의 대화조차 피했다. 내 방에 몇 시간씩 틀어박혀 책을 읽고 숙제를 했다. 음악 취향도 점점 쓸쓸해졌다. 라디오헤드, 엘리엇 스미스를 들었다. 어떤 면에서는 완전히 평범한 십 대였다. 《호밀밭의 파수꾼》을 읽고 그것이 인생의 복잡한 문제를 푸는 열쇠라 믿는 불안한 청소년. 그러나 **다른** 모든 이도 가짜라는 홀든 콜필드의 지혜가 곧이곧대로 와닿기는커녕, 오히려 내가 사기꾼처럼 느껴졌다.

더 나은 모습의 나를 엿볼 수 있는 어떤 장소가 있었다. 바로 AOL 즉석 메신저AOL Instant Messenger, AIM였다. AIM은 그 자체로 하나의 생태계였다. 학교 식당의 위계질서가 사라졌다. AIM에서 나는 농담을 건넬 수 있었다. 여학생과의 통화는 감히 시도도 못했지만 채팅창에서 가볍게 재치를 발휘하는 건 할 만했다. 물론 AIM에는 손발이 오그라드는 보여주기식 요소가 있었다. (데이브 매튜스 밴드의 〈투 스텝Two Step〉 가사를 상태 메시지로 해둔 북동부 고등학생들이 얼마나 많았는지 아는가?) 하지만 AIM의 핵심은 **대화**였다. 우리 컴퓨터는 부엌 옆 조그만 구석방에 있었다. 의자를 당겨 앉은 나는 채팅을 시작하면—한 번에 셋, 넷 내지 다섯 명과—이따금 새벽 1~2시가 되도록 대화를 나눴다. 물론 **온종일** 접속한 사람으로 보이지 않도록 계속 신경 썼다. 매일 밤 누군가와 소통하는 것만으로도 도움이 되었다. 마음이 누그러졌다. 그곳은 내가 **항상** 비참할 정도로 거북한 사람이 아니라는 걸 증명할 기회였다. 이차원으로 이뤄진, 말을 하지 않아도 되는 세계에서 나는 심지어 평범해 보일 수 있었다. 그러다 다음 날 눈을 뜨면 학교로 돌아가야 했다.

"좋아," 조가 말한다. "너 왜 여기 온 거니?"

"------왜-----냐면 제가----마마마말을------못해요."

"말을 못하는 거야, 아니면 말하기 싫은 거야?"

"---음-------둘 다요."

"통화는 자주 하니?"

"---아니요."

"수업에는 잘 참여하고?"

"ㄱㄱㄱㄱㄱㄱ-가아-끔."

"질문에는 되도록 답을 안 하려고 피하니?"

"네."

"외식은 자주 해?"

"아뇨."

"처음 본 사람에게 널 소개할 때 편안해?"

"----아뇨."

첫 번째 세션이 시작되고 5분간 나눈 대화다. 그는 이미 내가 지금껏 만나온 다른 어떤 치료사들과도 다르다. 덩치가 큰 그가 악수할 때 손을 쥐고 흔들면 내 손가락 마디가 하얘진다. 그는 내가 좋아하는 영화와 텔레비전 프로그램에 관해 묻고, 필라델피아 농구팀과 야구팀에 관해 대화를 이끌어간다. 공을 저글링하던 그는 자신이 다시 공부를 시작하기 전 애틀랜틱시티에서 엔터테이너로 일했다고 말한다. 시간이 지나자 나는 땅바닥을 쳐다보지 않고 그의 질문에 답할 수 있게 된다. 약 50분이 지나고 그가 노란색 리갈패드를 탁자 위에 던지더니 의자 등받이에 몸을 기댄다. 그러곤 내 눈을 뚫어져라 쳐다보며 말한다.

"글쎄다, 존, 너는 심각한 말더듬이야."

상처 주려는 의도로 한 말도 아닌데, 다른 누군가에게 그 말을 듣자 속이 문드러진다. 지금껏 수백 번이나 따돌림당하고 놀림도 받았지만 그 어떤 어른도 이렇게 대놓고 말한 적은 없었다. 어떻게 반응해야 하는지 모르겠다. 그는 나를 판단하는 게 아니다. 단지 "하늘은 파랗다"거나 "네 눈은 갈색이야"처럼 사실을 진술했을 뿐이다. 그래도 여전히 혼란스럽다. 나는 열다섯 살이다. 치료사와 의사, 심지어 이상한 최면술사를 만나도 그들 모두 '말더듬'이란 단어는 어떻게든 피해갔다. 그것은 늘 나만의 **문제**이자 **쟁점**이자 **걸림돌**이었으니까. 조 선생님이 나를 달래려 애쓰지 않는 건 분명하다. 사실을 사실대로 말할 뿐. 유창하게 말하게 해준다는 약속 대신 그는 이렇게 말한다. "네가 말을 더 잘 더듬게 도와줄 수 있어."

조금 더 앉아 있다가 일어나 대기실로 간다. 잡지를 보던 엄마가 고개를 들어 씁쓸한 미소를 짓는다.

"네, 그럼 다음 주에 뵐나요?" 선생님이 말한다. 질문이긴 해도 진짜 묻는 건 아니다. 내가 대답하기도 전에 그는 이미 다음 환자인, 나보다 훨씬 어린 소년을 향해 걸어간다.

엘리베이터가 딩동, 도착한다. 엄마와 나는 말이 없다. 어땠는지 묻고 싶지만 무슨 말을 꺼낼지 몰라 초조해하는 게 보인다. 차에 올라타자 엄마가 운전석 차창을 내려 주차권을 뽑는다. 나는 침묵을 깨려고 라디오를 튼다.

"그그그그-괜찮았어," 내가 입을 뗀다. "좋은 사람이에요."

수요일 의식이 다시 시작되었다. 이제는 엄마 차에 타는 나를 아무도 못 보길 바라며 서둘러 학교를 빠져나온다. 조 선생님은 필라델피아 어린이 병원에서 일한다. 다행히도 우리는 동화책을 펼치지 않는다. 심지어 큰 소리로 읽는 연습도 안 한다.

수요일마다 그냥 앉아 말을 더듬는 게 얼마나 짜증 나는지, 이 모든 게 얼마나 크나큰 괴로움인지 이런저런 이야기를 나눈다. 나는 단 한 번도 그 사실을 분명히 말해보지 않았다. 그것은 늘 논의해선 안 될, 조용히 짊어져야 할 골칫거리였다. 부모님은 되도록 그 문제를 들추려 하지 않았다. 나는 부모님을 원망하지 않는다. 대체 무슨 말을 할 수 있었겠는가? 그래, 존, 오늘도 고생 많았지? 조 선생님은 감추지 않는다. 그래서 자유롭다.

그는 말을 더듬을 때마다 어깨가 축 처지고 가슴이 움츠러드는 등의 몸짓언어가 두려움을 드러낸다고 알려준다. 내가 불편함을 드러내면 사람들도 불편함으로 반응할 것이라고 설명한다. 조와 함께한 나의 첫 번째 과제는 눈 맞춤 시도하기였다. 극도로 어려운 과제였다. 10여 년 동안 나는 말을 더듬는 **순간**에 받는 '그 시선'을 두려워하며 보냈다. 학교 매점에서 빨간색 게토레이 주문하기처럼 간단한 일조차 피해왔다. 점원은 친절한 여성이었지만 그건 중요하지 않다. 보통 늘 이런 식이다. 줄이 다 줄어들도록 기다렸던 내가 서둘러 카운터로 간다. 입을 여는 즉시 '빨간'의 'ㅃ'에서 밑도 끝도 없이 막힌다. 그녀가 뒤돌아 냉장고 쪽으로 걸어간다. 냉장고 유리문을 열고 손가락으로 여러 음료수를 가리키며 내가 '예' 또는 '아니오'라는 고갯짓을 하도록 기다린다. 우리는 마치 배틀십 게임*을 하듯 목표물을 맞추려 고투한다. 나 역시 손가락으로 가리키며 그녀를 돕지만, 여전히 'ㅃ'에 막혀 말을 내뱉지 못한다. 숨이 막힐 지경이다. 마침내 그녀가 목표물을 가리키면 나는 서둘러 고개를 끄덕인다. 그녀가 돈을 받은 뒤 안쓰럽다는 미소를 지으며 거스름돈을 준다.

내가 이 상황을 설명하자 선생님이 곧장 도전 과제를 건넨다. "좋아, 그럼 내일은 손가락으로 가리키지 마"라고 그가 말한다. "손을 아예 안 쓰는 거야. 반드시 말로 해야 돼."

이게 연습해야 할 일이라니, 정말 머저리가 된 기분이다. 왜 그토록 힘이 들까? 왜 말을 내뱉을 때마다 온몸이 움직이려 할까?

---

* Battleship. 상대의 전함이 어디에 있는지 많이 맞춘 사람이 이기는 보드게임.

나는 마지못해 동의한다.

자, 다시 매점으로 간다.

"-----삐삐삐----삐삐삐-------삐삐삐삐----"

점원이 냉장고로 간다.

"-----삐삐삐삐삐----삐삐아---"

눈이 빠르게 깜빡인다. 목은 욱신거린다. 등허리에 땀이 찬다. 여전히 말이 안 나온다. 이제 시간이 너무 많이 지나버렸다. 내 팔이 올라오는 게 느껴진다. 고개를 홱 젖힌 나는 어정쩡하게 손가락을 뻗는다. 그녀가 병을 집어 들어 계산해준다.

이후 몇 시간 동안 나는 아무 말도 하지 않는다.

당시 많은 남학생들이 여자친구를 사귀었다. 몇몇은 이미 임신 소동에 대해 떠벌리고 다녔다. 나는 모든 면에서 뒤처진 기분이었다. 여름엔 근처 슈퍼마켓인 제뉴아디즈에서 장바구니에 물건을 담아주거나 쇼핑 카트를 정리하는, 고객들과 대화할 일이 거의 없는 아르바이트를 했다. 부모님이 돈을 보태주셔서 1993년식 쉐보레 카발리에 쿠페를 중고로 2000달러에 샀다. 수동 창문에 시속 100킬로미터 이상 밟으면 핸들이 흔들리는 차였다. 주로 학교와 집을 오갈 때만 몰았지만, 어떤 날에는 집에 오는 길 지라드 애비뉴 브리지를 건너기 직전 딴 길로 새기도 했다.

구불구불한 길을 따라 계속 달리다보면 스쿨길 강 동쪽으로 이어지는 켈리 드라이브 도로에 다다른다. 그런데 달리는 중간 갓길에 차를 세우면 가드레일 바로 너머로 길게 이어진 오래된 돌계단이 보인다. 계단을 내려가려면 빈 술병과 짓이겨진 담배꽁초들을 피해 발을 디뎌야 하고, 이따금 찢어진 콘돔 포장지나 주사기가 보이기도 한다. 계단 끝에 다다르면 조그만 잔디밭을 가로질러 또 다른 계단이 나오는데 이 계단을 오르면 숲 가장자리로 이어진다. 거기엔 더 많은 쓰레기가 있었다. 짜부라진 700밀리리터짜리 맥주 캔, 깨진 1리터짜리 유리 술병, 찢어진 맥도날드 포장지. 계단 꼭대기에는 나무 사이사이로 여러 갈림길이 나 있다. 왼쪽으로 보이는 그 길고 구불구불한 길을 따라가면 강이 내려다보이는 빈터가 나온다.

다음에 뉴욕시로 향하는 북부 암트랙을 탈 기회가 있다면 필라델피아 동물원을 지나자마자 다리를 건널 때 오른편을 내다보라. 그래피티로 덮인 바위 절벽이 훤히 드러나 있다. 어쩌면 바위 끝에 걸터앉은 고등학생들이 보일지도 모른다. 그곳이 바로 내가 처음으로 대마초를 피운 곳이다.

대마초를 피우는 애들은 학교의 다른 녀석들보다 다가가기가 쉬웠다. 더 부드럽게 말했고 머리는 덥수룩했다. 무엇보다 그 애들은 더 친절하고 덜 판단하는 듯 보였다. 학교 복도에서 제설차처럼 밀치고 다니는 미식축구 선수들과는 정반대 부류랄까. 학교를 마치고 대마초를 피우고 싶은 날 그 바위에 가면 몇몇이 와 있었다. 누군가 다가와 담배나 파이프를 건넨다. 그 무리에 속하지 않아도 누군가는 미소로 반겨준다. 실상 어떤 무리라고 할 수도 없었다. 사람들이 그저 오고 갈 뿐이었다.

날마다 그곳에 가진 않았어도 갈 때마다 마음이 평온했다. 얼마 안 가 나는 학생 주차장에서 몰래 소량의 대마초를 구매해 밤에 혼자 피우기 시작했다. 그 작은 비닐봉지를 배낭 주머니에 숨겨 집에 가는 동안 뒤쪽에서 헤드라이트가 비출 때마다 경찰은 아닌지 백미러를 계속해서 확인했다. 집에 도착하면 위층으로 올라가 책상 아래 파일 캐비닛 두 번째 서랍에 넣고 잠갔다. 열쇠는 책장 맨 위 칼 립켄의 사인 야구공이 든 둥근 플라스틱 케이스 아래 숨겼다. 밤이 내리면, 모두가 잠든 뒤 대마초 봉지를 꺼내 말린 이파리를 손가락 사이로 굴리며 계속해서 관찰했다. 창문 틈으로 담배를 태우고 교외의 밤공기 속으로 연기를 내뿜었다. 폐가 가득 차오르고 불타는 듯한 느낌이 들었다. 나는 대마초를 피우는 게 좋았다. 그것은 고요했다. 리드미컬했고, 사색에 잠기게 했다. 그러다 침대에 누워서 음악을 들으며 비스듬한 천장을 바라보다 잠에 빠져들었다. 그리고 어느 신비로운 아침에 눈을 뜨면 말더듬이 마법처럼 사라지는 상상을 했다. 하지만 대마초는 내 문제를 해결해주지 않았다. 문제를 해결해준 건 맥주였다.

8.

술이 주는 용기

가끔 나는 부엌 냉장고 뒤편에서 초록색 병맥주 롤링 록을 슬쩍 꺼내오곤 했다. 하지만 진정으로 맥주 맛을 알게 된 건 일회용 플라스틱 컵을 풍성한 거품으로 부드럽게 채운, 깜깜한 들판 한가운데서 먹었던 맥주 덕분이다. 고등학교에 다니던 내내 주말만 되면 페어마운트 공원 허름한 구역에 생맥주 통이 세워졌다. 졸업반 학생들이 신분증 확인이 느슨하거나 (혹은 아예 없는) 북부 필라델피아 유통업자에게 내추럴 라이트 생맥주를 사다가 누구에게든 5달러만 받고 무한 리필이 가능한 맥주컵을 팔았다. 심지어 한겨울에도 토요일 밤이면 쉰에서 백여 명의 고등학생들이 모여들어 그 주변을 어슬렁거렸다.

맥주와 나의 관계에 대해 쓰려니 간단치가 않다. 부모님 두 분 다 저녁 식사 때 와인 한 잔 이상은 드시지 않았지만 할머니 중 한 분이 알코올 중독이었다. 나는 언제나 술에 엄청나게 강했다.

십 대 시절 내게 맥주는 말하자면 버팀목이었다. 맥주는 나를 취하게 만들지 않고 다만 편안하게 해주었다. 이따금 나는 맥주를 홀짝이는 게 오래 입던 편안한 맨투맨을 입는 것과 다르지 않다고 생각했다.

술을 마시면 말더듬이 확연히 줄어든다. 이는 놀랍거나 새로운 사실이 아니다. 알코올은 뇌에 영향을 미치는 억제제로 알려져 있고, 말더듬은 신경학적 장애다. 맥주를 마신 나는 온라인 메신저 AIM에서의 나와 더 비슷해졌다. 여러 사람들의 대화에 끼어들고 농담 중에 "그래, 그렇지……" 하며 진짜로 사람들을 웃길 수 있는 사람. 술은 여러 문제를 정말 어느 정도는 무디게 해준다. 이상적인 방식은 아니어도 그건 사실이다. 고등학교 3학년 무렵 치료 시간에, 맥주를 마시면 말더듬이 잦아든다고 조 선생님에게 말했다. 마치 비밀을 털어놓듯 말했던 기억이 난다. 그가 나를 진지한 표정으로 보며 말했다.

"지금은 괜찮겠지. 하지만 조심해야 할 거야."

짐 매케이는 그의 아버지가 짐 빔 위스키를 어디에 두는지 알았다. 그는 위스키를 몰래 한 컵 따라내고 물을 채워 부모님을 속이는 방법을 터득했다. 고등학교 2학년 때의 일이었다. 그는 거기에 코카콜라를 섞어 시카고 교외에 사는 다른 열다섯 살 학생들처럼 파티에 갔다.

짐은 굴욕감을 주는 말더듬 때문에 심각한 불안을 겪고 있었다. 술을 마시면 긴장이 풀렸지만 한번 마시면 멈추는 법을 몰랐다. 그는 자주 필름이 끊기도록 술을 마셨고 다음 날 아침이면 첫 잔을 마시기 전보다 더 심하게 불안을 느꼈다. 어떤 아침에는 숙취에 시달리며 침대에 누워 지난밤 무슨 말을 하고 무슨 일을 저질렀는지 몰라 걱정했다. 악순환이었다. 남의 눈을 의식할수록 말을 더 더듬었다. 이는 전반적인 불안감을 높였고 술을 더 마시게 만들었다. 그의 행동은 예측 불가했다. 때로는 1교시 수업 전인 아침에도 술을 마셨다. "열여덟 살에 이미 알코올 의존증 진단 기준을 충족하고도 남았을 거예요"라고 후에 그가 말했다.

이제 육십 대 중반인 짐은 회색 곱슬머리에 희끗희끗한 수염을 기르고 있다. 필라델피아 외곽에 사는 그는 펜실베이니아대학교 의과대학 정신의학과에서 중독 및 약물 남용 전문의로 일한다. 과거의 내가 차가운 주말 밤 들판에 서서 무한 리필 맥주를 마시며 위안을 얻고 집으로 돌아오는 길에 그의 동네를 지나치곤 했다는 사실을, 그로부터 수년 뒤 그가 보낸 편지를 읽고서야 알았다.

짐은 반세기가 넘도록 말을 더듬었다. 여동생이 태어난 직후 그는 더는 말을 못하겠다고 어머니께 말했다. 어머니는 그를 소아과에 데려갔고, 의사는 그의 문제를 고쳐줄 '특별한 약'을 처방해 주었다. 나중에 알게 된 사실이지만 그 약은 속임수였다. 어린 시절 내내 짐의 말더듬은 더 심해졌다. 그는 자기소개를 두려워했는데 '짐'은 겨우 내뱉어도 '매케이'에서 심하게 막혔다. 학급 발표 시간에는 교실 앞에 서서 땀을 뻘뻘 흘리고 손을 덜덜 떨었다. 후에 부모님이 그들 데리고 노스웨스턴대학교 언어치료소에 다녔지만, 치료 역시 별다른 효과가 없었다.

청소년 시절 미식축구 경기 중 부상으로 운동선수로의 길이 막히자 그는 점점 자기 안으로 숨어들었다. 곧 사람들이 많을 땐 말을 하지 않았다. 성적은 형편없었고 저녁마다 필름이 끊기도록 술을 마시며 학교생활을 견뎠다. 그러던 중 부모님의 결혼생활도 무너지기 시작했다. 남들 눈에는 여느 중서부 가족들과 마찬가지로 평범한 가정이었다. 하지만 가끔씩 짐은 한밤중에 부모님이 침실에서 다투는 소리를 듣고 잠에서 깨곤 했다.

"돈 문제랑 이런저런 문제가 있었던 거 같은데, 하나 기억나는 건 내가 계속 언어치료를 받아야 하는지에 관한 의견 충돌이었어요." 짐이 당시를 회고했다. "아버지가 이렇게 말씀하셨죠. '당신도 알다시피 치료받는 건 중요하잖아'라고요. 아버지가 제 말더듬에 대해 언급하는 건 그때 처음 들었어요. 분명 생각은 하고 계셨다는 건데, 저한테는 한 번도 얘기를 꺼낸 적이 없었거든요."

부모님은 그가 열여섯 살 때 갈라섰다. 짐은 밴드에서 연주를 하며 지냈고 졸업반이었지만 대학에 지원조차 하지 않았다. 새로운 사람들을 만나 말하는 상황을 생각만 해도 두려웠으니까. "말더듬이들은 자기 말을 듣고 있는 상대방을 너무 지나치게 의식하고 그 상태에서 벗어나기가 무척 힘들어요. 술을 마시고 약을 하는 건 그걸 덜 불편하게 느끼려는 방편이었죠."

짐은 알코올에 가장 많이 의존했고, 끝내 각성제와 환각제에도 손을 대기 시작했다. 약에 취하면 누구에게든 아무 말이나 할 수 있다고 느꼈다. 특히 MDMA*의 전구체인 MDA**를 좋아했다. 남의 시선에 무심하게 해주고, 심지어 수치심도 없애주는 그 약물

8. 술이 주는 용기

에 빠져버렸다. 어느 밤 파티에서 MDA를 여러 번 복용한 그는 새벽 4시에 집에 돌아왔다. 그러곤 집 뒷마당으로 가서 지대가 높은 수영장에 올라갔다. 한겨울이었다. 집의 새아버지가 다음 날 아침 그를 발견했는데, 완전히 정신이 나간 채로 물속에서 이리저리 돌아다니고 있었다. 저체온증에 걸리거나 익사하지 않은 게 기적이었다. 이십 대 초반, 한계에 다다른 그는 삶을 조금씩 재정비하기 시작했다. 그때 시카고 부근에서 열리는 익명의 알코올중독자 Alcoholics Anonymous, AA 모임에 처음 나갔고, 지금까지 수십 년 동안 술을 입에 대지 않고 있다.

"처음 모임에 갔더니 방 안을 가득 채운 사람들이 이렇게 말하더군요. '그래, 좋아요, 당신이 엉망진창 같죠? 이제 내가 어떤 짓을 했는지 들어봐요.' 적어도 그런 면에서는 나와 비슷한 사람들과 함께 있다는 느낌이 들어서 정말 위안이 됐어요. 그리고 뭐랄까, 익명의 말더듬이 모임을 찾아가볼까? 하고 자주 생각했어요. 왜냐면 그 부분에 있어서는 온전히 혼자였으니까요. 말더듬이 대체 뭐길래 나 혼자서만 짊어지고 있을까? 말더듬에는 뭔가 너무 수치스러운 부분이 있어요. 정말로 명백한 문제임에도 말을 꺼낼 수가 없죠."

짐은 시카고의 로욜라대학교에서 심리학을 전공한 뒤 석사과정을 거쳐 마침내 하버드에서 박사학위를 땄다. 석사논문을 발

---

* 엑스터시, 각성제 및 경미한 환각제.
** 암페타민 계열의 정신 자극제.

표하던 날, 그는 논문 지도위원들 앞에서 말을 심하게 더듬었다. 당황한 그가 강의실을 나와 엘리베이터에 올랐는데, 안에는 방금 발표 내내 고군분투하던 모습을 다 지켜본 몇몇 대학원 동기들이 있었다. 한 발달심리학 교수가 그의 '소심함'에 대해 폄하하는 말을 했다. 굴욕적이었다. 그날 오후 짐은 그 교수를 찾아가 따졌다.

"이렇게 말했어요. '저는 말을 더듬어서, 사람들 앞에 나서는 게 정말 정말 힘든데, 교수님 말씀에 모욕감을 느꼈다'고요." 교수는 짐을 비웃었다. "그가 대꾸하더군요. '자네는 건설적인 비판을 못 받아들이니, 그게 더 큰 문제네.'" 짐은 망연자실했다. "교수님은 사실상 '자네랑 같이 일하고 싶지 않아'라고 말한 셈이죠."

짐과 나는 2020년 10월에 처음으로 길게 대화했고 추수감사절이 지난 어느 저녁 다시 이야기를 나누었다. 그의 목소리는 따뜻하고 그윽해 가수 윌리 넬슨의 젊은 시절을 떠올리게 했다. 그는 지금껏 자신의 말더듬에 대해 말해본 적이 거의 없었고, 나와 대화하며 처음으로 깊이 있게 이야기해봤다고 전했다. 이후 몇 주간 그는 성인인 자기 딸들에게 평생의 고충에 대해 조금씩 털어놓기 시작했노라 덧붙였다.

"딸들에게는 말더듬에 관한 것보다 약물 남용 내력에 대해 이야기하는 게 더 편해요. 외가와 친가의 남자들 모두 심각한 알코올 문제를 갖고 있었거든요. 그러니 딸들도 그 사실을 꼭 알아야 하죠. 음주 습관에 대해 경각심을 갖고 취약점도 인지해야 하니까요." 그러곤 덧붙였다. "하지만 말하는 능력에 관해서는, 얼마 전 당신과 다시 대화하기로 했다고 말했더니 둘째 딸이 '그게 누군데요? 아빠 우리한테 그런 얘기 안 했잖아요'라고 묻더군요. 그러니까 여전히 내 안에는 말더듬에 대해 말하기가 부끄럽다거나 망설여지는 게 있나봐요. 심지어 조금 더 마음을 연 이후에도 얼마나 폐쇄적이었는지 깨닫게 되죠. 그런데 딸들이 정말 관심을 보였고, 그게 또 다른 부분이에요. 말더듬은 단지 딸들이 아빠에 관해 알고 싶어 하는 것 중 한 가지였죠. 듣기 거북한 섬뜩한 이야기가 아니고요."

얼마 전, 본가에 방문한 차에 짐과 만나 아침을 먹었다. 내가 고객들에게 말 걸기조차 두려워하던 시절 손님들이 구매한 물품을 장바구니에 담는 알바를 하던 그 쇼핑몰 안의 카페에서였다. 나는 나이가 몇이든 상관없이, 심지어 가까운 이들에게조차 말 더듬는다는 사실을 털어놓는 게 얼마나 힘든 일인지에 관해 말을 꺼냈다. 짐은 30년 넘게 사랑으로 동고동락한 아내에게조차 유창하게 말하기가 힘들어 최근 좌절감을 느낀 적이 있다고 고백했다. 나는 전에 그가 언급한 '익명의 말더듬이 모임'에 대한 생각을 떨칠 수가 없었다. 왜 우리는 말더듬을 그토록 감추면서 살아가는 걸까? 짐은 말더듬과 중독을 두고 비슷한 점과 다른 점을 설명해주었다. 알코올에 의존하다 회복한 이들은 금주를 뿌듯해하며 그룹 내의 다른 이를 돕고자 한다. 그런데 여기에 결정적인 차이가 있다.

"술은 끊을 수가 있죠, 그런데 말더듬은 절대로 멈출 수가 없잖아요."

9.

검은 파도

고등학교 3학년 겨울 무렵, 조 선생님의 치료실에 다닌 지도 한 해가 넘어가고 있었지만 나는 여전히 일상에서 말하는 상황을 회피했다. 고개를 들기보다는 더 많이 숙이는 사람이 되었다. 내가 내뱉은 거의 모든 말을 곱씹으며 비판하기 시작했다. 너무 자주 단어를 대체하다보니 내가 말한 문장은 이해가 힘든 수준이었다. 느느너----브봐봤어----음-----대승----필라델피아가----경기--이긴?

지하실에 펄 드럼 세트를 들이고 드럼을 치며 스트레스를 조금씩 풀기도 했다. 이따금 친구 두 명을 초대해 검정 하양 무늬의 스콰이어 스트라토캐스터 일렉기타를 함께 연주하기도 했다. (베이스를 맡고 싶어 하는 친구는 아무도 없었다.) 우리는 위저의 〈아일랜드 인 더 선Island in the Sun〉을 뚝뚝 끊기게 연주하고 공연할 일이 없으니 밴드 이름이 전혀 필요 없음에도 이름을 뭐로 정할지 아이디어를 내며 몇 시간을 보냈다. 주말이 되면 빨간 플라스틱 컵을 내 추럴 라이트 맥주로 채우고 들판에 나가 사람들에게 말을 걸 용기를 내기도 했다. 늦은 밤 집에 돌아오면 동네 친구 하나가 담장 틈새를 비집고 들어와 포치에서 나를 기다렸다. 냉장고에서 맥주 몇 병을 몰래 꺼내와 그와 함께 마시고 대마초를 피우며 고등학생 철학자로 변하곤 했다.

그런데 내가 정말로 입을 닫기 시작한 것도 그 무렵이었다. '숙제가 많아서' 같은 변변찮은 핑계를 대며 조 선생님과의 약속을 여러 번 건너뛰었다. 그는 내게 말더듬과 언어치료 전반에 대해 가족들과 이야기를 나누라고 시켰지만 나는 이야기를 꺼낼 엄두도 내지 못했다. 부모님이 보는 데서 말을 더듬으면 여전히 죄스러웠다. 이제 거의 열일곱이고 10년 넘게 치료를 받았는데 이게 뭔가? 진전 없는 내 모습이 수치스러웠다. 부모님도 분명 그렇게 여길 거라 믿었다.

엄마가 하루 일과를 물어보면 단답형으로 대답했다. 접시만 내려다보다가 부엌에 갖다 놓고는 텔레비전 방이나 내 방으로 달아났다. 우두커니 앉아 숙제를 하다가 잘 시간이 될 때까지 시간을 허비하고, 멀뚱히 누워서 음악을 들으며 잠에 빠질 때까지 뒤척였다. 아침이면 가능한 한 마지막 순간까지 시간을 끌다가 일어났다. 나 자신이 안쓰럽다기보다는, 그저 심드렁한 날들이었다.

며칠, 몇 주, 몇 달이 두루뭉술하게 흘러갔다. 내가 느린 속도로 계단을 오르고 있음을 눈치챘다. 머리는 더 산발이 됐고 샤워도 자주 하지 않았다. 거의 날마다 같은 동선의 반복이었다. 침대,

차, 학교, 차, 저녁 식사, 텔레비전, 내 방, 침대. 특히 학교에서 힘든 낮을 보내고 돌아와 집에서도 긴장된 밤을 보낸 날이면, 온라인에서마저도 사람들과 아무런 안부를 나누고 싶지 않았다. 점점 더 많은 시간을 위층에 홀로 처박혀 코듀로이 소파 오른쪽 구석을 손가락으로 긁으며 몇 시간 전 심하게 막혔던 말을 집착적으로 되새겼다. 친구들에게 짐이 되는 건 아닌지 우려했고 내 존재를 통해 친구들이 얻는 건 무엇인지 의문을 갖기 시작했다. 그해 겨울 어느 밤, 잠들지 못해 한동안 침대에 누워 천장을 바라보다가 짧게 혼잣말을 뇌까렸다. 내가 우울증인가. 그 말은 억지로 밀어내기도 전에 입 밖으로 튀어나왔다. 너무 겁이 났다. 부모님께는 한 번도 그런 말을 해본 적이 없었다. 조 선생님에게도 말할 용기가 안 났다. 이 단락을 쓰기 전까지, 단 한 번도 공개적으로 써본 적이 없다. 저기 이미 써둔 문장이 보이는데, 그걸 읽으면 여전히 속이 울렁인다. 하지만 우울증은 당신이 그것의 존재를 인정하든 말든 관심 없다. 그것은 고요하며, 인내심이 강하다.

나는 우울증이 나에게서 더 많은 것을 빼앗아가지 않은 데 대해 무한한 감사를 느낀다. 죽음에 대해 자주 생각했지만 죽음에 닿을 계획은 한 번도 세우지 않았다. 고등학생 시절 깊은 우울감에 빠졌을 때도 침대에서 몸을 일으킬 수는 있었다. 다시 말하지만 운이 좋았다. 우울증을 앓는 사람들은 저마다 다른 형태의 우울을 경험한다. 나는 여전히 몇 가지 일은 아주 잘 해낼 수 있었다. 깊이 있는 독서를 했고 거의 모든 영어 과제에서 A를 받았다. 짧은 이야기와 시를 썼고, 겨우 드럼만 연주할 뿐 악보를 읽을 줄도 몰랐지만 곡도 썼다. 좋아하는 밴드의 공연을 보러 일렉트릭 팩토리와 TLA에 다녔고 더 포인트라는 카페의 말 없는 단골이 되기도 했다. 〈심슨 가족〉을 보면 여전히 배꼽을 잡고 웃었다. 하지만 그런 와중에도 검은 파도는 밀려왔다. 나는 때로는 물살을 헤집고 나갔고 때로는 파도에 휩쓸렸다. 대체 언제쯤 우울증이 찾아들기 이전의 감정으로 돌아갈 수 있을지 알 수 없었다. 우울증을 잘 다루는 법을 배우긴 했지만, 우울증에 걸리기 전으로 완전히 돌아갈 수 있을지는 아직도 모르겠다. 또다시 말하지만 나는 **운이 좋았다**. 운이 나빴다고 느낄 일은 절대로 없을 것이다. 여기 앉아 나를 겁먹게 했던 그 문장을 썼다는 사실만으로도 나는 운이 좋다.

무케시 아디카리도 스스로 운이 좋았다고 여긴다. 네팔 카트만두에서 유년기 대부분을 보낸 그는 삼 남매 중 둘째였다. 네 살이 되기까지 거의 말을 못하던 그는 대여섯 살 때부터 말을 더듬었다. 그의 부모는 의사에게 아들을 데려갔고 의사는 시간이 지나면 문제가 사라질 거라 확신했다. 아디카리의 삼촌과 사촌들 역시 말을 더듬었지만 그들의 증세는 경미했다. 아디카리는 말더듬에도 불구하고 학업에서는 뛰어났다. 초등학교와 중학교 내내 반에서 상위권을 유지했고 네팔어, 힌디어, 영어까지 3개 국어를 습득했다. 그러나 말더듬은 나이가 들어도 나아지지 않았다. 십 대가 되자 말더듬이 삶을 지배하기 시작했다. 그는 한 번에 몇 초씩 입을 벌린 채 사라진 소리가 나오길 기다리며 끝 모를 막힘에 갇혀 있곤 했다. 기본적인 것조차 말할 수 없어 좌절했다. 때로는 그것 때문에 말 그대로 질식할 듯한 느낌을 받았다.

고등학생이 된 아디카리는 자신의 문제에 대한 해답을 찾기 위해 두뇌의 화학적 구성을 연구했다. 그는 전두엽의 브로카 영역*에서 언어를 생산한다는 사실을 알고는 짧은 기간이었지만 벽에다 머리를 들이받기도 했다. 뇌를 두드려 대뇌피질의 활동을 자극하면 언어 기능을 망가뜨린 신경 경로를 갈아치울 수 있을지도 모른다고 생각했던 것이다. 효과는 없었다.

그는 계속해서 부끄러워했고 고등학교 2학년이 되었을 무렵엔 더 이상 우등생도 아니었다. 부모님이나 형제자매를 비롯해 그 누구에게도 일상의 고충에 대해 터놓길 거부했다. 이내 고통은 못 견디게 깊어졌다. 하교 후 집에 돌아와 방문을 걸어 잠그고 흐느끼는 날이 늘었다. 열여섯이 되자 말더듬의 무게는 더욱 무거워졌다. 그는 자살할 방법을 고민했다.

어느 날 아디카리는 방문을 걸어 잠갔다. 그는 가만히 자리에 앉았다. 더는 외부 세계와 소통하지 못할 듯한 한계점에 도달했다. 그는 조용히 앉아 기다렸다. 그러던 중 무언가에 이끌리듯 명상에 잠겼다. 그의 부모는 자녀들이 영성을 받아들이도록 키웠고, 근처 사원에 데려가 주기적으로 명상을 하도록 해왔다. 아디카리는 호흡을 가다듬고 중심을 잡으며 말더듬에 대한 강박적인 생각을 떨치려 애썼다. 방 안에서 꼼짝없이 거의 네 시간을 보낸 후, 그는 묘하게 차분해진 감각과 함께 아주 오랜만에, 낙관적인 기운

---

* Broca's area. 대뇌 좌전 하부 운동성 언어 중추.

을 얻었다. 이후 고교 시절 내내 명상을 이어갔고 마침내 자살충동은 희미해졌다.

대학에 진학한 뒤 그는 네팔 보건인구부에서 6년간 일했다. 스물여섯 살 때는 사랑에 빠졌고 생애 처음으로 누군가에게 말더듬이로 살아온 삶에 관해 털어놨다. 두 사람은 결혼했고 후에 코네티컷주로 이주했다. 그곳에서 그는 예일대학교 보건정책 석사 과정을 밟았다. 우리가 처음 대화를 나눴을 때 그는 뉴헤이븐에 살고 있었다. 아디카리가 내게 벼랑 끝에 섰던 날에 관해 이야기했던 밤, 나는 그의 이야기를 내 책에 쓰는 데 대해 어떻게 생각하는지 물었다. 만일 원한다면 이니셜이나 가명으로 신원을 숨길 수 있다고 말하면서.

"이름만 쓰는 건 괜찮아요"라고 그가 단호히 말했다.

대화가 거의 끝나갈 무렵, 그의 마음이 움직였다.

"혹시 실명을—이름과 성 모두—밝히고 싶다면, 그렇게 하세요." 그는 부모에게 자살 직전까지 갔었다는 사실을 한 번도 말한 적이 없었지만, 이제 더는 숨기고 싶지 않아 했다. 그는 말을 더듬은 덕분에 타인의 말을 얼마나 진심으로 경청하게 되었는지, 살면서 그 점에 얼마나 감사하고 있는지도 설명했다.

"많은 이들이 어려움을 겪고 있잖아요. 하지만 어떤 희망이 존재한다는 걸 사람들이 반드시 알아야 해요."

제럴드 맥과이어의 형 찰스에겐 다른 선택지가 없었다. 두 사람은 일곱 식구 중 말더듬이 동지였다. 그들은 새크라멘토에서 북

쪽으로 약 90마일 떨어진 캘리포니아주의 파라다이스 시에라 네바다 산맥 가장자리에서 자랐는데, 2018년 가을 이 마을은 대재앙 수준의 산불로 지도에서 거의 사라질 뻔했고 전국적으로 뉴스의 헤드라인을 장식했다. 하지만 그보다 15년 전, 심한 우울증으로 말더듬이 더 심각해진 찰스는 스스로 목숨을 끊었다.

"맏형으로서 자부심이 강했던 형이 심히 고통받는 모습을 보는 게 너무 힘들었어요. 지금 생각해도 너무 힘드네요. 하지만 세상에는 수많은 찰스가 있어요."

맥과이어는 빠르게 터뜨리듯 말하고 대부분 진술을 질문 형식으로 구성했다. 그는 캘리포니아 사람답게 까무잡잡하고 주기적으로 활짝 웃으며 얼굴의 긴장을 푼다. 문장 중간중간 상대의 이름을 언급하며 "그렇죠?"라거나 "이해하시죠?" 같은 짧은 질문으로 말을 마무리하며 상대와 계속 소통 중임을 확인한다.

맥과이어는 캘리포니아 과학 및 의과대학 정신과 교수다. 그는 가장 최근에 개정된 《정신장애 진단 및 통계 편람》의 자문위원으로서 말더듬증의 명칭을 '아동기에 발병하는 유창성 장애'로 변경했다. (그럼에도 대부분 사람들은 여전히 말더듬증이라고 부른다.) 맥과이어는 수십 년 동안 다양한 신경계 질환, 특히 말더듬증의 치료를 위한 약학 솔루션을 연구해왔다. 그가 설명해주기 전까지 나는 말더듬증이 ADHD 및 (빠르게 눈을 깜빡이고 턱을 세게 죄는 등의 다양한 운동 틱 증상을 보이는) 뚜렛증후군과 신체적으로 유사하다는 점을 전혀 생각지 못했다. 그는 말더듬증과 강박장애의 공통점에 대해서도 이야기해주었다.

"강박장애는 시상피질 회로 내 하위피질 영역의 교란과 상호 연관성이 있는데요, 말더듬증도 이와 유사해요"라고 맥과이어가 말했다. (무슨 뜻인지 모르는 용어가 두 개나 나오지만 그냥 넘어가도록 하자.)

어렸을 적 그는 해마다 새해 전날 집 근처 개울가로 내려가 똑같은 길을 열 번 연속으로 걸었다. 온전히 집중한 상태로 걷다 보면 말더듬을 멈출 수 있다고 자신을 설득했다. 효과가 없었지만 해마다 새해가 다가오면 개울가를 순례하듯 빙빙 돌며 같은 행위를 반복했다.

많은 말더듬이가 문장에 나오는 어려운 단어에 집착한다. 어떤 말더듬이들은 그저 사소한 발음 하나에 걸려 넘어지지 않으려고 여러 단어나 구문을 미리 준비해둔다. 그가 설명을 이어갔다. "이것은 강박사고 과정과 매우 유사해요. 말하자면 현재의 말더듬증은 30년 전의 강박장애와 같은 지점에 있어요. 우리는 '강박장애'라는 용어를 알고 자랐지만 1970년대 사람들은 그런 용어를 아예 들어본 적이 없을 테죠."

그의 설명을 들으면서 나는 나만의 의식과 말더듬 틱, 그리고 살면서 겪은 모든 강박장애 성향에 관해 돌아보기 시작했다. 때로 나는 문장을 마무리할 때 습관적으로 바로 지금처럼, 세 개의 짧은 절로, 끝내곤 했다.

대화가 무르익을 무렵 나는 많은 이들에게 말한 적 없는 무언가를 얘기했다. "저는 사실…… 부모님이…… 교통사고로 돌아가실 것 같은…… 평생의 불안을…… 안고 살았어요."

"그게 강박적인 생각이에요!" 그가 말했다. 그러곤 같은 문장을 반복했다.

"그런 생각이…… 백 가지도 넘어요"라고 나는 고백했다. "어떤 불안이냐면…… 가령…… 전립선 검사 같은 거. 그런 게 너무 많아서, 뭐랄까, 지난 10년간…… 어느 정도였냐면……"

"거봐요! 그러니까 바로 그게," 그가 멈칫하더니 정신과 의사 모드로 태도를 전환해 말을 이었다. "계속 얘기해보세요."

"라디오헤드 노래 중 〈에브리씽 인 잇츠 라이트 플레이스 Everything in Its Right Place〉라고 있는데, 제 기분이 딱 그래요. 커피 탁자 위에 잡지가 쌓여 있으면…… 잡지는 반드시…… 그러니까 모든 게 제자리에 있어야만 해요."

"주변 환경을 반드시 통제해야 하는군요. 그러니까, 보세요. **깨달음이에요!** 그냥 이렇게 말해볼게요. 당신은 그걸 겪고 있어요, 존. 어쩌면 그래서 저한테 연락을 한 거죠, 안 그래요?"

말더듬증 외에 다른 장애가 뇌 주변을 어슬렁거릴 가능성을 인정하려니 거슬렸다. 마치 공항에서 반대 방향으로 가는 무빙워크에 오른 기분이었다. 나는 어린 시절을 되돌아보기 시작했다. 내가 통화 중에 펜을 정신없이 위아래로 던졌었나, 아니면 정확히 내 손에서 세 번 위로 올라갔다 내려오는 그것을 지켜보았던가? 왜 나는 말이 막힐 때마다 항상 같은 발가락 세 개를 꼼지락거렸나? 초등학교 1학년 때 마침내 문장을 내뱉고 나면 작게 속삭이듯 같은 문장을 반복해서 중얼거리던 게 기억났다. 유치원 때 엄마의 도움으로 양말을 신고 나면, 나는 바느질 선을 내 발가락들과 정확히 나란하게 맞췄고, 그러지 않으면 온종일 불안했다.

　나는 그와의 대화 중에 언급했던 라디오헤드의 노래를 흥얼거리기 시작했다. 《키드 A Kid A》 앨범의 오프닝 트랙이다.

모든 것이
모든 것이
모든 것이
모든 것이
있어야 할 제자리에
있어야 할 제자리에
있어야 할 제자리에
있어야 할 제자리에

　지금껏 수백 번 넘게 들었던 곡이지만 방금 타자로 직접 쳐보기 전까지는 가사의 강박적인 구조를 알아채지 못했다. 그렇다면 애초에 내가 다른 악기가 아닌 드럼이 치고 싶었던 이유는 무엇일까? 몇 시간 동안 지하실에 앉아 리듬 패턴을 반복하길 좋아한 이유는 뭘까? 배관이 다 드러난 지하실 천장 아래서 단순한 4분의 4박자에 꽂혀 사지를 동시에 움직이던 내 모습이 선명히 떠오른다. 그것은 말더듬에서 벗어나려는 몸짓이었나, 아니면 통제에 대한 욕구의 발현이었나?

　의대 교수들은 정신과 의사가 되려는 맥과이어를 말렸다. 당시 기억을 떠올리던 그의 목소리가 변했다. 그는 방사선과처럼

"사람들과 말할 필요 없이 지하실에 앉아 있는" 다른 분야를 고려해보라는 말을 들었다고 했다. 의학의 다양한 영역에서는 일정 시간이 소요되는 구술시험을 통과해야 의사가 된다. (이러한 인증 체계로 구조적 차별을 받는 의대생들을 위해, 현재 맥과이어는 변호 기금 조성 프로젝트를 진행 중이다.)

그는 신문과 잡지에 소개되었고 전국 말더듬 협회National Stuttering Association 회장으로 활동하기도 했다. 하지만 말더듬 커뮤니티의 많은 구성원이 말더듬에 대한 그의 접근 방식에 문제를 제기한다. 수년간 맥과이어는 주치의의 관리하에 특별히 말더듬증에 승인되지는 않았지만 일반적으로 다른 신경계 질환을 치료하는 데 사용되는 처방 약을 복용해왔다. 말더듬을 단번에 고쳐줄지도 모를 '마법의 약'에 대한 이야기가 나오면, 사람들은 여전히 맥과이어의 이름을 떠올릴 것이다. 일부 구성원들의 원성을 사는 이유도 바로 여기에 있다. 보통 가장 먼저 나오는 질문은 이렇다. 왜 말더듬이들이 비장애인 중심 사회의 기대에 부응하기 위해 약을 먹어야 합니까?

"어떤 상태든 치료의 첫 단계는 수용이에요." 맥과이어가 이어 말한다. "암을 고치고 싶으면, 우선 암은 치료가 필요함을 받아들여야 하죠. 이 둘은 상호 배타적이지 않아요. 양자택일일 필요도 없지요. 말더듬증이 우울증이나 고혈압과 다를 이유가 뭐죠?"

맥과이어처럼 말더듬 치료에 화학적 접근법 적용을 지지하는 이들은 신경전달물질과 이를 조작하는 방법에 대해 많은 시간 고심한다. 신경전달물질은 뇌에서 뉴런 간의 소통을 비롯해 뉴런과 신체의 다양한 근육 사이의 의사소통을 돕는 분자다. 가장 잘 알려진 신경전달물질은 바로 도파민이다. 사람들은 종종 뇌에서 넘치도록 분비된 만족감 덕분에 온몸에 쾌감이 밀려오는 듯 느끼는 '도파민 히트'에 관해 말한다. 도파민은 화창한 날 공원 달리기처럼 간단한 활동만으로도 분비된다. 어떤 이들은 음악을 듣거나 인스타그램에 사진을 올린 뒤 올라가는 '좋아요' 수만 봐도 도파민이 상승한다. 맥과이어와 다른 연구진들은 뇌의 도파민 활동 불균형이 신경 경로에 문제를 일으켜 말을 더듬게 한다는 가설을 세웠다. 그들은 도파민 분비를 **막으면** 진정한 유창성을 얻을 수 있다고 믿는다. 당신이 떠올리듯 불리한 측면도 있다. 우리라고 기분을 좋게 해주는 체내 화학물질을 덜 원하겠는가?

    맥과이어는 감마-아미노부티르산인 GABA에 대해서도 신중히 접근했다. (발음하기도 쉽지 않은 물질이다.) GABA는 또 다른 신경전달물질이지만, 의사소통을 돕기보다는 뇌에서 뉴런 간 신경 신호를 차단한다. 이런 의미에서 억제제로 볼 수 있다. 체내에서 "그 억제제가 분비되면" 무엇을 어떤 식으로 말하든 남의 눈을 덜 의식하게 된다. 알코올은 좋든 나쁘든 이 과정을 돕는다. 열다섯 때 내가 알게 된 것처럼 맥주를 한 잔—내지 두 잔, 세 잔—마시면 근육이 이완된다. 그리고 조 선생님께 털어놓았듯 취기가 약간 오르면 말더듬에 대한 걱정을 덜고 심지어 더 유창하게 말하게 된다. 위약 효과가 아닌 실제 뇌에서 일어나는 화학작용의 영향이다. 맥주 첫 모금이 뇌에 도달하고 얼마 지나지 않아 GABA의 효과가 나타난다. 그것은 미끄러운 경사로다.

"그리 단순하지는 않아요. 하나의 신경전달물질에 해당하는 하나의 장애, 그런 건 없거든요." 맥과이어가 설명한다. "우울증도 그렇잖아요, 강박장애도 마찬가지고요. 물론 '말더듬은 도파민-매개 장애'라고 말할 수 있지만 그게 전부는 아니죠. GABA, 도파민, 세로토닌 등 신경전달물질의 작용은 모두 달라도 서로 상호작용하고 관련되어 있어요."

맥과이어와 다른 연구진은 마침내 에코피팜Ecopipam이라는, 도파민 차단제 형태의 말더듬-방지 약물을 발견했는지도 모른다. 현재 임상 중인 이 약물의 결과에 대해 맥과이어는 조심스레 낙관하고 있다. 하지만 에코피팜의 가장 심각한 잠재 부작용 중 하나는, 정말 모순적이게도 말더듬증과 더불어 맥과이어의 형이 스스로 목숨을 끊게 만들었던 정신장애인 우울증이다. 그러니 이 두 가지 신경학적 문제가 서로 얽혀 있다는 점을 그는 놓치지 않으려 한다.

지난 20년 동안 그의 연구에 대한 언론의 관심으로 맥과이어는 전 세계 말더듬이들에게 주기적으로 이메일을 받는다. 어떤 사람들은 부작용이 있든 말든 연구 중인 약물을 구할 수 있는지 묻는다. 그들 중 다수는 말더듬으로 인해 점점 악화되는 불안감을 털어놓는다. 어떤 말더듬이들은 죽고 싶다고 고백한다. 그는 모든 메시지를 읽고 일일이 답하려 노력하지만 자신의 이름이 기재된 새로운 기사가 나올 때마다 또 다른 메일이 쏟아져 들어온다.

"의무적인 일이 아니에요. 이건 소명이에요. 둘은 다르지 않나요?" 맥과이어가 말한다.

에코피팜이 마침내 FDA 승인을 받는다 해도, 내가 그 약을 먹을지는 솔직히 잘 모르겠다. 언젠가는 절대 이런 식으로 말하지 않는 기회를 얻고 싶기도 하다. 그러나 나의 DNA 일부를 중화하려고 약을 삼킨다는 생각이 약간 비겁한 타협처럼 느껴진다. 십대 시절 내게 우울증을 안긴 말더듬이 싫지만, 그 말더듬 덕분에 얻은 공감과 이해 능력에는 무척 감사하다. 물론 말을 더듬는 내 모습이 항상 좋은 건 아니다. 하지만 내가 말을 더듬지 않는다면 나 자신을 알아볼 수 있을까?

10.

카이로스

어느 날, 할아버지 할머니는 일리노이주에서 앨라배마주로 가는 편도 기차에 우리 아빠를 태웠다. 이제 겨우 십 대였던 아빠는 기차에서 내려 소년들이 다니는 가톨릭 신학교로 갔고 사제 서품을 준비하기 시작했다. 큰아빠 마티는 이미 그곳에 다니고 있었다. 아빠는 스물한 살이 되던 해 서원을 6주 앞두고 그곳을 나왔다. 큰아빠는 이미 자퇴한 상태였다. 두 분의 동창들 상당수도 학교를 나왔다. 어린 시절 형과 나는 아빠에게 대체 무슨 일이 있었는지 구체적인 답을 듣지 못했다. 아빠는 그저 설명하기 복잡하다며, 마음이 떠나버렸다고만 말했다. 아빠의 또 다른 삶에 관해 들어본 거 있어? 그것은 늘 우리 가족 내력에서 풀지 못한 숙제 같은 것이었다. 이따금씩 우리는 아빠 엄마가 만나지 않았고—그래서 형과 내가 존재하지도 않으며—아빠가 사제 서품을 받고 정말로 신부님이 되었다면 어땠을까 농담처럼 얘기하곤 했다. 마침내 나는 아빠가 신학교를 나온 이유 중 하나를 알게 되었다. 아빠와 몇몇 동급생들은 성적 학대를 당했다.

《보스턴 글로브The Boston Globe》에서 가톨릭교회에 만연한 성적 학대와 은폐를 다룬 대규모 조사에 관해 발표했을 무렵 나는 처음으로 관련 이야기를 접했다. 이 스캔들이 보스턴을 넘어 전국으로 퍼지기 시작하면서, 1980년대 초 아빠가 자신의 경험에 대해 쓴 글이 새로이 관심을 받았다. 아빠는 교묘히 조종당했고, 입을 닫고 수치심을 느낄 수밖에 없었다. 나는 아빠가 안쓰러우면서도 그런 글을 썼다는 게 진심으로 자랑스러웠다.

충격이 가라앉자 이기적인 의문이 들었다. 부모님은 왜 여전히 가톨릭 중심의 가정을 일구는가? 왜 우리를 가톨릭 학교에 보낼까?

고교 졸업반이던 어느 가을날, 부제 서품까지 받고 오랜 기간 학교에서 역사를 가르친 선생님이 교직생활 초기에 몇몇 학생들과 키스했다는 의혹을 받고 사임했다. 그는 11월 언젠가 오후에 학교를 나간 뒤 다시는 돌아오지 않았다. 2011년, 예수회 신부였던 형의 예전 라틴어 선생님은 두 명의 학생에게 애무한 혐의로 기소된 뒤 4급 성범죄 두 건에 대해 유죄를 인정했다. 그는 성범죄자로 등록되었다. 이 신부는 동부 해안의 여러 교구를 옮겨 다니다 내 모교인 필라델피아 고등학교에서 5년간 일했고 메릴랜드주에 있는 형이 다닌 고등학교에서도 가르쳤다.

《보스턴 글로브》 기자들이 가톨릭교회의 이러한 악습—훌륭한 배우들이 열연한 영화 〈스포트라이트〉에서 묘사된—을 폭

로한 이후 20년 동안 수천 명의 다른 가톨릭 신자들이 학대 피해 사례를 고백했다. 나와 함께 성장한 이들 몇몇은 성인이 되어 가톨릭을 버렸지만, 훨씬 더 많은 이들이 계속해서 교회에 충성한다. 요즘 인스타그램 피드를 스크롤하다보면 여러 결혼식과 세례식 사진을 마주한다. 옛 동창들이 제단 위에서 미끈하게 흘러내리는 제의를 입고 활짝 웃는 사제들 옆에 서서 포즈를 취한 사진들을 본다. 사진 속 얼굴들은 언제나 진정으로 행복해 보인다. 많은 가정, 그중에서도 특히 가톨릭 가정에서는 신이나 교회에 의문을 제기하지 않고 그저 미소 지으며 미사에 나가고 자녀들에게도 똑같이 하라고 가르친다. 우리 모두에겐 나름의 문제가 있으나 단지 말을 하지 않는 것뿐이다. 게다가 우리는 모두 죄인이다. 그러니 우리는 교회에 가서 기도하고 회개한다. 그것은 시스템이며, 아주 잘 돌아간다.

 왜 그리도 많은 가톨릭 가정이 죄책감, 수치심, 비밀 유지의 악습을 고수하는 삶을 계속 이어갈까?

 고등학교 졸업 후 내가 교회에 관심을 껐다고 말할 수 있으면 좋으련만, 그랬다면 내 말더듬 인생에서 가장 중요한 경험 중 하나인, 비밀스런 가톨릭 학교 행사에서 했던 경험을 무시하는 일이 되리라.

 나는 아직도 그런 일이 어떻게 일어났는지 의문을 품는 게 두려워 당시 경험에 관해 글쓰기가 저어된다. 나는 스스로를 진정한 가톨릭 신자라고 생각한 적이 한 번도 없었다. 다른 집들은 매주 일요일마다 충실하게 예배에 참석했지만, 우리 가족은 크리스마스와 부활절에만 겨우 가고 그마저도 매년 나가지는 않았다. 유아세례를 받은 후에는 질질 끌려다니듯 세 가지 성례, 고해성사와 영성체와 견진성사를 받았다.

고해성사는 여전히 이해할 수 없다. 일곱 살짜리 아이가 어떤 죄를 고해야 하는가? 성소 안쪽에 있는 조그만 방문을 닫고 들어가던 내 모습이 떠오른다. 자리에 앉자 신부님이 무슨 얘기를 하러 왔냐고 묻는다. 나는 잠시간 그 질문에 대해 곰곰이 생각한다.

음…… 아버지…… 제가 오늘 쉬는 시간에 농구공을 발로 찼어요.

왜 그랬니?

저는 죄인이니까요.

죄책감을 느끼니?

네.

그렇다면 무엇을 구하고 있니?

하느님의 용서요.

하느님께 잘못했다고 말하렴. 네게서 죄를 사해달라고 간구해.

네. 죄송해요, 하느님. 농구공을 찬 저는 나쁜 사람이에요.

가톨릭 어린이들은 자유의지라는 더 중요하고 미묘한 개념을 제대로 이해하기 훨씬 전부터 이런 의식을 몸에 익힌다. 해마다 일상적인 잘못과 심각한 범죄 모두에 죄책감을 느끼도록 배운다. 예수님의 피를 마시고 살을 먹는 것이 영광이라는 말을 듣고 예수님이 우리 죄를 위해 죽었다는 점을 끊임없이 상기한다. **당신**

의 죄를 위해. 예수님이 죽은 덕분에 당신은 쉬는 시간에 농구공을 발로 찰 수 있었고, 그러니 죄책감을 느끼는 건 당신 몫이다. 나는 미사에 나갔다. 나는 웃었다. 나는 기도했다. 내게 기대되는 바대로 이 패턴에 따라 살았다.

8학년이 되어 반 친구들과 함께 견진성사—삶에 하느님을 온전히 받아들이는 순간—를 준비하던 무렵, 나는 엄마에게 견진성사를 받고 싶지 않으며 더는 그 어떤 것도 믿지 않는다고 말했다. 엄마는 그냥 하는 척만 해도 괜찮다고 나를 안심시켰다. 엄마의 접근은 실용적이었다. 혹여 나중에 사랑에 빠진 여자가 가톨릭 결혼식을 하고 싶어 할지도 모르니 견진성사를 꼭 받아야 한다는 식이었다.

아직 얼굴도 모르는 한 여성이 공포에 질려 나를 바라보는 와중에 한쪽 무릎을 꿇고 고개를 떨군 채 과호흡 상태로 청혼하는 내 모습을 상상하자 구역질이 났다. 사람들로 가득한 예배당 안에서서 혼인 선서를 하는 동안 끔찍하게 말을 더듬는 내 모습을 떠올리지 않으려 애썼다. 나는 과연 여전히 악화 중인 내 문제를 부끄러워하지 않을 배우자를 찾을 수나 있을지 궁금했다.

나는 말을 더 잘하게 해달라고 하느님께 기도하곤 했다. "말을 더듬지 않게 도와주세요"라고는 하지 않고, "제가 더 노력하게 도와주세요"라고 했다. 책임은 언제나 내게 있다는 의미였다. 나는 절대로 신의 개입이랄지, 어떤 예고 없는 성령의 침입 내지 따스하고 전능한 빛이 나를 관통하길 기다리지 않았다.

그런데 어느 날, 정확히 그것을 느꼈다.

카이로스Kairos는 그리스어로 '적절한 때'와 '신의 시간'을 모두 의미하는 단어다. 적어도 학교에서 배운 바로는 그렇다. 나는 메리엄 웹스터 사전의 정의가 조금 더 마음에 든다. "중요한 활동을 성취하는 데 적합한 시간, 즉 시의적절하고 결정적인 순간."

카이로스는 예수회 예비 학교에서 3학년과 4학년을 대상으로 실시하는 나흘간의 피정 수련회다. 예수회는 가톨릭의 다른 어떤 종파보다도 **전인적 돌봄**, 즉 '전인적 인간' 발달 중심의 교리를 전파한다. 거의 모든 예수회 교육기관은 졸업을 위해 수십 시간의 지역사회 봉사를 요구한다. 졸업장을 받는 것과는 별개로, 오늘날 예수회 고등학교 교육의 정점에는 카이로스 경험이 있다. 한 번에 약 50명의 학생들이 피정 수련회에 참석한다. 자발적인 활동이지만 빠지는 학생은 거의 없다. 무엇보다도 사흘 동안 학교를 결석하니까.

카이로스에 관한 모든 것은 비밀로 유지되며, 우습게 들리겠지만 나는 그 비밀을 지켜야 할 의무를 느낀다. 분명히 말해두지만 카이로스의 어떤 측면도 어둡거나 중세적이지 않다. 할리우드 영화 〈스컬 앤 본즈Skull & Bones〉나 다른 비밀단체에서 볼 법한, 예복을 입고 주문을 외우는 으스스한 지하실 의식 따위는 없다. 카이로스는 초월주의에서 중요한 영향을 받았다. 전형적인 피정의 집은 한적한 시골에 자리하고 있으며, 참가자들은 자연 속에서 산책하고 삶을 성찰하는 데 상당한 시간을 보낸다.

적어도 내가 경험한 카이로스는 성경 말씀대로만 하지 않았다. 성당 전통의 답답한 요소들이 거의 없는, 꽤 편안한 며칠을 보냈다. 수련회에는 극적인 전환점이 되는 여러 행사가 있는데 안타깝게도 그 행사 내용이 '비밀' 범주에 속한다. 몇 안 되는 '공개' 비밀 중에서 내가 안심하고 쓸 수 있는 내용은 수련회 리더가 살면서 겪은 특별한 어려움에 관해 연설하는 부분이다.

카이로스 리더가 되기는 어렵다. 이전 수련회 참가자가 많이들 지원하지만 그중 소수만이 리더로 뽑힌다. 몇 주에서 몇 달 동안 30분짜리 연설을 준비하면서 어떤 식으로든 다른 학생들에게 도움이 되리라 믿는 핵심 메시지를 향해 나아간다.

졸업반 가을 무렵인 이 시점까지만 해도 나는 말을 더듬는다는 이유로 대부분의 구두 발표에서 제외되었다. 부끄러운 일이지만 친구들 앞에서 말을 한다는 게 더 두려웠다. 지금 돌아봐도 내가 카이로스 리더에 지원했다는 사실이 믿기지 않는다. 아마 속으로 뽑힐 리가 없다고 생각했던 것 같다. 리더가 되었다는 전화를 받고 너무 놀라 두려움에 휩싸였다.

나는 초록색 스프링 노트에 손 글씨로 연설 초고를 썼다. 이렇게 시작된다.

2005년 9월 9일
저는 말하기에 부끄러움을 느끼지 않고 지나가는 날이 단 하루도 없습니다. 말더듬은 제 삶의 크나큰 짐이라서, 만일 말을 유창하게 할 수 있다면 삶이 달라질 수 있을까 다를까, 하고 혼자 자주 생각합니다.

내 앙상한 손 글씨가 삐뚤빼뚤 쓰여 있다. '달라질 수 있을까'가 가능성을 저버리는 것 같아 '다를까'로 바꿨는데 후자에는 의구심의 저류가 흐른다. 그러나 혹여 다음 날 아침 눈을 떴는데 말더듬이 사라졌다 해도, 당시 감정의 짐과 불안이 너무 깊숙이 자리해 뭔가가 정말 달라지기나 했을지 의문이다. 어쩌면 내가 한 문장을 지나치게 분석했는지도 모른다. 그저 '할 수 있다면'이라는 바로 앞의 구문과 중복을 피하려고 바꿨는지도.

나는 방에서 연설문을 고치며 몇 주를 보냈다. 이 무렵 나는 아주 적은 돈을 모아서 악기들을 샀다. 새 레모 드럼헤드, 다양한 무게와 크기의 빅퍼스 드럼스틱, 작은북 세트, 태스캠 4트랙 아날로그 녹음기, 그리고 가장 중요한 건 마이크였다. 매일 밤 지하실로 내려가 마이크에 대고 준비한 연설을 읽으면서 울리는 목소리에 둔감해지려 애썼다. 그 소리는 언제나 민망했다. 내 목소리가 정말 이렇게 들리나? 나는 기우뚱한 나무 의자에 앉아 마이크 선을 꽂고 보이지 않는 청중을 향해 큰 소리로 연설문을 읽었다. 심지어 빨래 더미 사이에서도 나는 유창하게 말을 못했다. 마라톤을 준비하며 훈련하는 러너처럼 날마다 시간을 재며 몇 분이라도 단축해보려 노력했다. 언제나 숨이 가빴고 막바지에는 땀이 축축했다. 어느 날 방과 후에 예전 종교 선생님인 브라이스웨이트 선생님을 빈 교실에 불러 연설문을 큰 소리로 읽어드렸다. 선생님은 울었다.

얼마 전 나는 기다란 회색 봉투에 든—열 페이지 분량의—연설문 최종본을 발견했다. 모든 문장이 두세 단어 뭉치씩 파란색 슬래시로 구분되어 있었다. 예전에 언어치료 실습 교재에서 보던 대로 각 구문의 첫 모음에는 밑줄도 그어 놓았다.

나는 카이로스 첫날 밤의 마지막 연설자였다. 강단으로 걸어가는 내 손가락 사이로 흰색 종이가 후들거렸다. 마이크 위치를 입 쪽에 맞췄다. 밤 10시가 조금 지났을 무렵이어서 모인 학생들 모두가 지쳐 있었다. 조 선생님의 조언대로 나는 주의 사항부터 알렸다.

시작하기 전에 / 말하고 싶은 건 / 말더듬 탓에 / 다른 사람들보다 / 연설을 마치기까지 / 오래 걸린다는 겁니다.

(당연한 말씀.)

이렇듯 주의 사항을 미리 알리는 목적은 강당에 모인 이들이 무슨 생각을 하고 있는지 인정하여 긴장을 완화하는 것이다. 이상적인 시나리오에서라면 당신이 말더듬이라는 점을 인정할 때 청중들이 **덜** 어색해한다. 그런데 나는 그 간단한 문장을 말하는 동안에도 지독하게 말을 더듬었다. 실제로는 이런 식으로 말했던 기억이 난다.

"--------------스-----------스------------시자-------------시작하기-------------즈, 저어-----------전에---------므--------------마--------------말하고--------------스스--------------"

그곳엔 인솔 교사 일곱 명을 비롯해 대략 쉰여 명이 모여 있었다. 두 쪽을 읽는 데만 10분이 걸렸다. 표시해둔 구문 하나하나에서 말이 막혀 침을 꼴딱 삼켜대는 와중에 폐가 빠르게 수축하는 느낌이 들었다. 숨쉬기가 힘들었다. 다리가 덜덜 떨렸다. 영화 〈매드맨〉 오프닝 크레디트의 애니메이션처럼 슬로모션으로 자유낙하를 하는 것만 같았다. 신입생 때 자기소개를 하던 날 이후 가장 심한 말더듬을 경험했다. 입술이 뒤틀리고 목이 잠기는 게 다 느껴졌다. 턱이 곰덫에 걸려버렸다.

그러던 내가 갑자기 몸 위로 떠올라 말을 더듬는 내 모습을 보고 있었다. 목이 뜨끈했지만 불안할 때의 감각과는 달랐다. 배탈 났을 때 배 위에 뜨거운 물병을 얹은 것 같은 편안함이 느껴졌다. 고개를 들어보니 모두가 차분하게 내 이야기를 듣고 있었다. 마이크에서 울리는 잡음과 숨소리, 균질하지 않은 소음만이 간간이 들려올 뿐 고요했다. 아무도 웃지 않았다. 내게 '그 시선'을 던지는 이도 없었다. 가끔 함께 음악을 연주했던 친구 녀석을 힐끗 보았더니 눈물을 겨우 참고 있었다.

그보다 반년 전, 고교 3학년 말 무렵에 처음으로 카이로스에 참가했었다. 그 주 어느 밤에도 나는 똑같은 부드러운 온기에 휩싸였다. 온기는 온몸을 관통했다. 여름 내내 마음속에서 울려 퍼지던 어느 연설의 한 구절이 지금도 귓가에 들린다. 나는 내 연설에도 그 부분을 가져다 썼다.

카이로스에 와서 / 제가 배운 것은 / 여기에 모인 / 모든 사람이 / 자신만의 망치 가방을 / 짊어지고 있다는 겁니다. / 제가 배운 것은 / 네, 맞아요 / 나도 힘들지만 / 다른 사람들 역시 / 우리 모두에게 적어도 / 인생의 한 가지 / 큰 문제가 있다는……

망치 가방을 들고 다닌다고? 얼마나 무거울까. 너무 어색하다. 망치들이 원래 가방에 들어 있었나? 그게 뭐가 중요한가. 망치 가방이라니.

연설 막바지에 다다랐을 때 나는 작은 소리로 "감사합니다"라고 겨우 내뱉고 내 자리를 향해 걸어갔다. 강당은 박수 소리로 가득 찼다. 터져나오는 박수도, 안도의 박수도 있었다. 많은 이들이 눈물을 훔치는 게 보였다. 나는 멍해졌다. 연설을 하는 데 한 시간이 넘게 걸렸다. 다섯 시간처럼 느껴지는 시간이었다. 박수는 계속되었고 나는 초조하게 바닥을 응시했다. 다시금 그 따스한 맥박이 뛰는 느낌, 즉 임재를 느꼈다. 우렁찬 목소리를 들은 것도 눈부신 빛을 본 것도 아니었다. 그저 따스한 온기였다. 나는 텔레파시를 통해 내려놓으라는 메시지를 받았다. 이제 그만. 내려놔.

카이로스에서 만난 몇몇 친구들과 그해 내내 유대 깊은 우정을 이어갔고, 그 후로도 수년간 굳건한 관계를 유지했다. 그러나 우리 중 누구도 내가 했던 연설이나 다른 연설에 관해 입 밖에 낸 적은 없다. 우리는 모든 것을 비밀에 부치기로 합의했고 나는 이 글을 쓰는 순간까지 그 약속을 지켰다. 카이로스에서의 다른 많은 비밀을 남은 삶 동안 잘 간직할 것이다.

세 살 때 어린이집에서 시작해 고등학교를 졸업하기까지, 살면서 내가 받은 가톨릭 교육을 돌아보면 혐오스럽고 분개하게 되는 측면이 너무도 많다. 나는 여전히 죄책감, 수치심, 그리고 '입 밖으로 꺼내지 못한 것들'의 반복되는 악순환에 근본적으로 반대한다. 그러나 내가 가톨릭교회에 대해 갖고 있는 생각과는 별개로, 교우들 앞에 나가 말더듬에 대해 이야기한 경험은 내가 할 수 있다거나 하리라고는 전혀 상상해본 적 없는 일이었다.

11.

펜실베이니아주립대학교 1

사진을 보면 마치 기숙사 방 한가운데를 가로지르는 보이지 않는 벽이 있는 것만 같다. 댄이 사용하는 공간에 붙은 슈퍼볼 챔피언 팀 스틸러스Steelers와 뛰어난 스케이팅 밸런스로 누구도 넘어뜨릴 수 없는 하키 선수 시드니 크로스비의 포스터가 내 공간으로 거의 삐져나올락 말락 한다. 댄의 침대 바로 옆에는 프로레슬링 여자 선수 포스터와 초대형《맥심》표지가 붙어 있다. 책상 책꽂이에는 프랭크 레드핫 핫소스와 위시본 랜치 드레싱, 코스트코 대용량 이지맥 한 상자 등 식료품이 가득하다. 그리고 그 옆이 내가 사용하는 공간이다. 내 침대 주위로는 음울한 분위기를 풍기는 밥 딜런,《본 투 런Born to Run》을 발매한 시기의 브루스 스프링스틴, 지미 헨드릭스의《액시스: 볼드 애즈 러브Axis: Bold as Love》앨범 표지, 그리고 1979년 아폴로 극장에서 열린, '마커스 가비* 특별 영상 출연'이라고 적힌 밥 말리 공연의 포스터가 있었다. (사실 그 포스터는 학생회관에서 산 빈티지 복제품이어서 마커스 가비가 누구인지 알게 된 건 그로부터 몇 년이 지난 후였다.)

펜실베이니아주립대학교 여름 과정이 시작된다. 고등학교 성적이 안 좋았던 신입생들에게는 학업의 지옥 같은 곳이지만, 일부 학생들은 자발적으로 등록해 가을 학기 전 몇 학점을 따기도 한다. 나는 펜실베이니아대학교에 들어갈 만한 성적이나 시험 점수가 부족해 펜실베이니아주립대에 입학했다. 펜실베이니아대학교가 아빠가 강의하고 형이 졸업한 대학교라는 사실도 힘을 쓰지는 못했다. 나는 SAT 수리영역에서 500점을 못 넘겼고 독해/작문 점수도 그저 그랬다. 나의 대학 입학 지원서는 전반적으로 눈에 띄지 않았던 것이다. 스포츠 대표팀에 편지를 보낸 적도 없었다. 고교 신문인 《호클릿The Hawklet》에 음악 리뷰를 몇 번 썼고 카이로스에서 활동했지만 이는 예수교 학교가 아닌 이상 큰 의미가 없었다. 솔직히 말해 안심했다. 펜실베이니아주립대는 필라델피아와 피츠버그 사이 산골짜기에 자리하고 있고, 나는 부모님과 어느 정도 물리적 거리를 두려고 이미 마음먹고 있었으니까. 그러나 내가 아는 거의 모든 이가 뉴저지 해변에서 파티를 즐기는 여름 내내 혼자 강의실에 앉아 있자니 겁이 났다.

한 해 전 여름 서부 필라델피아 외곽에 있는 복합 골프 연습장에서 일한 적이 있던 나는 다시 그곳에 가려고 계획했다. 여러

---

* Marcus Garvey. 자메이카 태생의 흑인 지도자로 흑인 민족주의를 주창하며 미국에서 아프리카로 복귀 운동을 시작했다.

모로 난감했어도 그곳 일이 좋았다. 주황색 트랙터를 몰고 골프장을 돌아다니며 수백 개의 골프공을 회수한 다음 산업용 세척기에 넣고 공들이 컨베이어 벨트를 타고 자판기로 들어가는 여정을 지켜보곤 했다. 마치 거대한 마우스 트랩 게임 같았다. 밤 근무는 끝내줬다. 가끔 친구들이 놀러 오면 위층 테라스로 몰래 나가 마리화나를 피우고 맥주도 몇 잔씩 마셨다. 친구들이 공짜로 공을 칠 수 있도록 토큰을 몇 개 쥐어주기도 했다. 다른 이들과 달리 친구들은 골프장 주변을 돌아다니는 나를 정조준하지 않았다. (그 누구도 골프공 수거기를 몰고 가는 사내를 '실수로' 맞히지는 않는다.) 매번 공이 날아올 때마다 트랙터의 보호 덮개가 흔들리며 깨질 듯한 소리가 났다. 나는 소음을 차단하려고 허벅지와 좌석 사이에 시디 플레이어를 끼워 넣고 다녔다. 그해 여름 데스 캡 포 큐티의 〈트랜스아틀랜티시즘Transatlanticism〉**을 닳도록 들었다. 트랙터에 올라타 정해진 경로를 느릿느릿 돌며 다른 남자들과 놀러 간 여자들을 떠올리곤 했다.

대학은 내게 새로이 시작할 기회였다. 검은 포드 픽업트럭을 몰고 온 피츠버그 출신의 금발 하키 선수 댄은 무작위로 배정된 나의 룸메이트였다. 페이스북 프로필 사진에서 그는 군모를 뒤로 쓰고 모닥불 곁에 앉아 입을 크게 벌려 '과격한' 표정을 짓고 있다. 기숙사 입소 전 그와 통화를 해야 했을 때 나는 교묘한 변명을 지

** 장거리 연애나 정서적 거리감을 묘사하는 멜랑콜리하고 서정적인 가사가 특징이다.

어내 피했다.

기숙사 입소 당일, 지독하게 더듬거리며 소개를 마친 나는 댄과 그의 어머니가 긴장 어린 눈길을 주고받는 것을 보았다. 그날 오후, 우리 부모님이 몇 시간 동안 차를 몰아 각자 목적지가 있는 펜실베이니아로 돌아간 뒤, 댄은 우리 침대 사이에 놓인 자신의 군청색 캐리어를 열었다. 안에는 넬슨의 피라고도 불리는 럼주 여섯 병과, 블라디미르 보드카, 그리고 다른 저렴한 술이 여럿 들어 있었다. 그는 캐리어를 보물 상자라 불렀다. 재고 파악을 마치자 민트향 디핑 담배 한 꼬집을 아랫입술에 채워 넣더니 갈색 찌꺼기를 빈 게토레이 병에다 퉤퉤하고 뱉었다.

우리 방은 기숙사 2층에 있었다. 그해 여름은 사악할 정도로 더웠다. 댄이 침대 옆에 타워형 선풍기를 두고 내가 창가에 흰색 박스형 선풍기를 두어 방 한쪽 끝에서 불어오는 습한 공기를 방 반대쪽으로 순환시켰다. 선풍기는 캔 따개와 콘돔, 우비, 미트볼 샌드위치 등 대략 3000가지 물품을 파는 대학가 학생 상점 맥라나한스mclanahan's에서 구입한 것이었다. 우리는 댄이 집에서 가져온 TV/DVD 콤보 플레이어를 함께 썼다. 어떤 프로그램을 보고 있어도 흘러나오는 대화 소리 위로 창밖의 쿠어스 라이트 네온사인 기계음이 윙윙거렸다. 댄의 우상은 존 세나였다. 거의 매주 그는 방에 친구들을 불러 프로레슬링 중계를 보며 화면을 향해 소리 지르고 저렴한 맥주를 마셨다. 나는 아주 많은 리포트를 컴퓨터실에서 써야 했다.

그해 여름 나는 수업 두 개를 들었다. '영어 15'와 '예술과 영화의 철학'이었다. 같은 수업에서 엘리자베스타운 출신 시골뜨기 드러머 네이트와 금세 친구가 되었다. 네이트의 룸메이트는 캠퍼스 외부에 얻어둔 형의 아파트 열쇠를 가지고 있었다. 그 건물은 거의 텅 비어 있고 집 안엔 적갈색 가죽 소파 두 개와 '베이커리'라고 거대하게 그래피티 낙서가 된 합판 탁자 말고는 아무것도 없었다. 하루가 멀다 하고 우리는 수업이 끝나면 그곳에 가서 마리화나를 피웠다. 대학에 들어가자마자 약쟁이가 될 계획은 없었으나 그냥 어쩌다보니 그렇게 되었다.

댄과 내가 거의 떨어져 지내던 여름 학기 초 어느 날, 나는 그를 베이커리에 초대했다. 그는 마리화나를 피운 지 몇 분 만에 미친 듯이 웃음을 터뜨려서 주변 사람도 함께 웃게 만드는 유의 흡연자였다. 우리는 레드 제플린, 닐 영, 펄 잼 등 기타를 연주하는 백인 밴드에 대한 공통의 애정을 발견했다. 그는 〈심슨 가족〉 덕후이기도 했다. 한여름 중반 어느 주말에 그가 나를 집으로 초대했다. 수년 후 나는 그의 결혼식 들러리가 되었다.

대학에 적응했을 때도 나는 여전히 말을 더듬고 있었지만, 조 선생님을 3년간 만나고 카이로스에서 돌아온 후부터는 말막힘 탓에 매번 고군분투하진 않았다. 그래도 다른 이들에게 그런데, 나 말을 더듬어라고 문제를 드러낼 엄두는 내지 못했다. 특정 단어와 소리들을 자연스럽게 더듬기 시작하면서 문장을 완성하는 게 훨씬 수월해지긴 했다. 집을 떠나 지내는 것 역시 도움이 되었다. 대학에는 같은 고교 출신 친구들도 있었지만, 만나는 사람의 99퍼센트가 나의 과거를 전혀 몰랐다. 그해 여름에 몇몇 동아리들이 계속 모집을 했고 특히 한 곳에서는 내가 마리화나를 피우게 해준 대가로 몇 시간 동안 비어퐁*에도 참여하게 해줬다. 어떤 녀석들은 나를 '존자'라고 부르기 시작했는데 썩 마음에 들진 않았어도 '말 더듬는 애'보단 나았다.

그리고 한 여자애를 만났다.

"어머 세상에, 너 우리 엄마 만났을 때 기억 나?" 샘이 묻는다.

예전 이야기를 들려주던 그녀가 콧방귀 같은 소리를 빠르게 내며 웃는다. 10여 년 만에 들어보는 웃음소리다. 필라델피아 교외에 사는 그녀는 이제 결혼해서 자녀를 두었다.

우리는 2006년 7월에 처음 만났다. 늦은 밤이었고, 나는 훗날 가장 친한 대학 친구가 된 댄의 고교 동창 로이드와 보도 연석에 나란히 앉아 1달러짜리 캐니언 피자 한 조각을 먹고 있었다. 길을 지나던 샘이 내 옷 주머니에 달린 세인트 조스 고등학교 마크를 발견하고는 그곳 출신이냐고 물으며 자신은 근처 여고를 나왔다고 했다. 그해 여름 내내 붙어 다녔지만 우리는 반년 후에야 사귀었다. 크리스마스 방학 때는 차를 몰고 샘의 부모님 댁에 갔다. 고급스러운 동네의 사유지 주택이었다. 나는 구불구불한 진입로에 비스듬히 차를 세웠다. 그러곤 얼어버렸다.

"그때 내가 엄마한테 말해놨었거든. 그 애가 오면, 말을 더듬으니까 그냥 잠시 기다리면서 말을 마치게 해달라고. 대신 대답해

---

* beer pong. 맥주잔에 탁구공을 던져 넣는 게임.

주지 말고 말이야." 샘이 당시를 회고했다.

"엄마가 문을 열고 나와서 연휴는 어떻게 보냈냐고 묻자마자 너는 말을 더듬기 시작했지. 엄마는 단 10초도 기다려주지 않고는 '그래, 좋았니? 그것 참 잘됐구나!' 하면서 연달아 네 개의 질문을 퍼붓고 바로바로 대답까지 해줬어. 넌 말 그대로 하나의 질문에도 답을 할 수 없었고. 당황한 나는 위층에 올라가서 '이를 어쩌나' 생각했지."

샘이 당시 몇몇 기억을 되살리는 동안, 나는 내가 열여덟 살이 되도록 말더듬을 드러내는 경지에 이르지 못했음을 깨달았다. 나는 여전히 그것을 감추려고 애썼다. 샘의 기억에 따르면, 몇몇 친구 녀석이 내 문장을 대신 완성해주면서 내가 말더듬을 숨기도록 도와주었다. 그리고 그녀는 내가 늘 의심했지만 끝내 확인하지 못했던 사실을 밝혀주었는데, 바로 그녀 자신이 누군가에게 나를 소개하기 전마다 간단한 사전 경고를 했다는 것이었다.

"사람들한테 이렇게 말해두곤 했어. '네 그래요, 조니는—당시 널 조니라고 불렀어—말을 더듬어요. 그래도 괜찮으니까 별걱정은 마세요. 말을 못해도 그냥 잠시 기다려주세요. 고개를 기울이기도 하는데 말더듬증 때문에 그런 거니까 걱정 마세요.'" 그녀는 사람들이 내가 발작을 일으켰다고 생각하는 게 싫었다고 말했다. 그 무렵 나는 말더듬이 심해지는 순간에 나 자신과 거의 분리되었다. 머리가 흔들리고 두 눈이 바닥을 향한다는 사실을 알아도 아무렇지 않게 행동하려 애썼다. 이 대처 기제는 어떤 날엔 잘 작동했지만 어떤 날엔 아니었다. 1학년의 어느 밤, 나는 사람 많은 동아리 파티에 가기 전 친구의 친구에게 문자를 보내 아래층으로 내려와 나와 함께 들어가달라고 말했다. 친구가 답이 없자 마지못해 전화를 걸었다. 벨이 서너 번 울리고 친구가 전화를 받았다. 베이스가 강한 테크노 음악이 쿵쾅거리는 소리가 들렸다. 그가 수화기에 대고 소리쳤다. "네 이름을 명단에 올려놨어. 스태프에게 그냥 말더듬이 존이라고 하면 돼."

다행히 샘과 나는 인접한 기숙사에 살아서 통화할 필요가 없었다. 캠퍼스에만 4만 명의 학부생이 있었고 내가 듣는 대부분 수업은 대화가 불필요해 큰 강의실에서 진행되었다. 졸업반이던 샘의 언니가 시간표를 이상하게 짜는 바람에 나는 첫 가을 학기에 그녀와 함께 소규모 문학 세미나를 들은 적이 있다. 우리는 정기적으로 작문 과제를 받았고 써온 것을 큰 소리로 읽었다. 학기 초, 내 차례가 되자 교수님이 느닷없이 "이번엔 내가 한번 읽어볼까?"라고 말했다. 나는 교수님께 따로 부탁한 기억이 없다. 반쯤 안도하면서도 반쯤은 당황스러웠다.

샘에게 데이트할 때 내가 말더듬에 관해 얘기한 적이 있냐고 물었다.

"그것 때문에 감당하기 힘든 어려움을 겪는 것처럼은 안 보였어. 설령 힘들었다 해도 그런 얘긴 거의 안 했던 거 같아." 그녀가 회고했다.

살면서 운이 좋으면, 흑백으로 보이던 세상을 총천연색으로 보게 해주는 선생님을 적어도 한 명은 만나게 된다. 내겐 폴 켈러만 선생님이 있었다. 그는 1990년대 후반 펜실베이니아주립대에서 석사학위를 받기 전 CBGB 및 다른 뉴욕 공연장에서 연주했던 뮤지션이었다. 그는 여전히 가죽 재킷과 청바지에 닥터 마틴을 신고 캠퍼스를 활보한다. 이따금 나는 그가 영화 〈위대한 레보스키〉의 제프 브리지와 〈사이드웨이〉의 폴 지아마티를 섞어놓은 듯한, 온화하고 괴팍하며 모든 것을 알면서도 여전히 확신이 없는 인물이라 생각한다.

폴 선생님은 '영어 215: 창의적 논픽션 입문' 수업의 강사였다. 나를 비롯한 대부분 수강생이 2학년이었는데 그는 우리를 대학원생처럼 대했다. 주간 독서 과제는 글쓰기에 대한 내 관점을 바꿔놓았다. 우리는 조앤 디디온의 〈황금빛 꿈을 꾸는 사람들〉, 조셉 미첼의 〈갈매기 교수 Professor Sea Gull〉, 테리 서던의 〈올레 미스에서의 배턴 돌리기 Twirling at Ole Miss〉, 헌터 S. 톰슨의 〈켄터키 더비는 퇴폐적이고 타락했다 The Kentucky Derby Is Decadent and Depraved〉 같은 문학 저널리즘의 고전들을 분석했다. 선생님은 최신 작품들도 강의에서 다뤘는데, 게리 스미스의 〈읽지 못하는 남자 The Man Who Couldn't Read〉와 수잔 오클린의 〈열 살짜리 미국 남성 The American Male at Age 10〉 같은 산문은 내가 《에스콰이어》와 사랑에 빠지게 했다. 우리들 역시 우리만의 이야기를 썼다.

첫 번째 과제는 어떤 이벤트에 관해 1500단어로 쓰는 것이었다. 나는 마을에서 약 25마일 떨어진 해바라기 농장에서 열리는 비공식 히피 음악 축제에 관한 글을 써서 제출했다. 티켓도, 노점상도, 보안 요원도 없는 축제였다. 마약을 거래하는 경우가 아니면 돈은 전혀 오가지 않았다.

또 다른 과제는 사진 한 장에 담긴 뒷이야기를 써내는 것이었다. 내 책상 위 코르크 보드에 꽂아둔 3×5인치 사진에 관해 나는 다음과 같은 글을 써냈다.

세로형인 이 사진은 어두운 밤 경기장의 할로겐 조명을 받아 약간 세피아 톤으로 나왔다. 비버 스타디움 SD 구역의 삐거덕거리는 금속 관람석을 따라 우리 네 명이 서 있다. 내 팔은 양 볼에 사자 발자국을 그리고 활짝 웃고 있는 파란 눈 갈색 머리 소녀 사만다를 감싸고 있다.
열두 시간 전 화장실에 간 나는 손끝에서 식은땀이 뚝뚝 떨어지는 와중에 고개를 위아래로 흔들고 있었다. 한 번도 경험한 적 없는 심한 숙취로 힘들었는데 그녀의 도움이 없었다면 응급실에 실려갔을지도 모른다.
저녁 8시 무렵 술을 마시기 시작했는데 9시 즈음 너무 빠르게 오르는 취기를 느꼈다. 자정이 조금 지났을 땐 친구들을 모두 잃어버리고 얼핏 안면이 있는 나이 든 남자네 소파에 앉아 있었다. 그가 돌돌 만 대마초를 돌렸고, 세 번 피우고 나자 나는 소파에서 꼼짝도 할 수 없었다. 술로 인한 어지러움과 대마초 취기로 몸이 더 묵직하게 가라앉았지만 이내 화장실로 내달려야 했다.

(결국 한밤중에 밖에서 배회했다.)

어느 낯선 남자가 곁을 맴돌며 이름을 묻고 친구들은 어디 있냐고도 물었다. 나는 어떤 질문에도 답하지 못하고 양손에 머리를 파묻고 앉아 빙빙 도는 보도를 바라보았다. 그는 내게 휴대폰을 꺼내보라고 소리쳤고, 나는 겨우겨우 주머니에서 휴대폰을 꺼냈다. 최근 통화 내역을 훑던 그는 가장 위에 있는 사만다에게 전화를 걸었다.

2020년 여름, 나는 수년 만에 처음으로 펜실베이니아주립대에 가봤다. 펜실베이니아를 가로질러 서쪽으로 먼 길을 달리며 빌드 투 스필의 《유 인 리버스You in Reverse》를 들었다. 학교로 향하는 사이 모든 샛길이 다 기억났다. 창문 없는 서글픈 스트립 클럽과 화장실에 가려고 자주 차를 세우곤 했던 트럭 정류장을 지나쳤다. 레드 래빗 드라이브인 핫도그 가게도 여전히 자리를 지키고 있었다. 언덕길의 모든 굴곡이 느껴졌다. 주립 볼드 이글 수목원의 정상을 넘는 긴 오르막에서 속도를 서서히 높이자 대형 트럭들이 비상등을 켰던 일이 떠올랐다. 이 구간을 지날 적마다 나는 골짜기 아래 평화가 기다리고 있으며 집에서의 스트레스와 고통, 분노에서 멀리 떠나왔다는 사실을 실감했다.

폴 선생님은 메츠팀의 파란 야구 모자에 '과학은 진짜다'라고 적힌 인디밴드 데이 마잇비 자이언트의 팬클럽 티셔츠를 입고 내가 묵는 에어비앤비에 나타났다. 그날 오후 우리는 개울이 내려다보이는 테라스에 앉아 몇 시간 동안 술을 마시며 추억을 떠올렸다.

"말을 더듬는 학생들을 가르쳐봤지만 자네처럼 심한 학생은 없었지." 선생님이 말했다. "내 걱정은 누군가 자네 말에 끼어드는 것뿐이었어. 가끔 말할 때 긴장이 고조되는 게 느껴졌지만, 어떤 단어에서 막힐까보다는 혹시 누가 멍청한 짓을 할까봐 더 긴장했던 것 같아." 그가 웃었다. "자네가 말이 막힐 때 어떤 모습이었는지 알고 있어?"

"저는…… 어떤 특징을…… 알고는 있어요. 그래도 설명해주실래요."

"이렇게밖에 설명 못하겠는데, 예전에 내가 키우던 앵무새와 비슷했다는 거야. 자네가 고개를 위로 올렸다 왼쪽으로 돌리곤 했거든."

그는 마치 타자의 잘못된 배트 스윙을 지적하는 야구 코치처럼 슬로모션으로 내 말더듬을 따라 해 보였다. 우리는 긴장의 본질, 즉 내 몸에서 발현되는 신체적 긴장과 강의실에 모인 학생들 사이에 깃든 보이지 않는 긴장에 관해 이야기했다.

우리가 '영어 215' 수업에서 만난 지 13년이 지났고 나는 이제 직업 기자가 되었음에도, 녹음기를 사이에 두고 앉아 녹색 몰스킨 노트에 메모를 휘갈기던 나는 여전히 그에게 나 자신을 증명해야 한다고 느꼈다. 내가 학생이었을 때와 지금 달라진 점이 있는지 그에게 물었다. 잠시 생각에 잠긴 그는 작가다운 문장으로 답했다. "좀 더 안정적인 버전의 자네를 보는 것 같네."

"혹시…… 제가 말하는 방식에…… 다른 특징이라도?"

"글쎄, 참 이상하게도 말하는 방식에 대해 이야기하는 건 메타적이잖아. 지금 자넨 더 자신감 있게 말하고 있어. 예전에 내 사무실에 왔을 때도 여전히 여기저기 말을 더듬었지만 수업에서, 그러니까 여러모로 인위적인 상황일 때보다는 더 자연스러웠거든. 어떤 이들은 그런 상황에 정말 능숙해도 또 어떤 이들은 뭔가 말하려면 단단히 대비를 해야 하는 거지." 그가 말했다. "나는 자네를 곤란하게 만들지 않으려고 신경 썼는데, 그래도 자네의 대답을 가장 좋아했어."

나는 카이로스 같은 찰나의 순간을 제외하면, 말더듬에 관해 최근까지 한 번도 말해본 적이 없으며 어떤 면에서 억누르는 게 그것을 다루는 더 쉬운 방식이었다고 고백했다. 내 말더듬에 대한 내력을 파헤치기 시작한 지금, 나는 가슴에다 말더듬stutter의 S자를 꿰맨 채로 돌아다니는 것 같다고, 즉 말더듬이 내면의 수치심에서 겉으로 드러나는 주홍글씨로 변모하는 듯한 기분을 느낀다고 말했다.

"그렇군, 그런데 자네가 수용하건 하지 않건, 그렇게 될 거야." 그가 말했다.

우리는 글쓰기에 관해서도 많은 대화를 나눴다. 나는 술에서 코카인까지 약물 남용과 수십 년간 싸워온 데이비드 카David Carr의 생생한 이야기를 담은 그의 2008년 회고록 《총의 밤The Night of the Gun》을 이제 막 다 읽은 참이었다. 그는 흐릿한 기억에만 의존하지 않고 과거 지인들을 인터뷰해서 빈 구멍들을 메우려고 애썼다. 나도 그런 식으로 해보고 싶었다. 카의 말처럼 이것은 아주 이상한 작업이다. 한편으로는 오랫동안 소식을 몰랐던 (유치원 선생님이나

6학년 때 여자친구 같은) 사람들에게 연락해볼 핑계가 되기도 한다. 그러나 다른 한편으로는 여전히 당신 삶에 남아 있는 사람들과 모두가 잊고 싶어 할 일들에 관해 이야기해야 할 의무가 생긴 거나 다름없다. '우리 가족'이라는 말은 하지 않은 채 나는 그에게 가족에 대해 이야기하기 시작했다.

"저는…… 새벽 4시에 잠 못 들고 누워서 이런 생각을 했어요. 만일…… 카의 책이 기억과 그 불완전함에 관한 것이라면, 저는 제 책의 일부가…… 사람 대 캐릭터에 관한 것이면 좋겠다고요. 삶이라는 서사 속에서…… 사람들은 캐릭터이고, 그들은…… 좋은 캐릭터이거나 나쁜 캐릭터예요. 하지만 현실에서 그들은 다차원적이고 미묘한 존재들로…… 그들의 선택과 결정 중 상당수는 우리 삶과 완전히…… 독립적이에요."

"이미 말했겠지만, 자네가 무언가에 관해 쓰는 건 기억을 정화하기 위함이야." 그가 말했다. "그러니 그 점을 염두에 둬."

12.

부푼 꿈을 안고

3학년이 된 나는 출판 기사 포트폴리오를 쌓아나가기 시작했다. 폴 선생님 수업 때 쓴 농장 축제 기사가 이후 캠퍼스 잡지에 실렸고, 덕분에 필라델피아에서 발행하는 음악 잡지 《마그넷 Magnet》에서 파트타임 인턴으로 일할 기회를 얻었다. 나는 블로그 포스트를 작성하고 콘서트 리뷰를 웹사이트에 올렸으며 사이키델릭 포크 밴드인 에스퍼스의 간략한 프로필을 작성해 잡지에 실었다. 그러나 《워싱턴 포스트》, 《타임》, 《오스틴 아메리칸 스테이츠먼 Austin American-Statesman》, 《시카고 트리뷴 Chicago Tribune》 인턴십에는 떨어졌다.

《덴버 포스트 The Denver Post》에는 마감 전날 밤 충동적으로 지원했다. 두어 달 뒤 도서관 2층 녹색 램프 아래서 책을 읽고 있는데 휴대폰이 울렸다. 서둘러 복도로 나가 전화를 받은 나는 겨우 이름을 말했다. "느느네, 즈즈존입니다." 인터뷰 내내 심하게 말을 더듬었지만 예술 및 엔터테인먼트 담당 편집자인 레이는 이에 아랑곳 않고 내 글의 논조가 좋았다고 말했다. 며칠 뒤 그는 내게 주급 486달러를 주는 여름 풀타임 인턴 자리를 제안했다. 믿을 수 없었다.

필라델피아에서 덴버까지 곧장 차를 몰고 가면 1800마일[2887킬로미터]인데, 나는 친구와 함께 먼 길로 돌아갔다. 조수석에 앉아 동행한 친구는 여름 학기에 사귄 친구 앤디로, 여행에 따라나섰다가 돌아갈 땐 비행기로 갔다. 덥수룩한 갈색 머리에 가슴팍 주머니에는 항상 카멜 터키 골드 담뱃갑을 넣고 다니는 친구였다. 나는 방 안에 틀어박혀 있던 십 대 때 가보고 싶어 했던 도시와 마을을 지도에 표시하며 미 대륙을 한 번 도는 경로를 구상했다. 캐리어 안에는 인턴에게 적절한 면바지와 버튼다운 셔츠 몇 벌을 고이 접어 넣어두었다. 부모님의 2003년식 토요타 캠리를 타고 길을 나선 우리를 막을 수 있는 건 아무것도 없었다.

여행 첫날 밤, I-95 사우스 도로에서 긴 하루를 보낸 우리는 버지니아주 리치먼드에 있는 옛 친구네 집 뒷마당에 둘러앉아 타닥타닥 타오르는 초여름의 모닥불에 대고 부채질을 해댔다. 며칠 후 우리는 조지아주 아테네로 이사한 홀리 트리니티 동창 녀석네에 가서 하룻밤을 묵었다. 뉴올리언스에서 이틀 밤을 보낼 땐 라피트의 대장간*에서 팔꿈치로 피아노 건반을 누르며 웃고 노래하다가 프렌치맨 스트리트로 가서 재즈 클럽을 들락거렸다. 외로운

---

* Lafitte's Blacksmith Shop. 뉴올리언스에 있는 유서 깊은 재즈 바.

별 텍사스주로 내려갔을 땐 오스틴에서 치킨 스테이크를 먹었고 다음 날 오후에는 어둠이 내리기 전 엘파소에 도착하려고 서쪽으로 향하는 I-10 고속도로를 달렸다. 도로 위 유일한 차를 모는 기분이었다.

이 나라에는 우리가 보지 못한 것이 너무도 많았다. 앤디와 나는 불꽃이 터지는 축제의 현장도, 흔히 보이는 와플 하우스도 지나쳤다. 수많은 남부 연합기**를 보고는 충격을 받았다. 우리는 텍사스주 포트 스톡턴의 기록적인 홍수와 콜로라도 프론 레인지의 무시무시한 우박 폭풍 모두를 뚫고 차를 몰았다. 창밖의 황량한 풍경을 바라보며 I-25 고속도로를 달렸다. 앨버커키, 산타페, 콜로라도스프링스를 지나 여정이 끝나고 덴버에 도착하기까지 총 3452마일[5553킬로미터]을 달렸다.

나는 도시 곳곳을 돌아다니며 곧 취재하게 될 장소들을 파악하려 노력했다. 신문사에서 미식축구 취재를 담당하는 기자 린제이가 집에 남는 방 하나를 빌려주었다. 그 무렵 지역 신문사에서 일한다는 건 조금 이상했다. 2008년 금융위기가 촉발한 해고, 인수, 휴직의 우울한 마라톤은 향후 10년 동안 계속될 터였다. 《덴버 포스트》의 주요 경쟁사인 《로키 마운틴 뉴스Rocky Mountain News》는 내가 입사하기 불과 몇 달 전 하룻밤 사이 폐간되었다. 이런 와중에도 《덴버 포스트》는 4년간 퓰리처상을 네 번이나 수상할 예정이

** 연방 정부에 대항해 노예제를 유지하고자 하는 주들로 구성되며 독립적인 정체성을 드러내는 도구다.

었다.

내 책상은 낮은 칸막이로 둘러싸인 네모난 공간에 있었고 맞은편에는 말끝마다 작은 소리로 욕을 내뱉는 할머니뻘의 행정 보조원 피트가 앉아 있었다. 그녀의 전화기는 다른 모든 기자와 편집자의 전화기와 다름없이 쉴 새 없이 울려댔다. 사람들은 직접 취재하러 나가지 않으면 대부분 책상에 앉아 전화 인터뷰를 진행했다. 나는 음성 사서함 메시지를 설정하는 것조차 계속 미루고 있었다.

처음으로 받은 업무는 뉴멕시코주 남쪽 국경 부근에 버려진 지오데식 돔* 군락에 관한 글을 쓰는 것이었다. 라이프스타일 담당 편집자 수잰은 신문사 자료실에서 이 유적의 모습을 극적으로 보여주는 흑백사진을 찾아냈다. (신문 저널리즘에 관한 첫 번째 교훈: 어떤 기사든 훌륭한 예술작품 옆에 배치하면 더 강렬하게 읽힌다.) 수잰은 이 군락에 관한 다큐멘터리를 제작 중인 영화감독 두 명을 인터뷰해달라고 부탁했다.

이쯤 됐으면 대면 인터뷰의 부담을 이겨내야 마땅한데, 나는 여전히 전화받는 데도 겁을 먹고 있었다. 다큐 감독들은 뉴욕에 있었다. 몇 시간을 질질 끌던 나는 수잰의 자리로 가서 시선을 요리조리 피하며 질문지를 이메일로 보내도 되는지 물었다. 내 또래 아들이 있었던 수잰은 곧바로 엄마 모드로 전환했다.

---

* geodesic dome. 환경친화적이고 자급자족 생활을 지향하는 공동체가 거주하던 삼각형 패널들로 구성된 구형 구조.

"물론이지, 괜찮아. 이메일 인터뷰는 늘 하는 방식인걸."

그 말은 사실이 아니었다. 나는 고개를 숙인 채 자리로 돌아와 질문들을 타이핑하기 시작했다. 신문사에 출근한 지 일주일도 안 되어 벌써부터 회피의 함정에 빠져들고 있었다. 고등학생 때로 돌아가 말 대신 손가락을 사용하는 기분이었다. 대체 언제쯤 멈출 수 있을까? 나는 스물한 살이었다. 날마다 정식으로 언론사에 출근하고 있었다. 기자 수첩과 필기구, 그리고 조그만 테이프 녹음기도 있었다. 전문 직업인의 역할을 일부 맡았고 사람들도 나를 동료로 대했다. 왜 나는 망할 전화기 앞에만 가면 용기를 잃었을까?

나는 소속 부서의 두 막내인 리카르도와 존보다 열 살 이상 어렸다. 그들의 파란색 파일 캐비닛은 낡은 스티커와 축제 스태프 배지들로 뒤덮여 있었다. 인기 있는 레이블에서 보낸 발매 전 CD들이 자리에 수북했다. 두 사람 다 점심이나 회식 때 나를 데리고 다니며 친절히 대해줬다. 내가 윌코 팬이라는 걸 알았던 리카르도는 밴드 홍보 담당자가 새 음반에 대해 리드 싱어 제프 트위디Jeff Tweedy와의 인터뷰를 제안하자 내게 그 일을 맡겼다.

"내일 20분 정도 전화 인터뷰가 있을 거야." 리카르도가 말했다.

토할 것 같았다. 너무 유명한 사람을 인터뷰한다는 사실에 당황한 것 말고도 영리한 질문들을 준비해 전화로 충분히 명료하게 전할 수 있을지 의구심이 일었다. 트위디는 고등학교 3학년 때부터 뮤지션이자 작가로서 존경하던 사람이었다. 아직도 잠자리에 들기 전이나 자잘한 일과를 처리할 때 그의 가사를 속으로 읊조리곤 한다. 이번 기회는 영향력 있는 예술가와 그의 작품에 대해 이야기 나누고 글을 쓸 수 있는 절호의 기회였다. 그러나 수화기에 대고 말을 더듬는 게 걱정됐다. 리카르도는 그래도 해보라고 계속 밀어붙였다.

그날 한숨도 못 자고 출근했다. 통화 시간이 다가오자 나는 아무도 내 말을 못 듣도록 회의실로 들어갔다. 트위디의 목소리는 너무도 친숙했다.

반가워요, 제프예요.

아아아-안녕하세요, 즈즈즈제프. 저저저는------존입니다.

회의실은 사방이 통유리였다. 목에 잔뜩 힘을 주고 말하면서 내부를 서성이는 내 모습을 바깥의 모두가 볼 수 있었다. 나는 기다란 나무 탁자 주위를 빙빙 돌았다. 귀와 어깨 사이에 수화기를 끼고 그가 말하는 내용을 빠르게 받아 적었다. 트위디는 내 말더듬에 대해서 아무런 반응을 보이지 않았다. 통화한 지 약 10분이 지나자 유창하진 않아도 그럭저럭 대화가 될 정도로 명확히 말하게 되었다. 미리 써둔 질문지를 보지 않고 그가 말하는 내용에 바로바로 대응하기 시작했다. 그는 예전 밴드엔 "어린애들만 가득했다"라는 등 인상적인 말을 많이 했다. 나는 자정이 지나도록 책상에 앉아 다음 날 마감인 기사를 썼다. 그 기사는 금요일 섹션 1면에 실렸다. 지금까지도 내가 가장 좋아하는 기사 중 하나다.

그해 여름 후반, 마일 하이 뮤직 페스티벌 무대 뒤에서 나는 블랙키스의 드럼 연주자 패트릭 카니Patrick Carney를 인터뷰했다. 트레일러에 몸을 기대 담배를 피우던 그는 내가 첫 질문부터 말을 심하게 더듬자 곧장 진솔한 속내를 터놓았다. "솔직히 말해 저는 투어 불안증이 있어요." 여름이 채 끝나기도 전에 나는 존 덴버의 모창 가수와 핀볼 덕후들의 성지, 그리고 달마다 열리는 기이한 공연에 관한 글을 썼다. 서서히 진짜 저널리스트가 되어가는 기분이 들었다.

그런데도 왜 여전히 말을 해야 하는 특정 상황을 두려워했을까? 상사 편집자와 동료들은 나의 말더듬을 수용했다. 나의 록 우상도 어눌한 나의 말을 아무렇지 않게 받아들였다. 나는 집에서 멀리 떠나와 수년간 꿈꿔왔던 바로 그 일을 하고 있었다. 대체 왜 여전히 전화벨이 울릴 때마다 움찔했을까? 뭘 어떻게 해야 내 목소리에 둔감해질 수 있었을까?

13.

펜실베이니아주립대학교 2

얼마 전 나는 대학교 졸업을 못 할 위기에 내몰린 꿈을 꿨다. 지난 10년간 어떤 형태로든 거의 두 달에 한 번씩은 비슷한 꿈을 꿨다. 뭇 심리학자는 아마 그게 무엇이든 간에, 현재 나를 잠식한 다른 불안이 꿈의 형태로 나타나는 것에 불과하다고 말할지도 모른다. 하지만 정말로 나는 졸업을 못 할 뻔했다. 우리 가족은 이 사실을 알지 못한다.

당시 나는 대중 연설 과정의 필수 입문 수업인 '커뮤니케이션 기술과 과학(CAS) 100'을 매 학기 매해 미뤄왔다. 한데 졸업반이 되자 더는 피할 방도가 없었다. 지도 교수는 내가 이 과목 수강을 미루고 있다는 점을 항상 귀띔해주었다. 얼마 전 메일 보관함에서 'CAS 100'을 검색했다. 열네 개의 메시지가 떴고, 거기엔 내 절박함이 고스란히 담겨 있었다. 커뮤니케이션 교수 존스톤 박사님은 이런 메일을 보냈다.

존 학생에게,

CAS 100 수강을 대체하는 방법에 관해 만나서 이야기 나누고 싶어요. 그 전에 다음 사항에 관해 생각해보길 바랍니다. 우선 CAS 100A(대중 연설) 대신 CAS 100B(그룹 토론)를 수강할 수 있어요. CAS 100B를 들으면 학기 말에 개별 발표를 한 번 해야 하지만, 100A에서는 서너 번 발표를 해야 하지요. 또 다른 대안은 '시험을 통한 학점 인정' 절차로, 교재 내용에 관해 필기 및 구두시험을 모두 치른 뒤 연설을 준비해 CAS 100A 강사들 앞에서 발표해야 합니다. 원한다면 직접 만나 위 선택지에 관해 더 자세히 설명해줄 수 있지만, 어떤 방식을 택하든 적어도 한 번은 연설을 해야 합니다. 어떻게 보면 그냥 CAS 100A를 수강하는 게 학생에겐 유리하겠네요. 연설 기술을 연습하고 향상할 기회가 여러 번 있으니 언어장애를 보다 효과적으로 관리하는 데 도움이 될 거예요. 물론 이 수업이 언어치료 과정은 아니지만 그래도 연습은 유용할 겁니다.

정말 사려 깊은 메일이었다. 나는 한참 뒤에 회신을 보냈고 12월, 크리스마스 방학을 맞아 집에 가기 직전에 그를 만났다. 1월에 학교로 돌아왔을 때도 계속해서 수업에 등록하지 않았다. 무슨 생각이었는지는 모르겠다. 1월 9일에 내가 보낸 메일을 보면 어떻게든 빠져나가려고 하고 있다.

현재 CAS 100B의 수강 인원이 다 차버린 관계로 요건을 충족할 만한 또 다른 대안을 제안하려 연락드립니다. 이번 학기 저는 폴 켈러만 교수님의 영어 215 수업 조교를 맡게 되었습니다. 모든 강의에 참석해 폴 교수님의 강의와 토론은 물론 과제 채점 등을 보조할 예정입니다.

혹시 폴 교수님이 저의 수행 능력을 바탕으로 유능한 조교로 평가한다면, 그것을 학기 말 평가로 삼아 CAS 학점을 인정받을 수 있을까요? 아니면 교수님이나 다른 CAS 교수님들이 학기 중 제가 진행하는 수업에 들어와 참관하고 그것을 평가하시면 어떨까요?

교수님의 의견이 궁금합니다.

감사를 전하며,

존 드림

성공 가능성이 정말 희박한 도박이었다. 나는 폴 교수님의 수업에서 '강의'를 한 적이 한 번도 없었다. 주로 서너 명의 학생으로 이뤄진 소규모 그룹 워크숍을 이끄는 게 다였다. 당연히 존스톤 박사님은 내 제안에 넘어가지 않았다. 1월 15일이 되었고, 수강신청 추가/철회 기간은 끝나가고 있었다. 선택지가 없었다. 그래서 교재를 구해 사실상 독학으로 공부하며 수업을 따라갔다. 첫 필기시험은 간신히 통과했다. 발표 준비는 봄 학기 마지막 주말까지 최대한으로 미뤘다. 그해 5월 무렵 친구 앨리슨과 나는 채팅을 찾아보았다. 졸업을 2주 앞둔 시점이었다.

앨리슨: 내 파티에 올 거지?

나: 아마도가 가장 적절한 답일 듯

앨리슨: 아라써

앨리슨: 아마도는 온다는 뜻이야

나: 그래, 아마도

나: 오늘부터 금요일까지 15쪽짜리 레포트 써야 함

나: 그리고 금요일에 시험

나: 그다음 화요일엔 연설

앨리슨: 헐

나: 거지 같은 상황

앨리슨: 화요일? 미친

(화요일은 기말고사 주간이 끝난 **이후**였다.)

나: 미쳤지. 시험으로 학점 받는 거라서 수업 외 시간이야

나: 그래도 다음 주 토요일에 졸업장 받으려면 해야지

앨리슨: 뭔 소리야

앨리슨: 조교 시험 같은 거야?

나: CAS 100

나: 내 존재의 근원적 고통

앨리슨: 윽

나: 이건 뭐랄까

나: 설명 불가능

나: 어떤 놈이 물속에서 내 머리를 잡고 놔주질 않는 느낌

많은 졸업반 동기들이 시내에 나가 술집을 도는 동안 나는 집에서 연설 연습을 해보려 애썼다. 화요일이 되었고 존스톤 박사님과 몇몇 교수들이 기다리는 커뮤니케이션관 빈 강의실을 향해 무거운 발걸음을 옮겼다. 한 가지 주제에 관해 설득력 있게 연설하기가 과제였는데, 내가 택한 주제는 주 차원의 마리화나 합법화 문제였다.

덜덜 떨며 강의실 앞으로 갔다. 원래 10분짜리 분량이었는데 첫 문장이 끝날 무렵부터 숨이 턱턱 막혔다. 연설은 30분을 훨씬 넘겼다. 허리께에서 바들바들 떨리고 있는 종이만 쳐다볼 뿐 청중들과는 거의 눈을 맞추지 않았다. 자신감이 없었다. 한 문장도 유창하게 말하지 못했다. 호흡의 흐름이나 심박이 끝내 차분해지지 않았다. 발표를 마치자 박사님은 내게 옆 강의실에서 기다리라고 했다.

졸업이 불과 나흘 앞으로 다가왔다. 만일 최종 요건을 충족하지 못하면 학사모와 가운을 입고 무대에 오를 수는 있어도 텅 빈 학위 증서를 받는다. 속으로는 이 결과에 대해 대비하고 있었지만, 부모님께 이 모든 일을 해명하고 여름 학기에 CAS 100을 또다시 들어야 한다는 생각은 끔찍했다. 빈 강의실에 홀로 앉아 있는데 온몸 구석구석에 식은땀이 흘렀다. 존스톤 박사님이 들어오더니 두 손바닥을 들어 허공에 대고 두드렸다. '진정해'를 의미하

는 전형적인 동작이었다.

"합격"이라고 그가 말했다. "아주 간신히 통과했지만, 그래도 합격이네."

14.

"고객님, 그게 어느 나라 말이죠?"

졸업 후 8월 중순, 임대계약 만기일까지는 살던 집에 머물 생각이었고 그 이후엔 별다른 계획이 없었다.

일주일간 뉴욕에서 카우치 서핑*을 하고 워싱턴 D.C.에 가서 옛 친구들과 독립기념일 불꽃놀이를 보기도 했지만, 대부분의 아침에는 구직 사이트를 샅샅이 뒤져 이력서와 자기소개서를 허공에 띄워 보냈다. 차를 끌고 나가 캠퍼스 주변을 정처 없이 돌아다니거나 새벽 4~5시까지 노트에 짧은 에세이들을 써놓고 결국 버리기도 했다. 잠깐 물담배 라운지와 마약 물품 판매를 겸하는 크로닉 타운 카페에서 임시 바리스타로 일했고 사장이 근거리에서 운영하는 레코드 가게에서 간간이 교대 근무를 하기도 했다. 어떻

---

* couch surfing. 낯선 도시나 나라를 여행할 때 현지인 집의 소파나 여분 침구에서 무료로 숙박하는 여행 방식이다.

게 보면 평생의 꿈을 이룬 거나 마찬가지였다. 높은 계산대 뒤쪽 스툴에 앉아 모든 밴드에 관해 아는 체하는 사람. 근무시간 대부분에 손님이 없었던 탓인지 레코드 가게는 얼마 못 갔다.

　많은 친구들이 대학가를 떠났다. 나는 501 웨스트 칼리지 애비뉴에 사는 앨리슨의 옛 룸메이트들과 어울리기 시작했다. 거대한 주황색 벽돌 주택을 분할 개조해 임대하는 그곳에는 여럿이 살고 있었다. 주중 어떤 밤에는 기다란 포치에 다섯에서 열 명 정도가 모여 술을 마시고 담배를 피우고 음악을 들으며 대학생활에 대한 낭만을 노래했다. 친구들과 어디선가 본 지인들이 다양한 맥주를 들고 포치로 올라와 의자에 걸터앉거나 난간에 기대 술을 마셨다. 나는 브루스키스 주류점에서 가장 저렴한 맥주인 엑스트라 골드 열두 캔들이 팩을 자전거 손잡이에 걸고 균형을 잡으며 달려오곤 했다. 그런 밤 나는 말하기보다 듣기를 훨씬 더 많이 했다. 사람들은 내가 우러러보면서도 따라갈 수는 없는 속도로 대화를 이어갔다. 이따금 음악에 대한 생각이 문득 떠오르면 끼어들었다. 그 포치에서 나는 내가 가장 좋아하는 노래 중 하나가 된 텔레비전의 〈마퀴 문Marquee Moon〉을 처음 들었다.

　앨리슨은 음악 애호가 집안 출신이다. 그녀의 남동생 저스틴은 재능 있는 기타 연주자이면서 곡도 쓴다. 그 역시 말을 더듬는데, 내가 이 책을 집필하기 전까지는 앨리슨과 그런 이야기를 나눈 적이 한 번도 없었다.

　"어릴 적에는 그걸로 놀리기도 했어"라고 앨리슨이 말했다. "왜, 이렇게 있잖아. '적어도 난 말은 안 더듬어'라거나 '뭐-뭐-뭐-

뭐라고 한 거야, 저스틴?'처럼. 물론 가벼운 농담으론 절대 안 했고, 정말 화가 났을 때만 그렇게 놀렸어."

그녀는 필라델피아 외곽에 자리한 유대교 회당synagogue에서 100여 명의 신도 앞에 나가 토라를 읽어야 했던 동생의 성인식을 회고하며 약간 불쾌한 표정을 지었다.

"내가 고등학교 졸업반이었고 저스틴은 7학년이었는데, 그날은 내가 괜스레 당황하고 불안했던 기억이 나. 사람들도 참을성 없어 보였고. 내 동생이 자신 있게 말하는 건 힘들지, 안 그래? 그래도 동생은 해냈어. 이겨냈지. 이제는 정말 당당한 사람이 됐어."

몇 주 뒤 나는 저스틴에게 그날에 대해 물었다. 그는 충격적인 경험이었다고 답했다.

"바르 미츠바나 바트 미츠바 때문에 몇 달 동안 기도문과 성경 구절을 읽으면서 준비하잖아요. 개인 교사가 있었는데, 그분들과 있으면 확실히 심하게 더듬지는 않았어요. 그런데 많은 사람들 앞에 서니까 모든 게 다 무너져버렸죠." 그가 말했다. "준비한 걸 다 읽었을 때 엄청나게 무거운 짐을 내려놓는 기분이었어요. 다시는 그날을 떠올리고 싶지도 않아요."

요즘 저스틴은 솔로 음악을 만든다. 맨해튼의 전설적인 녹음 스튜디오 시어 사운드에서 전문 엔지니어로도 일한다. 그는 페스티벌에서 라일 브루어Lyle Brewer라는 기타리스트와 우연히 마주친 적이 있는데, 그 역시 말을 더듬는다며 이렇게 말했다. "그분과 얘기를 나눠보시면 정말 좋을 거예요."

라일 브루어를 만나기도 전에 나는 그가 제작한 티셔츠 한 장을 갖고 싶었다. 그가 판매하는 다양한 스타일 가운데 가장 인기 있는 상품은 앞쪽에 흰색 텍스트 아홉 줄이 적힌 칠흑같이 검은 티셔츠다. 그의 이름은 선명한 빨간색으로 돋보인다. 이렇게 적혀 있다.

라, 라, 라, 라, 라,
라, 라, 라, 라
라일
브, 브, 브, 브, 브,
브, 미안, 브, 브, 브,
브루, 브루, 우,
우, 제기랄
브, 브, 브
브루어

그 말더듬 티셔츠는 주로 인스타그램에서 장당 25달러에 판매된다. 가끔 재고가 입고됐다는 피드가 뜨면 빠르게 팔리는 편이다. 티셔츠에 적힌 텍스트를 소리 내어 읽으면 긴 시간 말더듬에 갇힌 기분이 든다. 그러나 뒤로 물러나 셔츠 전면을 바라보면 그래픽에 내재한 음악성이 보인다. 텍스트가 마치 시나 노래 가사인 것처럼. 연속적으로 빠르게 소리 내보면 '라'와 '브'가 베이스 기타 음색처럼 깊고 리드미컬하다는 걸 알 수 있다. '브루' 뒤에 따라오는 더듬거림 '우' 소리는 기타리스트가 기존 연주법의 한계를 넘어 음을 꺾거나 늘리도록 도와주는 장비 와-와 페달wah-wah pedal의 효과음와 비슷하다. (우드스톡 공연 마지막에 지미 헨드릭스가 연주한 사이키델릭 버전의 〈더 스타 스팽글드 배너The Star Spangled Banner〉를 떠올려 보자.)

"원하는 대로 말할 수 없는 데서 오는 좌절감을 티셔츠가 되 갚아주는 것 같아요"라고 라일이 말했다. "뭐랄까, 더는 이런 엿 같은 일을 겪지 않도록, 모두에게 먼저 말해버리는 거죠."

따스한 목소리를 타고난 라일은 풍파를 겪은 듯 거칠게 말한다. 그의 말더듬은 전혀 없을 때도 있고 심할 때도 있다. 모음에서 막히면 턱을 떨구고 흔들어 입안의 긴장을 푸는데 그렇게 해서 단어가 미끄러져나올 여지를 마련한다 해도 단 몇 초만 대화를 더 이어갈 수 있다. 그의 짙고 파란 눈동자는 'ㅅ'으로 시작하는 단어와 문구를 길게 말할 때 약간 떨린다. 그럴 때 시선이 왼쪽으로 향하는 경향이 있지만 불편하다는 신호를 보내지는 않는다. 라일의 말더듬은 몸에서 터져나오는 격렬한 사건이라기보다는 어딘가 벌새와 더 유사한, 잔잔한 진동에 가깝다.

"말을 안 더듬는 척하는 게 가장 힘들어요"라고 그는 말했다. "모르겠어요, 참 웃겨요. 그건 **정말로** 부자연스럽게 들리거든요. 그리고 아주 불편하기도 해요. 귀에 거슬리는 소린데, 만일 사람들이 예상하지 못하고 있다가 들으면 얼마나 혼란스럽겠어요."

라일은 말더듬에 관해서 내가 만난 그 누구와도 다르게 말한다. 그는 자기 삶에서 말더듬의 역할에 대한 양가감정을 지극히 솔직하게 표현한다.

"말더듬에 대한 적응이 가장 쓸모없는 적응이라고 농담처럼 말해요"라고 그가 말했다. "이런 주장 있잖아요, '무엇이든 당신을 죽이지 않으면 당신을 더 강하게 만든다'. 정말 대단한 헛소리라고 생각해요. 그 말 정말 싫어요. 지난 30년간 통화 중에 말을 더듬었지만 전혀 나아지지 않았어요. 그리고 천 번째 통화를 하고 났더니 갑자기 훨씬 나아졌다, 그런 것도 아니죠. 이건 더 나아지질 않아요. 그래도 노력은 하고 있다고요."

라일은 다양한 밴드와 함께 여러 나라를 돌며 공연해온 저명한 기타 연주자다. 투어 중이 아닐 때는 버클리 음대에서 조교수로 일한다. 말더듬은 손으로 연습하는 예술 형식을 마스터하는 데 그가 평생을 바치게 해줬다. 라일은 깨어 있는 시간 대부분을 복층 공간에 마련된 연습실에서 복잡한 악기 메들리를 작곡하는 데 할애한다. 그의 집 꼭대기에 있는 연습실은 낮은 천장에 베이지색 카펫이 깔려 있고, 기타 수십 대와 앰프, 페달, 마이크 및 기타 장비가 놓인 소박한 공간이다. 그는 주로 이 방에서 짧은 교육용 동영상을 찍어 수천 명의 인스타그램 팔로워에게 공유한다. 연주하는 음을 설명하다 자주 말을 더듬는다. 연습실에는 아무도 없지만, 그건 중요하지 않다. 그는 여전히 습관처럼 카메라 렌즈에서 시선을 거둔다.

라일의 기타 연주를 보고 듣는 일은 매혹적인 경험이다. 그의 손가락은 기타 목 위아래로 현란하게 움직이고 여러 프렛을 가로지르며 깔끔하고 우아한 소리를 만들어낸다. 사색적인 음악이지만 길을 잃지는 않는다. 이따금 그가 쓴 곡은 입 밖으로 꺼내고 싶지 않은 이야기를 들려주는 듯 느껴진다. 그가 판매하는 다른 티셔츠에는 이런 문구가 적혀 있다. '몽둥이랑 짱돌로 때려죽인대도 라일 브루어의 노래에 가사가 들어가는 일은 없다.' 전통적인 로큰롤 밴드에서 활동하지만 솔로 아티스트로서는 악기 연주곡만을 작곡함을 고백하는 말이다. 너무나도 아름답게 짜인 그의 곡은 가사가 붙으면 가치가 떨어질지도 모른다.

"음악을 하면 정말 좋은 게, 원하는 만큼 자유롭고 하고픈 말은 뭐든 할 수 있는 데다 내가 남들과 다르다는 점을 끊임없이 상기할 필요도 없어요."

한동안 라일은 스타벅스에서 주문한 뒤 컵에 카일, 라이오넬, 로이드라고 이름이 잘못 적혀 나오면 사진을 찍어 올리기도 했다. 한 번은 새 옷을 사러 쇼핑몰에 갔는데 점원이 도와줄 게 없냐며 매장 건너편에서 다가왔다. 그는 괜찮다고 말하려고 했지만 말이 심하게 막혀 아무 대답도 하지 못했다. "점원은 내가 심장마비나 뭐 그런 거에 걸린 줄 알았나봐요." 라일이 당시를 회고했다. "저한테 '고객님, 괜찮으세요?'라고 물었는데 말을 더 심하게 더듬으니까 발작 같은 망할 병에 걸린 사람처럼 보였던 거죠. 그러자 이렇게 묻더군요. '고객님! 고객님! 그게 어느 나라 말이죠?'"

누군가에게 자신을 소개했는데 상대방이 '그 시선'을 던진다면, 그는 상대와 한 공간에 있지 않는 한 말을 섞지 않는다. 가끔은 사회적 상황에서 자리를 피해 잠깐 울고 나서 마음을 추스른다. "투어를 다니면서 괴로운 점은 항상 사람들을 만난다는 거예요." 한번은 공연 사회자가 라일에게 다가와 이름을 어떻게 소개하면 좋을지 정확한 발음을 물었다. 이 글을 읽는 당신도 '브루어Brewer'를 소리 내어 발음해보길 바란다. 첫소리인 '브르Br'가 가운데 '우ew'와 연결되어야 마지막 '어er'에 도달할 수 있다. 영어에서 이런 이중 'r' 소리는 그리 흔치 않다. 입술이 아래위로 튀어나오고 턱 아래 근육이 순간적으로 조이는 게 느껴질 것이다. 말을 더듬는 사람이라면 '브'가 시작될 때 말이 막히거나 입 앞쪽에서 '브르' 음절군을 형성하는 데 어려움을 겪을 수 있다. 라일의 이름은 사회자가 소개를 부탁한 그날 밤처럼 평생 그를 괴롭혔다.

"제가 '브르-르-르-루---브루-우-어'라고 말했더니 사회자가 제 발음 그대로 똑같이 따라 하더군요. 전 그녀를 쳐다보며 속으로 '지금 장난해?'라고 생각했어요." 그는 반쯤 웃고 반쯤은 찡그린 표정을 지었다.

"큰 의미도 없는 일을 위해서 정말 열심히 노력하는 기분이 들어요." 그가 말했다. "가령 제가 '우리 공연은 더-더-더럼에서 열렸어'라고 말하고 싶은데 주변에 저의 언어장애를 모르는 사람이 다섯 명이나 있다면, 굳이 창피를 당하면서까지 힘겹게 한 문장을 말하지 않을 거예요. 말하는 게 신체적으로 버겁기도 하고요. 말을 더듬지 않는 사람들은 말하는 데 얼마나 많은 전략이 수반되는지, 얼마나 많은 자기보호 본능이 관여하는지 이해 못해요."

라일에게는 중학생 아들 엘리엇이 있는데 요즘 한창 기타 연주에 빠졌다. 아들이 악기를 연주하면 라일의 표정이 달라진다. 광대가 솟아오르고 두 눈이 휘둥그레져서 아들이 〈백 인 블랙Back in Black〉, 〈히어 컴스 더 선Here Comes the Sun〉, 〈위시 유 워 히어Wish You Were Here〉 같은 명곡들을 연주하는 모습을 지켜본다. 때로 두 사람은 함께 연습하지만 라일은 아들의 실수를 바로잡지 않으려 조심하고, 주먹 박치기나 하이파이브로 칭찬할 뿐이다. 내가 만났던 대부분 말더듬이들과 달리 라일은 사람들이 대신 문장을 완성해주려 해도, 특히 아들이 그렇게 해도 신경 쓰지 않는다. "제가 뭔가를 말하려는데 누가 제 할 말을 추리해서 대신 단어를 말하면 저는 그냥 우와 대단한데, 하고 말죠."

라일은 소리 내어 읽기를 특히 어려워한다. 엘리엇은 세 살 무렵부터 아빠의 말더듬을 알아차리고 도와주기 시작했다. "가끔 닥터 수스 책 읽을 때 있잖아요, 터무니없는 단어들이 연이어 나오면, 혼신의 힘을 다해 읽었어요." 그가 웃으며 당시를 회상했다. "아들 녀석이 공룡에 푹 빠졌을 때는 무진장 긴 이름들을 읽느라 고생깨나 했죠."

우리는 거의 1년 동안 연락을 주고받은 뒤에야 직접 만났다. 어느 여름날 나는 보스턴에서 그리 멀지 않은 라일의 집으로 차를 몰고 갔다. 도착해서 얼굴을 보자마자 그는 지독하게 말을 더듬었다. 나 역시 심하게 말이 막혔고, 말더듬이 둘이 연옥煉獄에 갇혔다는 어색한 농담을 건넸다. 출입문을 닫고 그를 따라 아파트 위층으로 올라갔다. 한적한 거리에 있는 낡은 흰색 아파트의 꼭대기 두 층이 그의 집이었다. 거실에는 바이닐 레코드 상자들이 쌓여 있고 그 옆으로 말더듬이 티셔츠도 보였다.

라일은 탄산수 두 캔을 들고 나를 뒤 테라스로 데려갔다. 발목 주위로 모기들이 날아들었다. 그는 듬성듬성 면도를 한 채 맨발이었고 노란 티셔츠 안으로는 문신이 비쳐 보였다. 레드삭스 모자 아래로 헝클어진 갈색 머리카락이 삐져나와 있었다. 우리는 플라스틱 접이식 의자에 나란히 앉아 이야기를 나누며 때로는 서로를 쳐다보고 대부분 먼 곳을 응시했다. 그의 얼굴에서 숱한 인생 경험이 스쳤다. 피곤해 보여도 지쳐 보이진 않는 얼굴. 그의 눈에는 생생한 영혼이 깃들어 있었다.

부엌 조리대에 치즈와 페퍼로니 반반 피자가 놓여 있었다. 내가 오기 전에 픽업해두었다고 했다. 그런 사려 깊은 행동을, 아빠가 되고서야 비로소 배웠다며 그는 장난스레 말했다. 그의 여자친구 조지아는 부엌에서 떨어진 작은방 책상에서 작업 중이었고 엘리엇은 자기 방에서 마지막 원격 수업을 마무리하고 있었다.

라일은 다른 누군가의 밴드에서 보조 연주자로 활동하는 것과 소수의 열성팬들을 대상으로 연주하는 것의 경제적 측면에 관해 이야기했다. 그가 거실에서 아름다운 선버스트 기타를 연주하자 엘리엇이 합류했다. 라일은 아들에게 기타를 건네며 닐 영의 〈하비스트 문Harvest Moon〉 연주법을 가르쳐주었다. 아빠를 쏙 빼닮은 엘리엇이 이를 훤히 드러내며 정직한 미소를 지어 보였다.

거실 모퉁이에 야구공 바구니가 놓여 있었다. 내가 하나를 집어 들어 가볍게 던지자 엘리엇이 자기 팀에 관해 이야기했다. 라일은 시즌 초반 다른 부모들과 어울리려 애쓰지 않고 주로 관중석에 앉아 신발만 쳐다봤다. 시즌이 끝날 무렵엔 용기를 내어 먼저 다가가 이야기를 나누었다고 했다. 나는 해진 검은색 스팔딩 글러브를 끼고 **착착** 소리가 나도록 글러브 포켓에 공을 던졌다. 라일은 엘리엇에게 다른 글러브를 가져와 셋이서 밖에 나가 캐치볼을 하자고 제안했다. 표정이 환해진 엘리엇이 문을 나서는 길에 내게 껌 하나를 주었다. 우리는 한참 동안 작은 삼각형 대형으로 서서 말없이 공을 던졌다. 말할 필요를 느끼지 못했다. 그러다 여름 폭풍이 불어와 서둘러 뒤쪽 계단을 따라 부엌으로 올라갔다.

라일이 어릴 적 형과 함께 야구팀 유니폼을 입고 찍은 사진을 보여주었다. 부모님 사진과 10년 전 무대 위에서 연주하는 모습이 담긴 액자 속 사진도 가리켰다. 나는 그와 처음으로 대화했던 지난여름을 떠올렸다. 말을 더듬지 않는 다른 삶에 대한 상상의 나래를 펼칠 때 라일은 특히 또렷해져서 거의 완벽할 정도로 유창한 문장을 구사했다. 그는 말더듬증을 없애는 수술을 받을 수만 있다면 자신이 가진 모든 것을 팔겠다고 했다.

"세상이 끝날 듯한 기분을 느끼지 않으면서 사람들에게 다가가 자연스레 인사를 건네는 능력을 갖고 싶어요"라고 그가 말했다. "그리고 누구든 내가 원하는 사람과 소통하고, 정확히 내가 원하는 방식으로 말하면서, 사람들을 기쁘게 하고, 뭐랄까, 다른 이들이 자유로이 하는 일에 참여도 할 거예요. 그리고 말로 표현되는 것들에 깊이 감사하게 될 것 같아요. 그 느낌을 놓치고 싶지 않겠죠, 왜냐하면 오랫동안 그게 어떤 기분일지 생각해왔으니까요. 저는 웃기고 사려 깊고 명료하게, 언제든 원하면 말할 수 있도록 새로운 단어들을 엄청나게 많이 배울 거예요. '단지 할 수 있다는'

이유만으로 대중 연설도 할 거고, 그럼 너무 행복할 것 같네요. 길에서 만나는 사람마다 말을 걸 거예요. 그리고 그 뭐냐, 페이스북 라이브 방송을 켜서 다섯 시간 동안 그냥 사전이나 뭐 아무거나 읽을 거예요."

가상의 상황을 줄줄 읊던 그는 웃고 있었다.

그러곤 나중에 이렇게 말했다. "그때그때 어떻게 느끼는지를 말하려고 노력하잖아요. 극복하고 있다거나, 아니면 죽겠다고요. 끝내 둘 다라고는 못하죠. 근데 저는 그편이 더 완전한 그림이라 생각해요. 극복하려고 노력하는데, 그것 때문에 죽겠는 거죠. 하지만 또 현실은 그것 때문에 죽는 것도 아니고 실제로 극복하고 있지도 않거든요."

15.

서부를 향한 편도 여행

2010년 한여름이었다. 부모님께는 9월이 되도록 여전히 취업을 못할 경우 뉴올리언스로 가서 바텐더가 되겠다고 말씀드렸다. 말은 그럴듯해도 나는 바텐더 경험이 전혀 없었고 여전히 낯선 이들과 편하게 대화하지도 못했다.

《덴버 포스트》 상사였던 편집자 레이와는 신문사 정규직 자리를 알아보느라 메일을 주고받고 있었다. 음악 블로그 〈리버브 Reverb〉를 독립형 웹사이트로 전환한 회사는 운영 담당자를 찾고 있었다. 7월 말, 해당 자리의 면접을 보기 위해 비행기를 타고 콜로라도주로 향했다. 살던 아파트 주인에게 열쇠를 넘길 날이 얼마 남지 않은 상황이었다. 8월, 전세 계약이 만료되자 짐을 다 싸서 차에 싣고 언제쯤 진정한 성인으로서 내 삶을 시작할 만큼 충분한 돈이 생길지 막막해하며 집으로 향했다.

마흔여덟 시간 후에 레이의 전화를 받았다. 직장을 구한 것이다. 나는 뒷마당으로 달려가 엄마에게 말했다. 엄마의 표정에 흥분과 비탄이 섞여 있었다. 내 소식에 너무나 기뻐하면서도 콜로라도주는 너무 멀다고 계속 말했다. 아빠는 젊은 시절 이사를 워낙 많이 다녀봤기에 앞으로 내가 어떻게 살아갈지 잘 알았다. 신문사에 자리가 생기고 그 일을 잡으면, 지도상 위치는 중요하지 않다는 걸 말이다. 나흘 뒤에 나는 집을 떠났다.

이번에는 친구 케브가 조수석에 앉았다. 몇 년 전 조그만 블로그에 올릴 글을 위해 뉴욕에서 일주일 동안 CMJ 뮤직 마라톤을 취재할 때 만난 친구였다. 당시 머물 곳을 구한다고 페이스북에 글을 올렸더니 형의 대학 친구인 닥이 자기 집 거실에서 지내라고 연락했다. 자신이 집에 없을 거라거나 집에 다른 누가 있다는 언급은 없었다. 그곳에 도착한 첫날 밤, 새벽 2시에 귀가한 닥의 룸메이트 케브는 거실에 있는 낯선 남자가 누군지 알지 못했다. 내가 말을 더듬으며 어색하게 소개하자 그는 곧장 나를 환영해줬다. 그 주 내내 밤만 되면 우리는 맨해튼 시내를 돌아다녔다. 미성년자인 데다 위조 신분증도 없었던 나는 그가 알려준 방법으로 도어맨들을 통과했다. 늦은 밤 아파트로 돌아가서는 부엌 창문을 넘어 화재 비상구에 앉아 있기도 했다. 아침이 밝아오도록 담배를 피우고 술을 마시며 이야기를 나눴다. 내가 떠나온 후에도 우리는 계속 연락을 주고받았다. 닥은 결국 오스틴으로 내려갔어도 나는 케브를 만나러 자주 뉴욕에 놀러 가 함께 돌아다녔다. 내가 덴버에 취직했다는 소식을 전하자 그는 한 치의 망설임도 없이 말했다. "대단해, 내가 같이 가줄게."

8월 말 토요일 아침, 우리는 서쪽을 향해 달렸다. 몇 년 전 부모님 도움으로 구한 중고 지프를 끌고 갔다. 에어컨이 고장 나 내내 창문을 내린 채로 달렸다. 첫날 밤 우리는 클리블랜드 외곽에 자리한 모텔에 차를 세우고 주차장을 가로질러 손님이 없는 버펄로 와일드 윙스 레스토랑에 갔다. 다음 날에는 이른 오후에 시카고에 도착해 리글리 필드에서 시카고 컵스의 경기를 관람했다. 비 내리는 월요일 오마하에서는 미스터 토드 펍에서 거대한 스테이크를 썰어 먹으며 위스키를 마셨다. 다음 날 아침에는 끝없이 펼쳐진 네브래스카 평원을 달리다 싱클레어 주유소 마스코트인 목이 긴 공룡이 보일 때마다 주유도 하고 간단한 요기도 할 겸 차를 세웠다. 내가 *한 방향*으로만 운전하는 게 얼마나 초현실적인지, 케브는 계속해서 말했다. 어릴 적부터 나는 멀리 떠나길 꿈꿔왔다. 겁나지 않았다. 슬프지도 않았다.

화요일 밤 덴버에 도착한 우리는 차 앞에서 이별 사진을 찍었다. 지금 와 돌아보건대 살면서 가장 행복해 보이는 내 모습이었다. 흰색 브이넥 티셔츠에 청바지를 입은 내가 활짝 웃고 있다. 케브는 불이 붙지 않은 담배 필터에 엄지를 대고 화면 밖을 향해 웃고 있다. 다음 날 아침, 뉴욕행 비행기를 타는 그를 공항에 데려다준 나는 앞으로 살 곳을 찾기 시작했다.

아파트를 알아보는 동안 신문사 음악 평론가인 리카르도가 며칠간 소파를 내주었다. 시내에서 남쪽으로 2마일 정도 차를 몰고 가는 길에 아파트로 개조된 어느 거대한 빅토리아풍 주택을 지나쳤다. 그곳 1층 전면의 절반이 한 달에 600달러에 임대 중이었다. 완벽했다. 유일한 단점은 공사 중이라 10월까지 물이 안 나온다는 점이었다. 부모님께 희소식을 전하려고 전화했을 때는 이 부분은 빼고 말했다. 샤워도 세면대 사용도 불가했지만 곧장 새로운 거처에서 잠을 자기 시작했다. 양치질을 위해 폴란드 스프링에서 나오는 커다란 생수를 사고 손 세정제도 샀다. 매일 아침 일찍 일어나 직원 라커룸에서 샤워를 하며 동료들이 나를 보지 못하기만을 바랐다.

한 해 전 여름 인턴을 하면서 직장인의 일상 리듬을 어느 정도 익혔지만, 이제는 정말로 자립해야 했다. 인터넷 설치를 위해 자동 응답 전화에 대고 지치도록 말을 더듬고 콜로라도주 운전면허증을 발급받으려고 차량관리국의 기나긴 줄에 합류했다. 토요일 아침에는 사우스 브로드웨이의 굿윌 스토어 지하에 가구를 보러 다녔다. 덜거덕거리는 협탁과 헤드에 록밴드 그레이트풀 데드 스티커가 붙은 근사한 원목 침대 프레임을 30달러 정도에 구했다. 한 주 한 주가 지나고 달이 바뀌면서 일상이 자리를 잡기 시작했다.

서부에서 만난 이들 모두가 더 친절할 뿐만 아니라 내 말더듬에도 더 참을성 있게 반응했다. "그래서, 어떤 일 하세요?"라는 질문을 먼저 하지 않았다. 어느 학교를 나왔는지 부모님은 무슨 일을 하는지 아무도 신경 쓰지 않았다. 덴버에는 다른 지역 출신들이 많았다. 내가 만난 이들 중 상당수가 직장을 그만두거나 가족과 떨어져 새출발하려고 콜로라도에 왔다고 했다. 낯선 사람이라도 바에서 몇 분만 이야기를 나누면 함께 밖으로 나가 대마초를 피우자고 권했다. 잘 알지도 못하는 사람들이 등산이나 캠핑을 같이하자고 제안하기도 했다.

나는 하이-다이브라는 조그만 록 클럽 옆에 자리한 스푸트니크 바의 단골이 되었다. 창가 구석에 앉아 감자튀김 한 바구니와 맥주 파인트를 시켜놓고 때때로 바텐더들과 수다를 떨기도 했다. 브로드웨이에서 몇 블록 더 내려가면 체크무늬 바닥에 벽은 빈티지 영화 포스터로 장식한 로큰롤 컨트리 뮤직 바 스카이락 라운지가 있었다. 2층에는 브런즈윅 당구대와 셔플보드, 오래된 핀볼 머신이 있었다. 위층 바텐더인 톰은 내가 곡선형 카운터에 앉을 때마다 늘 내 이름을 부르며 단단히 손을 쥐고 악수를 건넸다. 늦은 밤 스카이락에서 집으로 돌아오는 길에는 마리화나를 피우며 달을 바라보곤 했다. 내가 아는 모든 것, 모든 사람에게서 아주 멀리 떨어져 있어도 괜찮았다. 그 어떤 시절보다 더 나 자신이 된 기분이 들었다.

당시만 해도 나는 기획 기사 부서에서 가장 어린 직원이었다. 그래도 더는 인턴이 아니었기에 다른 기자들과 편집자들은 나를 동료로 대했다. 나는 금요일마다 발행되는 '가구' 섹션의 긴 특집 기사 주변 조그만 공간을 채우는 글을 쓰기 시작했다. 대부분의 임무는 콘서트 및 기타 지역 행사와 관련한 간단한 소개 글이었지만, 주요 업무는 날마다 여러 게시물을 작성하고 편집해 음악 블로그 〈리버브〉에 올리는 일이었다.

그러니까, 그게 나의 일이었다. 날마다 일어나 음악 관련 내용을 취재하기. 스물두 살 청년이 그 이상 바랄 게 있을까? 신문사에 입사한 첫해에는 일주일에 네댓 번씩 밤 공연을 보러 다녔다. 라이브 음악을 듣지 않는 날이면 집착적으로 글을 읽었다. 《에스콰이어》를 구독하며 활짝 연 창가 소파에 누워 발행 정보를 살피고 《스핀》이나 《롤링 스톤》을 보던 때처럼 그달 발행된 호의 커버 스토리를 하나하나 소화했다. 일요일이면 자전거를 타고 서점 태터드 커버에 가서 1층 진열대에 놓인 책들을 훑었다. 《뉴욕 매거진》,《뉴요커》,《베니티 페어》,《애틀랜틱》 등을 펼치고 앉아 시간 가는 줄 모르고 읽었다. 나는 특집 기사에 푹 빠져서 그것들을 분석해보려 애썼다.

마침내 레이는 음악에만 집중하다 따분해져 엉덩이를 들썩이는 나를 알아봤다. 일찍이 그는 금요일과 일요일 섹션에 실을 짧은 에세이에 관한 내 아이디어를 받아들였다. 나는 영화 〈소셜 네트워크〉의 개봉과 더불어 온라인에서 성인이 되어가는 경험(AIM에서 더 근사한 모습의 내가 되려고 노력하며 보낸 긴 밤들)에 대해 쓴 적이 있다. 콜로라도의 사업체들이 4/20 마리화나 합법화 집회에 어떻게 관여하는지, 우리 동네에 남은 '최후의 진정한 현지인 바' 배저스 펍을 사례로 들어 빠르게 진행되는 젠트리피케이션을 들여다보는 글도 썼다. 또한 펜실베이니아주립대의 제리 샌더스키 스캔들*이나 투손 총격 사건** 같은 더 심각한 주제에 대해

---

* 미식축구 코치인 제리 샌더스키Jerry Sandusky가 1994년부터 2009년까지 십 대 소년 열 명을 15년간 상습 성폭행한 사건.
** 2011년 1월 8일, 미국 애리조나주 투손에서 발생한 총기 난사 사건이다. 민주당 하원의원 가브리엘 기퍼즈Gabrielle Giffords를 노린 남성이 총기를 발사

서도 뭔가를 말하려 시도하기도 했다. 이 중 어떤 글들은 비교적 좋은 반응을 얻었다.

《덴버 포스트》에서 일한 지 2년 차가 되던 해, 모회사인 미디어뉴스 그룹이 동부 해안의 한 헤지펀드에 매각되고 두 개의 다른 신문 체인이 디지털 퍼스트 미디어Digital First Media라는 야심 찬 이름으로 합병될 예정이었다. 새로운 CEO가 모든 자산을 관리하기 위해 맨해튼에 본사를 설립하고 중앙 운영을 맡을 언론인 약 50명을 고용할 계획이라는 사실도 알게 되었다. 내가 꿈꿔본 적 없는, 지원 업무에 가까운 사무적인 일이었어도 뉴욕에서의 정규직이라는 점이 매력적이었다. 덴버에 있는 책상에 앉아 검색 창에 다양한 검색어를 입력해봤다. '웨스트 빌리지', '로어 이스트 사이드', '윌리엄스버그' 같은 키워드를 치며 공상에 잠기곤 했다. 2012년 10월, 나는 그 새로운 자리 중 하나를 제안받았다. 급여는 콜로라도에서 벌던 것의 거의 두 배여서 협상 없이 바로 수락했다. 이 모든 일은 형의 결혼식 열흘 전에 일어났다.

형수 제니는 내가 이제껏 만나본 이들 가운데 손에 꼽을 만큼 훌륭한 사람이다. 그녀는 형의 인생뿐 아니라 우리 가족의 삶을 헤아릴 수 없을 정도로 크게 변화시켰다. 그녀가 형의 청혼을 받아들였을 때 나는 정말로 기뻤다. 그때 나는—지금도 여전히—두 사람이 맺어져 진심으로 행복했다.

해 여섯 명이 사망하고, 기퍼즈 의원을 비롯한 열세 명이 부상을 입었다.

그러나 이따금씩 두 사람의 결혼식 날 찍힌 한 장의 사진을 떠올린다. 우리 가족이 홀리 트리니티 성당의 정문 계단에 서 있다. 형과 내가 다녔던 초등학교와 같은 블록에 자리한 성당이다. 형과 아빠, 그리고 나는 헐렁한 흰색 재킷과 풍성한 검정 턱시도 바지를 입고 있다. (아빠는 크루즈에서 프랭크 시나트라의 곡을 부르는 가수처럼 나왔다.) 이 사진을 들출 때마다 사진 속 내 표정을 자세히 살핀다. 내 눈은 지쳐 보인다. 입술은 꾹 다물었다. 카메라 렌즈를 응시하고 있지만 마음은 다른 데 가 있다. 슬퍼 보인다기보다는 복잡한 표정이다. 더는 괜찮은 척할 수 없다고 깨달은 사람의 얼굴에 스치는 표정이다. 나는 어색한 미소조차도 짓지 못하고 있다.

콜로라도로의 이사는 가족과 얽힌 문제들에서 잠시라도 벗어나기 위한 방편이었다. 그래서 얼른 뉴욕으로 가고 싶어 몸이 근질거리면서도 동시에 동부로 돌아가는 데 대한 두려움도 있었다. 형은 워싱턴 D.C.에 정착했고 부모님은 필라델피아 외곽에 계셨다. 그들은 서로 자주 왕래했다. 내 눈에 엄마, 아빠, 형은 과거의 괴롭힘과 폭발적인 갈등의 시간을 에치 어 스케치* 흔들듯 없애버리고 행복해 보였다. 앞서 말했듯 이게 바로 가톨릭 가족들의 방식이다. 문제를 잊고, 무시하고, 절대 이야기하지 않은 채 웃어넘기기. 그들에게는 그 방법이 잘 통하는 듯했다. 나 역시 아무

---

* Etch A Sketch. 손잡이를 돌려 선을 그리고, 흔들면 초기화되는 낙서 장난감이다.

렇지 않게 행동했으나 죄책감을 느꼈다. 크리스마스에 다 함께 거실에 앉아 고개를 끄덕이며 미소를 지었다. 하지만 자리를 떠나는 순간, 나는 스스로를 기만하는 사기꾼이 된 기분이었다. 그 결혼식 사진 속 나의 모습이 딱 그랬다.

　사진을 찍고 몇 시간 후 리셉션에서 친구들과 가족들이 차례로 일어나 신랑 신부에게 축하의 말을 전했다. 나는 자리에 앉아 맥주병 라벨을 긁고 있었다. 형수와 그녀의 들러리가—형수 여동생이—마이크 앞에서 감동적인 건배를 나누고 서로를 껴안는 모습을 지켜보았다. 형은 당연히 자기 친구 마크에게 들러리를 부탁했고, 그는 정말 멋진 연설로 맡은 역할을 훌륭히 해냈다.

　나도 신랑 들러리였지만 결혼식이 진행되는 동안 한마디도 하지 않았고 연회에서도 입을 닫고 있었다. 하객들이 축사하는 동안 우두커니 식기만 바라보았다. 다가오는 이사를 핑계 삼아 형의 총각 파티에서 빠졌던 일이 떠올랐다. 나는 술을 마셨다. 언젠가 형에게 내가 여전히 짊어진 이 모든 것을 보여주는 날을 그리면서.

16.

불확실한 미래

"누구든 뉴욕에 오는 즉시 소속감을 느낀다. 단 5분을 머물러도 5년을 산 사람처럼 도시의 일부가 된다." 형의 결혼식이 끝나고 일주일 뒤, 덴버 생활을 정리하고 동부로 떠날 준비를 하던 중 나는 톰 울프의 문장을 접했다. E. B. 화이트는 사람들이 작은 마을을 떠나 뉴욕으로 가는 이유가 "관찰당하는 굴욕을" 피하기 위해서라고 쓴 적이 있다. 내 마음을 정확히 꿰뚫는 말이다. 나는 허리케인 샌디가 강타한 지 이틀 뒤에 뉴욕에 도착했다. 맨해튼 다운타운 지역 대부분이 전력 공급 차단으로 불편을 겪었고 주민들은 일상 복구를 위해 분투 중이었다. 라과디아 공항에 발을 디딘 순간부터 뉴욕은 집처럼 느껴졌다. 적응 기간은 필요 없었다. 내가 아는 삶이란 이런 느낌이었다. 모든 게, 즉각적으로 와닿았다.

뉴욕에서 처음 구한 집 내부 한가운데에 서면 정말로 양쪽 벽에 손이 닿을 정도였다. 이스트 빌리지 퍼스트 애비뉴에 있는 침침하고 눅눅한 동네 바 d.b.a. 위층에 있는 2층 스튜디오였다. 건물 현관은 뿌연 데다 긁힌 자국이 많았고 흰색 그래피티로 뒤덮여 있었다. 내부 복도에는 묵직한 검은 먼지가 켜켜이 쌓여 있었다. 수십 년간 이곳에 살았던 이웃은 9·11 이후 월드 트레이드 센터의 잔해를 실은 트럭들이 거리를 오간 탓에 대부분 벽돌 외벽이 오랜 시간 먼지에 덮여 있었다고 말했다. 위층에 사는 누군가가 매일 아침 지붕에 새 모이를 한 움큼씩 뿌려둔 덕분에 비둘기 떼가 항상 몰려들었다. 계절에 상관없이 내 창틀과 화재 대피 계단은 늘 새똥 범벅이었는데, 드문드문 희끗하고 푸르스름한 그것은 마치 밥 로스 스타일로 그린 그림 같았다. 조그만 욕실에는 세면대와 높게 설치된 샤워기가 있었고 변기는 부엌 옆 작은 벽장 안에 들어가 있었다. 이상한 구조였다. 하지만 내 것이었다. 나는 그 점이 좋았다.

　덴버에서 쓰던 물건은 대부분 처분했다. 남은 일부만 오렌지색 비닐 커버가 씌워진 커다란 합판 상자에 담아 전국구 이사 업체 유-홀을 통해 보냈다. 상자는 일요일 아침 일찍 도착할 예정이었다. 여전히 뉴욕에 살고 있던 케브가 이사를 도와주겠다고 했지만 아침 일찍 일어날 자신이 없다며 토요일 밤 술집이 문 닫는 시간까지 술을 마신 뒤 우리 집 거실에서 자기로 했다. 그는 내가 그날 애스터 플레이스 케이마트에서 산 샤워 커튼을 몸에 두르고 잤고, 나는 욕실 수건 위에서 잠들었다. 새벽녘 숙취로 눈을 뜬 우리는 그 빈 공간에서 아홉 시간을 우두커니 앉아 상자가 도착하길 기다렸다. 당시 뉴욕에 살던 앤드루도 낮에 우리를 만나러 왔다.

그날 밤 8시 무렵에야 마침내 물건이 도착했다. 트럭 기사가 쇠지레로 상자를 겨우 열었고 우리는 약 15분 만에 가파른 계단을 따라 모든 물건을 옮겼다.

이사 중 유일하게 고장 난 물건은 턴테이블이었다. 대학 졸업반 때 아빠가 크리스마스 선물로 준 것이었다. 어느 날 퇴근 후, 이스트 5번가에 있는 김미김미 레코드에 들러 점원에게 수리공 연락처를 물었다. 그러자 그가 모퉁이에 놓인 턴테이블을 75달러에 팔겠다고 했다. 몇몇 부품과 스위치가 교체된 중고 테크닉스 SL-1200이었는데 완벽히 작동했다. 이따금 이베이에서 2000달러 이상에 거래되는 제품이었다. 그는 또 50장 정도의 중고 레코드가 담긴 상자를 5달러에 줬다. 며칠 뒤 가게를 정리하고 캘리포니아로 이사할 예정이라고 했다. 내가 뉴욕에 온 지 겨우 2주가 지난 무렵이었다.

이스트 빌리지는 내가 오기 10년 전쯤부터 이미 '한물갔다'고 평가받는 동네였지만, 스물넷이던 내게 그런 게 중요했겠는가? 나는 어디서든 항상 말을 더듬었는데 뉴욕 사람들은 D.C.나 필라델피아 사람들처럼 나를 측은하게 보지 않았다. 2번가에 있는 B&H 데어리의 카운터에 앉아 '브렉퍼스트 스페셜' 메뉴를 주문하며 버벅댔다. 그곳은 소박하지만 근사했고 손님들이 다닥다닥 붙어 앉아 있었는데, 카운터 직원 두 명은 내가 말을 더듬으며 주문하는 동안에도 묵묵히 자기 일을 했다. "스-스-스-스크램블"이라고 가까스로 말하는 데 시간이 걸려도 전혀 개의치 않았다. 지글거리는 철판 소리, 주걱 긁는 소리, 보울에 대고 거품기를 휘젓

16. 불확실한 미래

는 소리가 여전히 귓가에 생생하다. B&H의 조식 세트는 가히 뉴욕 최고의 가성비를 자랑한다. 달걀 요리, 가정식 감자튀김, 작은 오렌지 주스, 버터를 바른 할라 빵 한 접시에 커피 무제한 리필까지 이 모두가 단돈 7달러였다. 나는 그곳에 앉아 주변 대화를 엿듣고 《빌리지 보이스The Village Voice》를 넘기며 더할 나위 없는 만족감을 느꼈다.

화요일 밤이면 퇴근 후 전철에서 내려 이스트 4번가 KGB 바에서 열리는 낭독회로 향했다. 계단을 올라 촛불로 은은히 밝혀진 테이블 앞에 앉으면 동경하는 작가들이 자신의 작품을 낭독했다. 《슬레이트Slate》나 《아울The Awl》 등 내가 도저히 발을 들이지 못할 것 같은 영향력 있는 매체에 기고하던 작가들이었다. 낡은 원목 강연대 위에서 작은 데스크 램프가 그들의 원고를 비췄다. 그들 대부분은 유머를 구사하는 법과 청중을 장악하는 법, 전략적으로 중요 부분을 짚어 원고에 생명력을 불어넣는 법을 알고 있었다. 집으로 돌아가는 길에는 마이크 뒤에 서 있는 내 모습을 상상하곤 했다. 그리고 동료 작가들이 존경 어린 시선으로 나를 응시하는 장면을 떠올렸다.

토요일에는 주로 애비뉴 A에 있는 오데사에서 퍽퍽한 터키 클럽 샌드위치와 눅눅한 감자튀김을 먹었다. 그 후 톰킨스 스퀘어 공원 벤치에 앉아 잡지를 쌓아두고 읽었다. 해질녘에는 아카데미 리코즈나 아더 뮤직에 들러 저렴한 음반들을 뒤적였고 밤이 깊어지면 퍼스트 애비뉴에서 L 열차를 타고 강을 건너 브루클린 베드포드 애비뉴에 갔다. 도미노 설탕 정제소 자리 맞은편에는 뉴욕에서 가장 뛰어난 라이브 공연을 선보이던 인디 공연장 세 곳—글래스랜즈, 285 켄트, 데스 바이 오디오—이 있었다. 10달러에서 15달러 정도면 시끄럽고 지저분하며 환기가 잘 안 되는 공연장에 들어가 파케이 코츠, 베이스 드럼 오브 데스, 셰넌 앤 더 클램스, 그리고 소니 앤 더 선셋 같은 인디 밴드의 공연을 볼 수 있었다. 대학 시절 알던 한 친구가 데스 바이 오디오 무대 뒤에 있는 작업실 겸 예술 공간에 살았다. 거기 들어가려면 이상한 복도를 지나야 했다. 문 하나를 열면 거대한 공장 같은 공간이 나타났고 금속 배관이 드러난 천장에 화물용 그물망이 늘어져 있었다. 임시로 만든 침실 중 하나는 1960년대 〈배트맨〉에서나 나올 법한 무거운 회전 책장 뒤에 숨겨져 있었다. 어느 밤 그는 나와 다른 친구를 데리고 옥상으로 올라갔다. 우리는 담배를 피우고 술을 마시며 파노라마로 펼쳐진 맨해튼 전망을 즐겼다. 어느 날 미디어 기업 바이스VICE가 입주하면서 모두를 쫓아냈다.

새 직장에 들어가고 이튿날에 2012년 대선의 밤을 보냈다. 허리케인 여파로 다운타운 사무실이 여전히 폐쇄된 상태라 우리는 펜 스테이션 근처에서 오래도록 자리를 지킨 AP통신 본사에 모여 긴 밤 내내 뭔가를…… 해야만 했다. 하지만 정확히 무얼 해야 하는지 뚜렷하지 않았다. 기본적으로 회사 산하 75개 신문사 사이에 **콘텐츠**를 공유하는 경유지 역할을 맡고 있으나 대선 밤에 대한 내 유일한 기억은 근처 NY 피자 슈프리마에서 가져온 피자 상자 더미였다. 이후 그곳 피자는 내가 뉴욕에서 가장 좋아하는 피자가 되었다.

우리의 진짜 사무실은 맨해튼 남단 근처, 5 하노버 스퀘어 빌딩에서 새로이 개조한 25층에 있었다. 매일 아침 월가 지하철에서 내려 나보다 훨씬 더 깔끔하게 차려입었지만 더 행복해 보인다고 할 순 없는 금융인들을 지나쳤다. 내 업무의 대부분은 엔터테인먼트 기사—영화 리뷰, 앨범 리뷰, 시상식 보도—를 우리 기업 신문들에 어떻게 배포할지 파악하는 일이었다. 그래서 전국에 있는 다른 편집자들과 수많은 전화 회의를 해야 했다.

나는 무엇보다도 이런 전화 회의가 싫었다. 통화를 시작할 때 내 문제를 공개할—제가 사실 말을 더듬어요—용기를 끝내 내지 못했고 숨기려고만 하다가 늘 실패했다. 새로운 상사가 내게 왜 그렇게 말하는지, 왜 회의가 시작될 때마다 낯빛이 붉으락푸르락 변하는지 물어본 적은 없었던 것 같다. 가끔 편집자들이 다음에 다시 전화할지 물으면 나는 어떻게 대답해야 할지 몰랐다. 그래서 그냥 식은땀을 흘리며 아무 말도 하지 않았고 다음 날에도 똑같은 패턴을 반복했다.

뉴욕을 사랑했고 이사 온 걸 후회하지 않았어도 일은 정말로 영혼을 갉아먹었다. 본질적으로 우리는 이미 힘겹게 버티고 있는 신문사들이 불필요한 중복 업무를 피하게 하려고 애쓰고 있었다. 이들 신문사의 기자들은 긴 시간 일하고 적은 급여를 받았다. 체인 중에서도 큰 신문사에 속하는 《덴버 포스트》는 오랫동안 자동차 대리점과 매트리스 기업에서 나오는 고가의 지면 광고에 의존해왔다. 하지만 2010년대 들어 이런 지역 비즈니스들은 소셜 미디어에 더 능숙해졌고 광고 예산을 페이스북으로 옮기기 시작했다. 그 결과 신문들은 점점 규모가 줄고 페이지 수도 줄었으며, 직원도 계속 감소했다. 그런 상황에서 우리 팀은 존재 가치를 정당화하려 노력했다. 포스트잇 메모지에 '혁신', '효율화', '일원화'같이 그럴듯한 단어를 적어 유리벽에 붙였다. 하지만 6개월이 지나기도 전에 나는 이미 다른 곳에 지원서를 내고 있었다.

그해 겨울 나는 뉴욕 공립도서관 로즈 리딩룸에 자리를 잡고 앉아 프리랜서로서 기사 아이디어를 내보려고 많은 시간 분투했다. 매주 수요일마다《빌리지 보이스》음악 편집자에게 기사를 제안했지만 응답은 없었다. 간신히《살롱Salon》에 기사 한 편을 게재하기로 했는데 출판 직전에 취소됐다.《페이스트Paste》에는 편당 25달러를 주는 짧은 앨범 리뷰를 몇 편 썼다. 그 와중에도 이력서는 계속 보냈고 아무런 소식을 듣지 못했다. 이제 뉴요커가 됐다는 사실은 아무 의미가 없었다. 여전히 뉴욕 미디어 업계에서 소외된 기분이었다. 인재 풀이 너무 컸고 모두가 서로를 알거나 아는 척했다. 기존 잡지 편집자들 중에 디지털 퍼스트 미디어가 무엇인지 알거나 관심을 보이는 이는 아무도 없었다.

대부분 일요일 아침에는 좀 있어 보이려고 오른팔에《뉴욕타임스》를 끼고 맨해튼 곳곳을 활보했다. 카페에 들락거리며 신문을 읽은 뒤 다 읽은 섹션은 다른 손님이 읽도록 두고 나왔다. 집으로 돌아갈 땐 10번가를 따라 걸으며 덩굴로 뒤덮인 고풍스러운 타운하우스의 창문 안을 들여다보기도 했다. 날이 포근하면 세인트 마크스 인 더 바우리 교회 앞 자갈길 광장에 줄지어 늘어선 벤치에 앉았다. 몇 년 후, 또 다른 말더듬이 하나가 같은 벤치를 지나 교회 안으로 들어설 터였다. 교회 안으로 수백 명의 인파가 모여 들고 그가 말을 시작할 때까지는 앞으로 무슨 일이 일어날지 아무도 모를 터였다.

17.

"제가 몸에서 빠져나가요"

2020년 1월 1일 아침, 브루클린 아파트에서 자다 깬 즈즈즈즈제롬 엘리스JJJJJerome Ellis는 몸이 아팠다. 새해 첫날이면 해마다 열리는 마라톤 낭독 행사에서 공연이 예정되어 있었다. 1971년 패티 스미스가 처음 공연했던 이스트 빌리지 세인트 마크스 교회가 행사 장소였다. 엘리스는 2분짜리 독백을 쓰고 연습하느라 몇 주를 보냈다. 그는 거리에서도 소리 내어 대사를 낭독하며 텍스트의 박자와 리듬을 완벽히 익히려 애썼다. 하지만 공연 당일 아침에 몸을 거의 움직일 수 없을 정도로 아팠다.

"수백 명의 관객이 모이는 건 예상했어요." 그가 내게 말했다. "그리고 이렇게 생각했죠. '관객 중에 말더듬이 내지 그들의 가족이 있고, (내가 해야만 하는 말이) 그들에게 도움이 된다면, 그걸로 충분히 가치가 있어'라고 말예요."

피로를 떨치고 몸을 일으킨 엘리스는 우버를 타고 다운타운 맨해튼을 거쳐 이스트 강을 건넜다. 교회 앞에 내린 그는 철제문을 지나 빛이 가득한 성소로 들어섰다. 그날 예술가 수십 명의 공연이 잡혀 있었다. 차례가 된 엘리스가 연단에 서서 두 손으로 마이크를 꼭 쥐었다. 흰색 터틀넥을 입어서 천사처럼 보였다. 공연이 시작된 지 몇 초 만에 그는 말을 더듬기 시작했다. 청중들은 그가 의도적으로 멈춘 건지 아닌지 알지 못했다. 반복적이고 긴 막힘이 지속되자 공연장은 무겁고도 집요한 침묵으로 채워졌다. 2분짜리 낭독이 10분 넘게 이어지도록 모든 이가 그의 이야기에 완전히 몰입했다. 7개월 후 그의 공연은 〈디스 아메리칸 라이프〉* 에피소드에서 수백만 청취자에게 방송될 예정이었다.

"생각해보면 소름 돋아요, 왜냐하면 두 갈래 길이 있었으니까요"라고 그날 아침 침대에 머물렀을 가능성을 인정하며 그가 말했다. 라디오에서 엘리스의 이야기를 들은 수많은 청취자들이 편지를 보내왔다. 시애틀 근방에 거주하는 한 심리치료사는 자폐 스펙트럼을 가진 어느 환자가 생각을 정리하는 데 어려움을 겪고 있다고 전했다. 그러면서 엘리스의 말막힘 경험 덕분에 치료에 접근할 새로운 아이디어를 얻었다고 말했다. 그녀는 환자와의 약속 시간을 하루 중 마지막 세션으로 옮겼고, 그 결과 환자가 점차 수행 압박을 덜 느끼면서 자신의 문제를 털어놓기 시작했다고 했다. "단지 말더듬이 핵심이 아니에요." 엘리스가 말했다. "이건 시간에 관한 것이죠."

---

* 미국 공영 라디오(NPR)에서 방송하는 유명한 팟캐스트 프로그램.

새해 첫날 그가 낭독한 글은 동등한 기회 제공이라는 명목의 규칙들이 종종 다른 무언가로 변질되는 현상에 대한 심사숙고를 담고 있었다. 다음의 마지막 부분을 읽던 그의 목소리가 달라졌다.

이 훌륭한 행사에 처음 초대받은 저는 2분이라는 시간제한에 놀랐습니다. 나중에 2~3분으로 늘어나긴 했죠. 저는 이 시간제한의 목적이 되도록 비위계적인 공간을 만들려는 것임을 직감적으로 이해했습니다. 그러나 시간제한은 하나의 위계를 제거하는 동시에 또 다른 위계를 생성합니다. 시간제한은 모든 사람이 비교적 동등하게 말하기 시간에 접근할 수 있다고 전제하지만 이는 사실이 아닙니다. 말더듬에는 정말로 예측 불가한 측면이 있어요. 아무리 연습을 많이 한다 해도 실제로 무언가를 말하기 전까지는 얼마나 걸릴지 알 수가 없습니다.

엘리스는 다재다능한 예술가다. 타고난 에세이스트이자 시인이다. 또한 피아노, 색소폰 등 여러 악기에 능숙한 작곡가이기도 한데 그의 음악은 클래식이나 재즈와 같은 기존 장르에 속하지 않는다. "제 작업 대부분에는 핵심 동기가 있어요. 스스로 존엄성을 회복하고, 유창하게 말하지 못하거나 어떤 식으로든 소외된 사람들의 존엄성도 회복시키는 거죠."

엘리스는 내가 이제껏 본 적 없는 방식으로 말더듬이 가진 힘을 활용했다. 몇 년 전 그는 이름 철자의 'J'를 다섯 번 되풀이해—

JJJJJerome—자신의 말더듬을 시각적으로 표현하기 시작했다. 새로 음악을 작곡할 때는 종종 웅웅거리는 저음이나 길게 늘어지는 소리에 의지해 음의 시작이나 끝이 뚜렷하지 않게 만든다. 색소폰을 연주할 때 가끔 첫 음에서 막히는 느낌을 받기 때문인데, 이 방식을 사용하면 첫 음에서 막히는 게 전혀 문제가 되지 않는다.

때때로 그의 예술은 자기 자신을 반영한다. 엘리스의 작품 중에는 자신의 새해 공연 녹음을 들으면서 말더듬을 필사하는 영상이 있다. 영상에서 그는 말이 막히는 동안 키보드 하나를 계속 눌러 한 줄을 입력한다. 화면에서는 마치 팩맨Pac-Man이 화면을 가로질러 움직이는 모습처럼 보인다.

"공연 중에 관객을 막힘의 공간으로 초대하려고 일부러 그 공간을 열어두기도 했어요. 다양한 방식으로 막힘을 피할 수도 있었거든요, 동의어를 사용하거나 즉석에서 구절 위치를 바꾸거나 해서요. 일상에서는 물론 자주 그러죠." 그러나 그는 자신이 외운 단어를 그대로 읽기로 했다. 자신의 말 막힘이 그 순간에 원하는 방식으로 존재하도록, 개입 없이 내버려두고 싶었다고 말했다.

버지니아 비치에서 자란 엘리스는 뉴욕으로 이주해 컬럼비아대학교에서 음악 이론을 공부했다. 이후 풀브라이트 장학 프로그램으로 브라질에 갔다. 유창한 포르투갈어를 구사함에도 남미에서 9개월을 지내는 동안 말더듬이 너무 심해 사실상 거의 말을 하지 못한 채 보냈다. 그는 브라질 친구들이 자신에 대해 그들의 언어를 배우려는 노력조차 하지 않는다고 생각할까봐 걱정했다. 그의 가족사에서 말하기는 독특한 역할을 맡는다. 엘리스의 할아버지, 증조할아버지, 고조할아버지는 모두 목사였고, 그의 어머니, 삼촌과 사촌 하나는 말더듬이였다.

"저는 복음주의 전통의 영향 아래서 성장하며 제 말더듬이 악마나 사탄의 짓일지도 모른다고 느꼈어요"라고 그가 말했다. 매주 예배가 끝날 무렵, 강대상에 올라간 엘리스는 말더듬을 '몰아내는' 치유 기도를 받았다. 더는 자신을 기독교인으로 여기지 않지만 여전히 매일 아침 기도한다.

말더듬이 그의 작업에서 중요한 부분을 차지하긴 해도 일상생활에서는 여전히 복잡한 감정을 느낀다. "때때로 제가 누군가의 시간을 낭비하는 것 같아 죄책감을 느껴요"라고 그는 말했다. "좌절하고 화나고 부끄럽기도 하죠. 하지만 동시에 매우 감사하고, 뭐랄까 축복받았다는 느낌도 들어요."

엘리스는 교회에서 배운 바와 반대로, 말더듬 덕분에 신과 더 가까워졌다고 고백했다. 그는 길고 고통스러운 말막힘이 다른 감정과 진실로 이어지는 문이 될 수 있다고 믿는다. 막힘이 시작되면 가슴이 조여오고 잠시간 숨이 멎기도 한다. 그는 긴 막힘이 시작되면 기도실에 놓인 기분이 든다. 이따금씩 신성한 존재나 한 번도 만나본 적 없는 조상들과 접촉하는 느낌을 받는다.

"말하자면 제가 몸에서 빠져나가요. 그러고는 막힘이 끝나야 다시 돌아오는 거죠." 그가 말했다. "마치 입이 현관문인데, 어딘가 뒷문을 통해 나가는 느낌이랄까요." 그는 소리를 찾아 헤매며 실시간으로 자기 자신을 내려다보는 기분을 묘사했다. 시간이 흐르는 순간순간 무슨 일이 일어나고 있는 건지 궁금해하며 기다리는 상대방의 모습을 본다. 그는 이 감각을 바위틈에 서서 강한 물줄기를 맞는 자신의 모습을 폭포 건너편에서 바라보는 상황에 비유한다. 자신의 이름을 말하려고 할 때 가장 자주 일어나는 일이다. "그 순간 자주 드는 느낌은, 제가 이름이 없는 사람 같다는 거예요. 막힘이 끝나야만 이름을 되찾거나, 아니면 세례를 받는 느낌이죠. 하지만 막힘의 공간에서는 몹시 이례적으로 자유가 솟아나는 순간이 있어요."

하지만 순간의 해방감이 말더듬으로 인한 평생의 고통을 온전히 보상하지는 못한다. 어린 시절 엘리스는 남자애들보다 여자애들을 더 편하게 느꼈고 그들과의 우정에 자연스레 더 끌렸다.

"저는 흑인 커뮤니티, 특히 흑인 남성의 영역에 언어에 대한 강한 규제가 있다고 느껴요. 특정한 방식으로 말하지 않고 특정 속어나 억양 내지 리듬, 즉 랩에서 큰 영향을 받은 리듬으로 말하지 않으면 집단의 일부가 아닌 거죠"라고 그가 말했다. "저는 말할 수가 없었어요. 그 억양과 어휘를 들을 수 있어도 따라 할 수는 없었던 거죠. 마치 제 악기로는 연주할 수 없는 곡 같았어요. 그래서 많은 시간 배제당한다고 느꼈죠."

엘리스는 나와 처음 이야기 나누기 몇 주 전부터 '달아난 노예를 찾는 광고'들을 분석하는 작업을 날마다 수행했다. 몇 달 동안 아침에 일어나면 온라인 아카이브에서 하나의 게시물을 선택했다. 작업을 계속하면 할수록 점점 대칭성이 눈에 들어왔다.

"백인 소유주들은 신문에 광고를 낼 때 노예들에 대해 묘사했어요. 그들이 입고 있던 옷, 흉터나 특징, 어디로 도망갔을지, 그리고 포상금 같은 내용이죠"라고 엘리스가 말했다. "수백 건의 광고에서 말더듬이나 언어장애를 가진 노예를 언급하고 있어요."

그는 이러한 광고를 더 많이 접하면서 '도망자runaway'라는 단어의 다양한 변주에 주목했다. 그리고 진짜 광고에 사용된 단어들로 문장을 만들기 시작했다. 말더듬이는 어떤 정부에서도 달아날 것이다 / 말더듬이는 말하기로부터 5마일이나 도망쳤다.

"말더듬은 유전이에요. 물론 저의 흑인성도 마찬가지죠. 저는 어머니에게 말더듬을 물려받았어요. 아마도 제 몸에 있는 말더듬은 조상들에게서 온 거겠죠. 제 어머니의 고향인 자메이카의 광고들도 많아요. 그런 광고들을 볼 때면 전율이 일어요. 아주 희박한 가능성이지만—그래도 가능성은 있지요—그중 한 명이 저의 조상, 말을 더듬는 노예였을 수도 있으니까요."

새해 첫날 세인트 마크스 교회에서 엘리스는 시민권 운동가 킴벌리 크렌쇼의 말을 인용하며 공연을 마무리했다. 서로 다른 것을 똑같이 대하면, 같은 걸 다르게 대할 때만큼 불평등을 초래할 수 있습니다.

약 1년 반이 지나고 엘리스는 링컨 센터에서 야외 공연을 앞두고 있었다. 우리는 저녁 식사를 위해 브루클린에서 만났다. 검은 가죽 야구 모자를 쓴 그는 가로등 불빛 아래 반짝이는 파란 바지를 입고 있었다. 피치스 핫하우스의 계산대에서 음식을 주문하던 우리는 각자의 메뉴 이름을 말할 때 어려움을 겪었다. 나는 '치킨 샌드위치'에서 말을 더듬었고 그는 '케일 샐러드'에서 더듬었다. 계산대 뒤의 점원이 어떻게 반응할지 지켜봤는데, 그녀는 인내심 있게 기다렸고 우리 둘에게 '그 시선'을 던지지 않았다. 엘리스는 말이 막힐 때 나처럼 고개를 휘젓거나 손을 움직이지 않는다. 아래를 내려다보는 대신 먼 데를 응시한다. 휘파람 부는 모양으로 벌린 입술엔 마치 투명 색소폰을 댄 듯하다. 그는 끝내 단어를 뱉어내고 아무 일도 없었던 것처럼 대화로 돌아온다.

저녁 식사를 마친 후엔 우리 집에 가서 음악을 들었다. 그가 선반에서 콜맨 호킨스의 앨범을 꺼냈고, 우리는 뮤지션들이 어떤 공간에서든 적응해서 연주해야 하는 방식이 말더듬이들의 상황과 크게 다르지 않다고 얘기했다. 몇 달 뒤 그는 자신의 바이닐 레코드 시제품을 들고 나를 찾아왔다. 우리는 소파에 앉아 그걸 함께 들었다. 그는 곡의 모든 악기를 직접 연주했다. 색소폰, 피아노, 신시사이저, 드럼 머신 외에 구술로 이뤄지는 부분도 있었다. 달아난 노예를 찾는 광고 중 하나가 노래로 탄생했다.

나는 그가 이름의 철자를 되풀이한 방식에 대해 많은 시간 숙고했다. 그는 다양한 방식으로, 최대 열다섯 개의 'J'에서 지금의 다섯 개에 이르기까지 실험했다. 그것은 시각적으로 아름다운 단어다. 앞부분에 있는 작은 곡선들은 우산 손잡이들의 행렬처럼 보이나 우산의 덮개, 즉 목적이 없다. 'JJJJJerome'을 소리 내어 읽어보면 그 자체에 음악적 리듬이 내재한다. 선호에 따라 '져-져-져-져-져'로 발음하면 〈베니 앤 더 제츠Bennie and The Jets〉에 일관되게 나오는 'b' 소리처럼 깔끔하고 리드미컬하게 들린다. 엘튼 존은 말더듬이를 조롱하려는 느낌을 전혀 주지 않고 오히려 음악적 도구로 사용하는 듯하다. 하지만 더 후The Who의 로저 달트리가 〈마이 제너

레이션My Generation〉에서 박자를 깨고 거친 말더듬을 선보인 방식으로 '져-져-져-져-져' 하고 발음하면 'j'가 귀에 몹시 거슬린다. 그렇게 읽으면 초등학교 5학년 때 학교 카페테리아에서 케니가 외쳤던 "즈-즈-즈-즈-즈-즈-즈-조오오오오오온!"이 떠오른다.

"제가 말하는 방식은 종종 시간의 흐름과 대립해요"라고 엘리스가 말했다. "말을 더듬는 순간 일종의 장막 같은 게 생기죠. 그것이 나에게서 비롯해 나로부터 퍼져나가고 있음에도 온전히 이해하지는 못해요. 그건 매우 강렬한 경험인데요, 제가 그것에 대해 엄청난 경외를 느끼기도 하거든요. 그럴 때 저는 '당신은—그래야만 해서—당신의 일을 하고 있네요'라고 생각해요. 그리고 스스로 통제할 수 없다는 것, 완전히 이해 못한다는 걸 알지만, 괜찮아요. 물론 여기까지 오는 데는 많은 시간이 걸렸죠."

18.

해고 통지서

 스물여섯 번째 생일을 나흘 앞두고, 나는 처음으로 해고당했다. 디지털 퍼스트 미디어는 회사 전반에 걸친 극단의 비용 절감 방안을 도입하기 위해 언론사 리더들로 구성된 위원회를 소집했다. 그들이 종국에는 회사 소유 신문 가운데 하나 내지 그 이상을 매각하는 방안을 권고하리라 많은 동료가 예상했지만, 위원들은 훨씬 더 효율적인 아이디어를 내놓았다. 바로 뉴욕 사무소를 폐쇄하고 그곳에서 근무하던 쉰여 명의 기자를 해고하는 것이었다. 그해 봄 《뉴욕 타임스》는 이렇게 보도했다. "2년 만에 문 닫은 야심 찬 신문 프로젝트."

 불과 3년 전 《뉴욕 타임스》의 미디어 칼럼니스트 데이비드 카는 디지털 퍼스트 미디어의 CEO 존 패튼을 심층 취재해 기사를 썼다. 기사 말미에는 다음과 같은 내용이 나온다.

패튼 씨의 귀에는 모든 종류의 시계가 분주히 돌아가는 소리가 들린다. 그의 신문사들은 주로 인내심이 많지 않기로 유명한, 헤지펀드와 투자은행들이 소유하고 있다. 디지털 매출의 비중이 그토록 빠르게 증가하는 이유 중 하나는 비교 대상인 인쇄 매체의 매출이 급격히 하락하고 있기 때문이다. 복음 전도사 같은 면모가 있는 그는 자신이 현실주의자라고도 말한다.

패튼은 우리가 일하는 오픈형 사무실 뒤쪽 모퉁이에 자리한 화려한 원목 책상 뒤에 앉아 있곤 했다. 나는 그에게서 3미터가량 떨어진 곳에서 밝은 녹색의 가림막으로 구분된 익명성 가득한 긴 흰색 테이블의 한 자리에 앉아 일했다. 일한 지 1년 반이 채 되지 않아 해고 통지서를 받았다. 반갑진 않았어도 필요한 자극이었다. 더는 새로운 일을 찾지 않을 핑곗거리가 없어졌다.

말더듬이에게 구직 활동은 특히 더 어렵다. 능력을 증명하려 계속해서 애써야 하고 면접 중에 말이 막히면 자신감을 잃는다. 물론 채용 담당자도 그걸 눈치챈다. 정말 고통스러운 과정이다. 구인 공고를 발견한 다음, 극도로 운이 좋다면 **혹시** 추천해줄 만한 사람을 **혹시** 알지도 모를 누군가에게 이메일을 보낸다. 보안 데스크에서 이름을 말하다 지독하게 말을 더듬는다. 땀으로 번들거리는 흐릿한 사진을 찍는다. 출입증을 받아 가슴 주머니에 꽂혀 있던 다른 회사 출입증 앞에 쑤셔 넣는다. 그러면서 당신이 붙지 못한 그 회사를 떠올린다. 면접 시작부터 끝까지 감당이 안 될 정도로 말을 더듬는다. 그러고는 그날 만난 모든 사람에게 아부를 섞어 감사 이메일을 보낸다. 그들의 동정을 두려워하면서도 약간의 동정을 바라는 스스로가 수치스럽다. 면접을 **완전히** 말아먹지 않은 경우 직무 수행 아이디어를 담은 메모를 작성해보라는 요청을 받는다. 이 열 장짜리 문서를 작성하는 데만 대략 서른 시간을 쏟고, 그것을 약 쉰네 번 정도 읽어본다. 자신만의 책상과 명찰, 명함, 그리고 발행 정보에 찍힌 이름까지 상상하며 아득해한다. 3주를 기다린다. 아무런 회신이 없다. 잠을 이루지 못한다. '확인차' 연락드린다는 어색한 이메일을 썼다 지우고 썼다 지우다가 보낸다. 계속해서 답이 없다. 자신을 비난한다. 트위터를 훑다가 당신보다 더 똑똑하고 재치 있어 보이는 누군가가 당신이 지원했던 자리에 붙었다고 올린 글을 발견한다.

그해 봄 콘데 나스트Condé Nast*에서 진행된 면접에서 인사팀과 대화하던 나는 심하게 말을 더듬다 거의 기절할 뻔했다. 채용 담당자는 애써 미소를 지어 보였지만 몸서리치고 있는 듯했다. 그녀는 와줘서 고맙다며, 바로 다음에 만나기로 한 《베니티 페어Vanity Fair》 편집장에게 확인 전화를 해주겠다고 말했다. 엘리베이터를 타고 위층으로 올라가서는 로비에 앉았다. 그리고 20분 동안 공황 상태에 빠져 있었다. 편집장을 만나 악수를 나누던 순간, 그의 첫마디는 대화가 시작되기도 전에 끝났음을 암시했다. "그게, 제가 지금 시간이 별로 없어서······."

---

* 뉴욕에 본사를 두고 《보그》, 《뉴요커》, 《베니티 페어》 등을 발행하고 다양한 프리미엄 콘텐츠를 제작하는 미국의 글로벌 미디어 기업.

같은 주에 《스핀》에서도 면접이 있었다. 내가 더 선호하는 회사였다. 다른 회사보다 훨씬 좋은 동네에 자리한 건물에서 《바이브VIBE》와 공간을 공유했다. 나는 편집장의 사무실에 들어가 앉았고, 음악과 글쓰기에 대해 이야기하던 우리는 금세 죽이 잘 맞았다. 그는 내가 말을 더듬어도 전혀 신경 쓰지 않았다. 우리는 한 시간 넘게 대화를 나눴고, 미소 짓던 그는 곧 연락을 주겠다고 말했다. 나더러 예감이 좋다고 했다. 나흘 뒤 받은 편지함을 열자 그에게 새 메시지가 와 있었다. 심장이 두근거렸다. 됐어. 드디어 내 인생이 바뀌는 거야. 메일에서 그는 자신이 해고된 사실을 알려주었다.

그해 봄 내겐 마지막으로 시도해볼 기회가 하나 더 있었다. 물론 가능성은 낮았다. 반년 전 《에스콰이어》 디지털 부문 직책에 지원한 적이 있는데, 직무 수행 보고서 제출 단계까지 올라갔으나 결국 붙지는 못했다. 그런데 이번에 내부 인사이동이 진행되면서 새로운 자리가 생길지도 모른다는 소식을 접했다. 나는 오후 2시로 예정된 데이비드 그레인저 편집장과의 면접에 45분이나 일찍 도착했다. 우선 센트럴파크 외부에 있는 콜럼버스 서클 분수 주변 돌난간에 앉아 태양을 바라보며 숨을 골랐다. 허스트 타워 에스컬레이터를 타고 중간층으로 가는 동안, 뜻밖에도 마음이 차분해짐을 느꼈다. 엘리베이터를 타고 거울 벽을 바라보며 머리를 매만졌다. 오랜만에 내 모습이 편안해 보였다. 21층에 도착하자 한 임원 보조가 나를 안내해 1960년대 황금기를 대표하는 인물—무하마드 알리, 앤디워홀—이 장식한 표지 액자가 전시된 복도를 지나

회의실로 데려갔다. 몇 분 뒤 그레인저가 여유로운 발걸음으로 들어왔다. 그는 매달 에디터 칼럼에 실리는 사진 속 모습 그대로였다. 상상했던 것보다 훨씬 더 온화한 그는 짧고 자신감 넘치는 어조로 말했으며 저널리즘에 관한 질문은 거의 하지 않았다. 우리는 그냥 인생에 대해 이야기를 나눴다. 그는 회사에서 발행하는 아이패드 에디션에 관해 아이디어 보고서를 보내달라고 요청했고, 몇 주 뒤 다른 편집자와 만날 수 있도록 다시금 나를 불러주었다. 마침내 합격 통보가 왔을 때, 나는 주저앉을 뻔했다. 모든 것이 너무나도 꿈만 같았다.

그레인저는 나를《에스콰이어 위클리》, 즉 월간 매거진의 태블릿 전용 별책판 부편집자로 고용했다. 기억하겠지만 그때가 2010년대였다. 잘나가는 출판사들이 아이패드 전용 제품 같은 디지털 요소와 화려한 기능이 출판 산업을 구원하리라 믿던 시기였다. 독자들이 기꺼이 돈을 지불하는 유일한 콘텐츠가 고품질의 스토리라는 사실을 권력자들이 깨닫기까지는 그로부터 거의 10년이 더 걸렸다. 나는 짧은 이야기들을 소개하는 '이번 주 미국 남성의 삶'이라는 특집을 담당했다. 미국 전역의 지역신문과 방송에서 짧은 기사들을 수집해 읽기 좋게 구성한 뒤 매호 첫 섹션에 기재하는 코너였다. 당시 내가 썼던 글들을 몇 개 찾아봤다.

2014년 6월 5일

바다를 여행한 편지들

유타주에 사는 클린트 버핑턴은 가족과 함께 카리브해를 여행하던 중 발견한 유리병 속 편지를 살펴보았다. 이번이 예순 번째였다. 그는 지금까지 발신자의 4분의 1과 연락이 닿았으며 그중 네 명은 직접 만났다고 밝혔다.

생명을 구하고 사라진 영웅

플로리다주 세인트 어거스틴 해변에서 어느 이십 대 초반 남성이 도움을 요청하는 여성을 발견했다. 해 질 무렵 그녀는 해안에서 약 100야드 떨어진 곳에서 비명을 지르고 있었다. 그는 그곳으로 헤엄쳐 가 그녀를 안전한 곳으로 데리고 돌아왔다. 숨을 고른 후 여성이 무사하다는 것을 확인한 그는 누군가 그의 이름을 묻기도 전에 자리를 떠났다.

카페인 충전이 절실했던 순간

뉴욕의 칼 플레이스에 있는 던킨도너츠에 모닝커피를 사러 온 한 구급차 기술자는 공교롭게도 일산화탄소 감지기를 착용하고 있었다. 갑자기 감지기가 작동했고—오븐 통풍구에서 누출된 가스를 감지했다—그 덕분에 직원들은 목숨을 구할 수 있었다.

나는 매주 이런 짧은 이야기들을 약간씩 편집했고 가끔 웹사이트에 올릴 블로그 포스트를 작성하기도 했는데, 일은 기본적으로 그게 다였다. 주어진 5일 동안 너무 **한가한** 나 자신이 불안하게 느껴지곤 했다. 그럼에도 매일 아침 일찍 사무실에 나가 밤늦도록 남아 있었다. 그레인저는 항상 가장 먼저 출근해 있었다. 동틀 녘 교외에 있는 집에서 차를 몰고 나온 그는 에이스 애비뉴가 내려다보이는 자신의 사무실 가죽 소파에 앉아 《뉴욕 타임스》를 읽었다. 아침 제작 회의가 열리기 훨씬 전에 신문 한 부를 통째로 읽고 나면 다른 신문 한두 부와 다양한 장문의 특집 기사 초안까지도 소화했다. 그는 사무실을 돌며 모든 직원의 이름을 불러 인사를 건네고 항상 눈을 맞추었다. 그가 다가오는 걸 감지할 때면 나는 대답을 연습하곤 했다. 안녕하세요…… 안녕하십니까…… 내게 '아' 발음은 여전히 어려웠다. 결국 나는 빠르게 고개를 끄덕이며 '나오셨어요!'라고 인사를 건네기로 했다.

2014년 7월 21일 월요일, 그레인저가 내 책상으로 다가왔다. 그는 옆자리 빈 의자에 앉아 무릎 위에 양팔을 올리고 몸을 앞으로 기울였다.

"안타까운 소식을 전해야 할 것 같네."

허스트Hearst가 《에스콰이어 위클리》를 폐간한다는 소식이었다. 나는 엄청난 혼란에 빠졌다. 속이 메스꺼웠다. 그는 나를 14층으로 데려가 인사팀과 만나게 했다. 이제 또다시 똑같은 패턴이 반복되고 있었다. 복지 담당자가 아무런 감정을 싣지 않고 '다음 단계'라는 제목의 회사 서류를 하나하나 설명해주는 모습을 보며 귀를 기울이지 않았다. 건물을 나와 센트럴파크로 향하며 믿을 수 없다는 생각만 했다. 디지털 퍼스트 미디어 때와는 달랐다. 내 오랜 꿈이던 《에스콰이어》가 이제는 악몽이 되어버렸다.

무슨 일이 있었는지 정확히 알 수는 없었다. 나와 나이가 같은 동료 편집자 네이트는 다른 자리로 옮겨갔다. 왜 나에게는 같은 기회가 주어지지 않았는지 궁금했고, 맞든 아니든 나는 내 말더듬을 탓했다. 책상에서 어려운 전화 인터뷰를 간신히 해낼 때마다, 마치 고등학교 1학년 첫날 교실에서처럼 사무실의 공기가 변하는 것을 느꼈다. 내 말더듬이 이렇게 심각한 줄 몰랐을 테니, 그걸 핑계로 나를 내보내려는 게 아닐까. 여름 내내 이 생각이 머릿속을 떠나지 않았다. 《에스콰이어》의 디지털 디렉터인 마이크는 단지 회사의 예산 문제로 발생한 '후입선출' 상황일 뿐이라고 확신시켜주었다. 그레인저 역시 내 작업이 "뛰어났다"고 말해주었다. 하지만 나는 여전히 물에 빠져 허우적거리는 느낌이었고, 모두가 그걸 지켜보는 기분이었다.

다음 날 출근하자 그레인저가 나를 사무실로 불렀다. 그는 위로 차원의 보상을 제안했다. 내가 새 직장을 찾을 때까지 웹사이트 계약 블로거로 일하게 해준다고 했다. 나는 임시직 에이전시에 등록했다. 언젠가는 일이 끊기겠지만, 그래도 무언가가 생겨서 다행이었다. 나는 고맙다고 말하고 몇 달 내내 일찍 출근하고 늦게 퇴근했다. 동료들은 계속해서 "그 일은 유감이야"라고 말했고, 나는 웃으며 고개를 끄덕이다 얼른 화제를 돌렸다. 다른 직장을 찾기 시작했지만, 사실 다른 직장을 원하지 않았다. 여기, 이 건물에서, 이 책상에서 일하고 싶었다. 그러던 중 10월에 또 다른 변화가 있었다. 새로운 디지털 편집장이 들어왔고 그가 다시금 나를 정규직으로 고용했다. 그해 내 세금 내역은 엉망이었다.

그 무렵 형과 나는 관계 회복을 위해 노력 중이었지만 과정이 순조롭지 못했다. 해마다 추수감사절과 크리스마스를 비롯해 아무 날이나 만나면서도 여전히 자연스럽게 가벼운 대화를 나눌 만한 수준에 도달하지 못했고 깊은 이야기를 나누는 일은 거의 없었다. 정확히 말하자면 형이 나보다 더 많은 노력을 기울이고 있었다. 나는 형의 사소한 행동에서도 진심을 느꼈다. 그는 내가 워싱턴 D.C.에 갈 때마다 야구 경기에 데려갔고 밥값이나 술값을 내주었다. 1월 말 형은 자신의 서른한 번째 생일을 기념해서 기차를 타고 뉴욕에 놀러 왔다. 그 주말의 시작은 순조로웠다. 형과 제니는 내가 《에스콰이어》 사무실을 안내해줄 때 진심으로 자랑스러워하고 감명받은 눈치였다. 당시 나는 에밀리라는 여자친구와 데이트 중이었는데, 그녀가 루시앙이라는 레스토랑을 예약해주어 다 함께 식사를 했다. 내가 예전에 살던, 이스트 빌리지 아파트 맞은편에 자리한 항상 붐비는 프렌치 레스토랑이었다. 저녁 식사 후 우리는 블리커 스트리트를 따라 서쪽으로 걸으며 형의 대학 친구와 제니의 오빠를 만난 뒤, 그날 밤의 마지막 행선지인 코미디 셀러Comedy Cellar로 향했다.

코미디 클럽이 말더듬이들에게 위험한 장소이긴 하지만 내겐 나름의 전략이 있었다. 코미디언이 내가 앉은 방향으로 고개를 돌리면 재빨리 술잔을 내려다보며 눈에 띄지 않으려 했다. 아슬아슬한 장난을 하는 기분이 들긴 했어도 이 방법은 효과가 있었다. 나는 전에도 몇 번 그곳에 가봤고 그건 형도 마찬가지였다. 그런

데 여러 명이 함께 간 건 그때가 처음이었다. 자정 무렵 우리 여섯은 지하로 내려가는 계단을 따라 셀러의 반짝이는 흑백 간판을 지나쳤다. 진행자는 우리를 무대가 정면으로 보이는 큰 테이블에 앉혔다.

나는 에밀리 옆에 딱 붙어 앉았다. 형과 제니는 몇 자리 떨어진 곳에 앉아 있었다. 초반에 몇몇 코미디언이 무대에 올랐다 내려갔다. 더 웃긴 이도 있고 덜 웃긴 이도 있었다. 우리는 미소를 짓거나 웃었고 계속해서 술을 주문했다. 그러던 중 누구든 알 만한 이름이 소개됐다. 셰러드 스몰Sherrod Small. 그는 무대 위로 튀어 올라와 마이크를 스탠드에서 풀어냈다. 가득 찬 객석을 둘러보던 그가 나를 가리켰다.

"둘이 진지하게 사귀네!"

오, 안 돼.

나는 어깨 너머를 돌아보며 제발 다른 사람에게 말하는 것이길, 하고 빌었다. 하지만 아니었다.

"이름이 뭐야?"

"……"

"…………"

"………………"

"…………………"

당황스러웠다. 말이 심하게 막혔다. **아무런** 말도 할 수 없었다. 그러다 얼떨결에 이렇게 내뱉고 말았다. "저 여기서 왔어요!"

그가 어리둥절한 표정으로 웃으며 나를 쳐다봤다. 그는 내게 어디에서 왔는지 묻지 않았다. 이제 코미디의 소재를 찾은 셈이었다. 그는 농담처럼 자기가 흑인이라서 두렵냐고 물었다.

"아니, 농담 아니고, 이름이 뭐냐니까?"

"……즈"

"…………저"

말이 나오질 않았다.

"………………………………저"

"……………………………………………………………즈"

그가 웃었다. 관객들은 점점 긴장하기 시작했다.

"………………………………………………………………………………………………………저"

"………………………………………………………………………………………………………저"

나는 고개를 홱 젖히고 눈을 깜박였다. 목의 정맥이 불룩 솟아올랐다.

"……저"

"………………………………………………………………………………………………………저

저………………………………………………………………저……"

"……즈-즈-저-저-존."

잠시 동안, 공연장이 고요했다. 스몰은 실베스터 고양이처럼

눈을 가늘게 뜨고 관중을 둘러보았다. 그러더니 배꼽을 잡고 웃음을 터뜨렸다.

"뭐 하는 사람이야?"라고 그가 물었다.

"…………저…………

"……………저는………………

"………………………………………저는………………"

사람들은 몸을 웅크리고 키득거렸다. 누군가는 짜증 섞인 한숨 소리를 냈다.

"………………………………………………저-어……저는……………………………………"

그때 형이 나 대신 대답을 외쳤다.

"그는 저널리스트야!"

옆쪽에서 형과 제니가 스몰에게 '그만해'라는 고갯짓을 하는 게 살짝 보였다. 하지만 그게 상황을 더 악화시켰다. 스몰은 얼굴을 일그러뜨린 채 두 사람의 제스처를 흉내 내며 흥분했다. 손가락을 들이밀더니 마이크에 대고 "엿 먹어!"라고 외쳤다. 나는 여전히 말이 막힌 채 몸을 들썩이고 있었다. 눈을 빠르게 깜빡이며 테이블만 내려다봤다. 스몰은 웃으면서 고개를 젓고 나서야 다른 관객에게로 마이크를 넘겼다.

그 순간이 한 시간처럼 느껴졌다. 실제로는 2분도 채 안 되는 시간이었다. 나는 에밀리를 향해 긴장 어린 미소를 지어 보이며 심박을 진정시키려 애썼다. 내가 부끄럽다기보다는 같은 테이블에 앉은 다른 이들이 안타깝게 느껴졌다. 그들은 마치 자동차 사고를 목격한 표정을 짓고 있었다. 쇼가 끝난 후, 우리 여섯은 아무 일도 없었던 것처럼 어색하게 행동했다. 우리는 셀러 밖에서 작별인사를 나눴고 형과 제니는 호텔로 돌아갔다. 에밀리와 나는 택시에 올라탔다. 문이 쾅 닫히자마자 그녀가 흐느꼈다. 브루클린 다리로 향하는 꽉 막힌 도로 위에서 우리는 아무런 말이 없었다.

주머니에서 진동이 느껴졌다. 형의 문자였다. 그는 내가 난감한 일을 겪게 두어서 미안하다고 말했다. 무대로 달려가 그놈 목을 졸라 죽이고 싶은 걸 겨우 참았다고도 했다. 나는 고맙다고 하면서도 별일 아니라고 안심시켰다. 우리는 어두운 공간에서 다시 볼 일 없는 사람들 틈에 앉아 있었고, 이런 일은 종종 일어나기 마련이니까. 더는 그 일에 대해 말하고 싶지 않았다. 바로 이것이 내가 어릴 적부터 난감한 상황에 대처하는 방식이었다. 억누르기. 다신 닿을 일 없는 깊은 곳에 묻어버리기. 인위적인 미소를 짓고 지나가기. 제니는 스몰을 향한 분노를 담아 트윗을 올렸다. 다음 날 아침, 스몰은 그녀에게 "좆까"라고 대꾸했다.

에밀리와 나는 더 이상 연인 관계가 아니지만, 지난 몇 년간 간헐적으로 연락을 유지하고 있다. 최근 나는 그날 밤 내 옆자리에 앉았던 그녀에게 어떤 기억이 남았는지 물었다.

"영화의 한 장면 같았어—너한테 스포트라이트가 비추는 것 같았거든—나는 맷과 제니를 봤고 두 사람도 나를 쳐다봤지만, 우리 모두 뭘 어떻게 해야 할지 몰랐어"라고 그녀는 말했다. "정말 슬펐지. 그리고 동시에 너무 화가 났고. 그 사람이 너에게 상처를 주는 것 같아서 한 대 치고 싶었어. 만일 내가 불렸대도, 사람들 앞에서 말할 때 너무 불안했을 테니—심장이 뛰고 손바닥에 땀이 차고 그랬겠지—그보다 백 배 더 긴장했을 네 심정이 가늠이 돼."

에밀리는 이제껏 내가 만난 이들 중 가장 공감 능력이 뛰어나고 사려 깊은 사람이다. 그날 밤 사건은 너무나 오래전 일이 되었지만, 아직도 그녀의 목소리엔 아픔이 스며 있었다.

"집에 도착해서 괜찮은지 물었잖아. 그때 네가 '응, 괜찮아'라고 하더라. 그 후 얼마 지나지 않아 너희 아버지가 뉴욕에 오셨었어. 이유는 잘 모르겠는데 그때 내가 그 일에 대해 다 이야기했어. 기억나?"

일주일 후 아빠가 일이 있어 뉴욕에 오셨다. 어느 밤 반려견을 산책시키고 들어오니 아빠와 에밀리가 대화를 나누고 있었다. 문을 열고 반려견의 목줄을 풀면서 나는 뭔가 잘못되었다는 것을 눈치챘다. 아빠의 표정이 서늘해져 있었다.

"아버지께 말하지 말았어야 하는데, 누군가에게 이야기하고 싶었어"라고 에밀리는 말했다. "아버지도 너와 함께 지내는 동안 그런 일을 수차례 겪으셨을 텐데 **너무** 속상해하시더라고. 아마 그런 아픔에서 널 지켜주지 못했다는 생각이 드셨나봐. 괜히 얘기를 꺼내서 너무 죄송했어."

우리 아빠에게 말하고 싶었던 에밀리를 탓할 수는 없었다. 나는 연인이었던 에밀리의 아픔은 말할 것도 없고 나 스스로의 아픔을 다룰 감정적 능력도 없었다. 나는 늘 강인해지려고 노력했다. 스스로 마음을 닫는 것 외에 무엇을 어떻게 해야 할지 알지 못했다.

그 일이 있고 나서 그날 밤에 대해 많이 생각했다. 6년이 지나서야 셰러드 스몰에게 연락을 취했다. 그가 나를 기억한다는 보장은 없었다. 그는 내게 그날 밤 공연장 어디에 앉아 있었는지 물었다. 격렬하게 말이 막혔던 당시 상황을 설명하자 그가 갑자기 떠오른 듯 말했다. 나는 그의 대꾸에 깜짝 놀랐다.

"아무도 그게 말더듬이라는 사실을 몰랐던 것 같아요. 어떻게 대처해야 할지, 우리 대화가 어디로 흘러갈지 몰랐으니 관객들도 불편했겠죠. 제 주변에도 말을 더듬는 사람이 있기 때문에, 그게 말더듬 증상인 줄 알았거나 언질을 주었더라면 더 나은 상호작용을 할 수 있었을 거예요"라고 그는 말했다.

나는 전통적인 의미의 말더듬—빠른 반복—을 거의 하지 않기 때문에 많은 이들이 내 말더듬을 어떻게 이해해야 할지 모른다. 파킨슨병이나 뇌전증 내지 다른 문제가 있는 게 아니냐고 묻는 사람들도 더러 있었다. 눈을 똑바로 보면서 "아니요, 전 말을 더듬어요"라고 대답하는 건 언제나 불가능하게 느껴졌다.

스몰은 끝내 사과하지 않았다. 그가 사과하길 기대했던가? 어쩌면 그랬던 것 같다. 그러나 그는 나를 동정하지도 않았다.

"그냥 간단히 얘기했으면 그런 일도 없었을 거예요, 안 그래요?" 그가 말했다. "사람들이 그런 얘길 불편해하는 건 알지만, 저와 당신 사이의 분위기가 결국엔 공연장 전체 분위기를 좌우했을 테죠."

뭇 사람들은 이 사건을 두고 무시무시한 말더듬 에피소드라고 할지도 모르겠다. 다른 관객의 특징을 조롱하는 코미디를 보며 내내 웃다가, 스포트라이트가 나를 향했다고 해서 채널 권리가 내게 있을까? 자신을 농담의 주인공으로 만들려고 시도한 수많은 말더듬이 코미디언들이 있다. 드류 린치, 니나 G, 〈하워드 스턴 쇼〉의 '말더듬이 존' 멜렌데즈 등이 그 예다. 왜 우리는 어떤 것에 대해서는 편하게 웃으면서도 다른 어떤 것을 두고는 마음껏 웃지 못할까?

나는 스몰에게 당시 일을 떠올리면 그렇게 **고통스러운** 건 아니라고 하면서도 그때는 너무 발가벗은 기분이 들어 어쩔 줄 몰랐다고 말했다.

"예기치 못한 적나라한 순간…… 무슨 말인지 확실히 알겠어요"라고 그는 말했다. "하지만 그런 순간에는 큰 힘이 있다고 생각해요. 그런 걸 빌어먹을 **무언가**로 보지 않을수록 모두가 더 편안해지겠죠. 이불 속에 숨기거나 비밀로 지키려다 더 엉망이 돼버릴 수 있어요."

만일 내가 더 당당하게 받아치며 그의 대꾸에 반응했다면 어땠을까? 스몰과 나는 계속 이야기를 나누었고 대화가 이어지는 동안 몇 차례 웃음을 주고받기도 했다. "연락해줘서 정말 기뻐요, 정말이에요." 그가 말했다.

이후 마음이 한결 가벼워졌다. 하지만 내가 미처 말하지 못한 건 무엇일까 곰곰 생각에 잠겼다.

19.

봉인된 상자

　드라마 〈소프라노스〉 초반 에피소드에 나오는 심리상담 장면을 종종 떠올린다. 멜피 박사가 토니에게 불안과 우울감을 털어놓도록 부추기는 장면. 토니는 눈을 번뜩이며 격분한다. "진짜 남자는 다들 어디로 갔죠? 우직하고 과묵한 사람들이요. **그게** 바로 미국인이잖아요. 자기 감정을 들여다볼 새가 어디 있어요. 그냥 해야 할 일을 했을 뿐이죠."

　누구라도 상담을 받으라는―혹은 다시 받으라는―말은 듣기 싫어한다. 우리 세대는 상담과 실패를 연관 짓는 문화 속에서 자라왔다. '누군가와 이야기를 해봐야 하는' 이들은 나약하고 앞가림을 제대로 못한다고 간주되며, '정상'이라면 다들 그러고 살듯 참아내고 견뎌야 한다고 믿는다.

　나 역시 수십 년 동안 그렇게 믿었다. 어릴 때는 언어치료사들을 만나야 했는데, 그건 내가 반 친구 중 누구에게도 없는 못난 문제를 지녔기 때문이었다. 나는 남들과 달랐고 '정상적인' 사람들은 그 조그만 방에 가지 않았다. 대학에 가면서 조 선생님과의 치료도 중단했다. 열여덟 살은 언어치료를 받기엔 너무 나이 든 것처럼 느껴졌다. 펜실베이니아주립대나 덴버에서, 그리고 뉴욕에서도 새 치료사를 찾아보려는 생각은 전혀 없었다. 할 만큼 했다고 생각했다. 물론 여전히 날마다 말을 더듬었고 언어장애를 무시할 수는 없었지만, 나는 내게서 수치심을 분리하는 데 능숙했다. 통화를 엉망으로 하거나 직장에서 어색한 자기소개를 건네고, 혹은 파티에서 누군가 나를 앞에 두고 비웃는 상황을 마주하고도 아픔을 무시하는 척했다. 나는 스스로 내가 강하다고, 천 번이나 이런 모욕을 겪으며 강하게 다져졌다고 되뇌곤 했다. 유창하게 말하는 법은 몰라도 견뎌내는 법은 알고 있었다.

그런데 사실 이런 순간들은—코미디 셀러에서의 그 밤처럼—나를 가볍게 스쳐 지나가지 않고 의식에 스며들어 심연으로 흘러갔다. 나는 그것들을 모두 뱃속 깊숙한 데 있는 봉인된 상자에 욱여넣었다. 시간이 갈수록 상자는 점점 더 커지고 무거워졌다. 그 안에는 부끄러움만 있었던 게 아니라 해결되지 않은 어린 시절의 트라우마도 담겨 있었다. 상자를 절대 열지 않는 한 나는 괜찮을 거라고 생각했다.

그러던 어느 날, 상자가 갑자기 발칵 열리고 말았다.

2017년 봄, 《에스콰이어》의 취재를 위해 텍사스주 오스틴으로 넘어가 사우스 바이 사우스웨스트*를 참관했다. 알라모 드래프

트하우스 극장의 어두운 좌석에 혼자 앉아 다큐멘터리 〈더 워크〉에 대한 메모를 끼적이고 있었다. 폴섬 주립 교도소 내부에서 열린 집중적인 그룹 치료 세션을 카메라에 담아낸 영화였다. 범죄로 유죄판결을 받은 사람들이, 감옥에 가본 적은 없지만 꽁꽁 묻어둔 문제들로 삶에서 고통받는 외부 방문자들과 나란히 앉는다. 나흘간 수감자와 일반인 모두 서로를 몰아붙이며 내면의 고통을 드러내게끔 한다. 초반에는 많은 참가자가 저항한다. 여러 남성이 이 작업을 비난하고 비웃으며 형식적으로만 응하는 모습을 보인다. 하지만 종국에는 모두 감정의 둑이 터지고 만다. 일부는 그룹 치료 참가자의 특정 발언이 자신의 억눌린 고통을 찌르자 맹렬한 분노를 터뜨린다. 주먹질하며 몸부림치기도 한다. 목에서 핏줄이 튀어나올 정도다. 외부 방문자 중 한 사람인 브라이언은 마치 가슴에서 악마가 솟구치듯 깊은 데서 우러나는 소리로 울부짖는다. 하지만 이런 격렬한 분노가 폭발한 후에는 눈물이 뒤따른다. 일부 참가자는 거의 탈진한 듯 주저앉아 마침내 억눌린 고통을 몸 밖으로 꺼내놓는다. 브라이언의 경우, 주먹을 휘두르고 소리를 지르다 울음을 터뜨리고 나서야 낯빛이 변한다. 감정이 극적으로 분출되는 장면이었다. 여러 수감자가 그를 제지해야 할 정도였다. 폭발이 지나간 뒤, 브라이언의 눈빛은 더 밝아졌다. 그는 말 그대로 완전히 다른 사람처럼 보였다.

---

* South by Southwest(SXSW). 매년 텍사스주 오스틴에서 열리는 세계적인 문화 행사.

극장에서 이 모든 장면을 지켜보던 나는 갑자기 흐느끼기 시작했다. 한 시간 넘게 울다가 소매와 노트를 눈물로 적셨다. 옆자리에 앉아 있던 관객이 조심스레 까슬까슬한 흰색 냅킨을 건넸다. 그것은 감정의 전이적 속성이었다. 나는 화면 속의 사람들을 통해 대리 경험을 하고 있었고, 치료 그룹에 속한 이들처럼 내면의 상자를 열고 있었다. 영화가 끝나자 탈진한 기분이 들고 혼란스러우면서도 동시에 안도감이 들었다. 과거에도 카타르시스를 경험한 적은 있지만 이번처럼 강렬한 적은 없었다. 나는 드디어 치료를 받아야겠다고 마음먹었다. 언어치료가 아닌 심리치료를. 그러나 정말로 용기를 내기까지는 1년이 넘는 시간이 더 걸렸다.

에밀리와 헤어지고 몇 달 후, 앤드루와 나는 그린포인트에 자리한 복도식 아파트를 계약했다. 거의 매일 저녁 우리는 기다란 이케아 소파에 앉아 갓 블레스 유에스에이 델리에서 포장해 온 치킨 덮밥을 먹으며 대화를 나누었다. 앤드루는 말을 잘 들어주는 친구다. 그 자신도 몇 년 동안 심리치료를 받아왔는데 늘 긍정적인 경험담만 들려주었다. 가끔 그는 이제 내가 그의 치료사를 찾아가야 할 때가 되었음을 넌지시 암시하곤 했다. 나는 "그래, 네 말이 맞는 것 같아"라고 애매하게 대꾸한 뒤 곧바로 화제를 돌렸다. 이런 식으로 몇 달 동안 계속해서 피해 다녔다. 문제를 피하는 것이 그것을 직면하는 것보다 더 안전하다고 느꼈으니까. 게다가 오스틴에서 그렇게 눈물 파티를 해놓고도 '심리치료사'라는 단어에 대해 내가 가진 미숙하고 고지식한 태도를 떨쳐낼 수가 없었다. 나는 정말 이 짐을 혼자 감당할 수 없는 걸까? 내가 그렇게나 엉망인 인간이란 말인가?

나는 허스트의 다른 부서에서 일하던 스티나라는 친구와 데이트를 시작했다. 그러다 곧 내가 예전과 똑같은 관계 패턴에 빠지고 있음을 깨달았다. 이십 대 내내 관계를 부정적으로 끌고 갔던 행동을 반복하고 있었다. 나는 의자 위에 놓인 빨래 더미처럼 사소한 것조차 나를 향한 공격으로 받아들였다. *네가 빨래를 이렇게 둔 건 나를 사랑하거나 존중하지 않기 때문이야.* 가족을 만날 일이 있으면 불안감에 시달리며 며칠 동안 잠을 이루지 못하기도 했다. 때로는 부모님이나 형과의 연락을 아예 피해버렸다. 2년 조금 넘게 만나오던 스티나와 나는 이제 하나의 전환점에 도달하고 있었다. 우리는 둘 다 서른 살이었다. 결혼 이야기가 나왔지만, 함께한 시간이 길어질수록 우리가 결혼을 해야 하는지 점점 의문이 들었다. 매우 독립적인 성격의 그녀는 한동안 다른 나라에서 살고 싶어 했다. 반면 나는 뉴욕에서 경력을 쌓고 있었고, 이 많은 친구들을 두고 뉴욕을 떠나는 건 상상도 할 수 없었다.

머릿속에 계속 이런 문장이 떠올랐다. *어떤 관계도 완벽할 수는 없어. 그냥 그러려니 하고 청혼해.* 나는 나 자신에게 몇 가지 과제를 부여해—그녀의 어머니에게 축복을 구하고, 반지를 사고, 청혼하자—기한 내에 중대한 일들을 마치려고 했다. 매 기한이 아무 일 없이 지나갔다. 7월 4일까지 '모든 것을 끝내리라' 결심했지만, 여름이 시작되면서 완전히 멈춰버렸다. 그녀와는 제대로 말도 할 수 없을 지경이었다. 매일 아침 깨어나면 폭발할 것 같은 기분이

들었다. 나는 조용히 생각했다. 내가 지금 신경쇠약 직전에 있는 걸까?

6월 초 어느 일요일 오후 앤드루를 만나 대화를 나눴다. 나는 그에게 이전에 느껴본 적 없는 무언가를 느끼고 있다고 고백했다. 이전에 내가 알던 불안이나 우울과는 달랐다. 브레이크 페달을 통제할 수 없이 질주하는 차에 올라탄 낯선 기분이었다. 이 불편함이 언제 멈출지, 내 속이 언제 편해질지 알 수 없었다. 다음 날 아침 앤드루는 그가 만나는 치료사가 추천한 또 다른 치료사의 이름과 번호를 문자로 보내주었다. 앤드루 역시 약간 슬럼프에 빠져서 이제 막 직장을 그만둔 상태였다. 아시아로 배낭여행을 계획 중이던 그는 갑자기 망설여진다고 말했다.

앤드루: 침대에 옷 다 펼쳐놨는데 그냥 쳐다보고만 있어

앤드루: 짐 싸기가 너무 싫어

나: 그냥 마감을 정해

나: 짐은 오후 1시까지 싼다, 이런 식으로

나: 아니면 아무 때나

나: 마감은 불안한 모든 일에 도움이 돼

앤드루: 완벽한 조언이네

그날 아침 나는 치료사의 번호를 휴대폰에 저장했다. 하지만 실제로 전화를 걸기까지는 몇 시간이 걸렸다. 빈 회의실에 조용히 들어갔다. 거친 목소리로 전형적인 뉴욕 사투리를 구사하는 남

자가 전화를 받았다. 나는 거의 말을 내뱉을 수가 없었다. 몇 초 후 그는 전화를 끊었다. 이건 신호일지도 몰라, 나는 스스로에게 말했다. 그리고 그런 생각을 한 스스로에게 화가 났다. 책상으로 돌아가 사이콜로지 투데이Psychology Today 웹사이트에 들어가 치료사의 프로필을 검색했다.

전문 분야:
불안
약물 남용
가족 갈등

나는 이메일을 쓰기 시작했다. 지금껏 수백 번은 보냈을 법한 문장이었다.

안녕하세요 조지 선생님,
통화 중에 전화가 끊겨버렸습니다……

다음 날 답장이 왔지만 우리는 몇 주 뒤에야 만날 수 있었다. 마침내 약속한 날이 다가왔을 때 나는 마지막 순간 하마터면 취소할 뻔했다. 지하철을 타고 웨스트 포스 스트리트에 내려 농구 코트 쪽으로 나와 6번가를 따라 걸었다. 조지의 사무실은 묵직한 금속문에 **에에에엥** 큰 소리가 나는 부저가 달린, 전쟁 이전에 지은 오래된 건물에 있었다. 엘리베이터가 6층까지 느릿느릿 올라갔고, 잡지와 백색소음으로 채워진 소박한 대기실 앞에서 문이 열렸다. 몇 분 뒤 안쪽 복도에서 나온 그의 안내로 사무실에 들어섰다. 배낭을 내려놓고 작은 가죽 소파에 앉았다. 조지는 몇 발자국 떨어진 안락의자에 앉았다. 곱슬곱슬한 회색 머리에 안경을 쓴 그는 직설적이고 현실적인 어투로 말했다.

"그래서, 무엇에 대해 이야기하고 싶으신가요?"

순간 나는 조 선생님과의 첫 세션을 떠올렸다. 두 사람은 생김새도 목소리도 달랐지만 다시 조그만 방으로 돌아온 기분이었다. 처음 조 선생님을 찾아갔을 때가 열다섯 살이었는데, 그로부터 15년이 흐른 지금도 여전히 그때처럼 길을 잃었다고 느끼고 있었다.

"……저-저는…… 음…… 몇 가지…… 해결해야 할 문제가 있어요."

조지는 언어치료사가 아니어서 우선 내 말더듬에 대해 설명해야 했다. 말을 할 때 나타나는 여러 특징들, 가령 멈춤이나 막힘, 시선 회피 등에 관해 미리 이야기하자 그는 고개를 끄덕였다. 그러고 나서 나는 최근 완수하는 데 실패한 마감들에 대해 털어놓았다. 조지는 분석하거나 끼어들지 않고 가만히 이야기를 들어주었다. 세션은 50분 동안 이어졌는데 끝나고 나니 그중 적어도 40분은 나 혼자 떠든 것 같았다. 그렇게 오래 말한 게 언제였는지 기억도 나지 않았다. 그렇게 많이 이야기하고픈 **열망**을 품은 적도 없었다. 하지만 이제는 내 안에 봉인된 상자가 조금씩 열리는 느낌이 들었다. 우리는 다음 주 약속을 잡았다. 집에 돌아가는 길에 1

달러짜리 피자 한 조각을 사 먹고 지하철을 탔다. 아파트에 도착했을 때 스티나가 어떻게 됐느냐고 물었다. 이미 무엇인가가 돌이킬 수 없게 변한 듯한 기분이 들었다.

그렇게 나의 주간 의식이 다시 시작되었다. 초등학교 때부터 익숙했던 그 의식. 약속한 시간이 가까워져오면 한참 전부터 약간의 메스꺼움을 느낀다. 약속 장소로 가는 길에는 고개를 숙이고 걷는다. 하지만 조지의 작은 방은 내가 이제껏 가본 방들과 달리 처음으로 집처럼 느껴졌다. 가구들은 사용감이 있었다. 환기구가 내다보이는 조그만 창문이 하나 있고, 책장과 작은 그림들, 그리고 밥 딜런의 사진이 끼워진 액자가 걸려 있었다. 이 작은 방에는 숨을 데가 없다. 오직 상담사와 나, 그리고 내가 지닌 문제(들)만 존재한다. 더구나 이제 어른이 되었으니 이곳에 오려면 내 돈을 내야 한다. 그곳에서 자신에게나 마주 앉은 이에게 거짓을 말하면 돈 낭비와 다름없다.

조지는 영화 〈굿 윌 헌팅〉에서 로빈 윌리엄스가 연기한 캐릭터를 떠올리게 한다. 그는 정신분석 용어를 사용하지 않고 노트패드에 메모도 하지 않는다. 서두르는 법도 없다. 그저 가만히 자리에 앉아 내가 말하도록 두고, 짧은 대답으로 내 감정을 인정해준다. 몇 주간의 세션이 지나고 나서야 내가 사실상 조지에게 스티나와의 관계를 끝내도 된다는 허락을 구하고 있었다는 사실을 깨닫는다. 그 말은 결국 내가 스스로에게 허락을 구하고 있었다는 뜻이기도 하다. 나는 조지에게, 때로는 사랑받을 자격이 없다고 느낀다고 말한다. 결혼이나 아빠 되기, 나중에 나이가 들어 지금보다 더 희끗희끗한 모습으로, 눈가에 주름이 생기고 팔에 털이 더 많아진 모습으로 살아가는 삶을 상상하면, 혼자가 될까봐 두렵다. 나는 늘 혼자가 되는 게 두려웠던 것 같다. 그래서 이해할 수 없는 관계에도 억지로 매달렸으리라.

7월의 어느 일요일, 해변에서 하루를 보내기 위해 스티나가 모는 차를 탄 우리는 리스 공원으로 향한다. 가는 내내 사소한 말다툼을 하고 도착해서도 별로 대화를 나누지 않는다. 집으로 돌아오는 길, 주차장을 빠져나오던 스티나의 차가 하마터면 다른 차 옆구리를 박을 뻔한다. 브레이크를 세게 밟은 탓에 안전벨트가 꽉 조인다. 작은 스마트카에 타고 있었기에 충돌했다면 둘 다 죽을 수도 있는 상황이었다. 나는 처절한 심정으로 천장을 강하게 친다.

"맙소사, 제발!"

스티나가 핸들을 세게 두드리며 울기 시작한다.

그리고 그때, 불쑥 말이 튀어나온다.

"내가 이사 나가는 게 좋을 것 같아."

"응, 그래야 할 것 같아." 그녀가 말한다.

집으로 돌아오는 길 내내 우리는 침묵한다. 그날 밤에도, 다음 날에도, 그다음 날에도 말이 없다. 수요일이 되자 나는 조지에게 이 이야기를 털어놓는다. 조지는 고개를 끄덕인다. 나는 아파트 매물을 보기 시작하고, 몇 주 뒤에는 새로운 임대계약서에 서명한다.

새로 이사한 집 거실은 매일 밤 바닥이 울리도록 음악을 틀어 대는 중동 음식점 위에 있다. 길모퉁이에 있는 쌀국수집의 단골이 된다. L자형 카운터에는 나처럼 싱글로 보이는 사람들이 휴대폰을 보거나 쌀국수를 먹으며 앉아 있다. 새 이웃들에게 내 이름을 말하려다 버벅대고 새 열쇠를 비틀어 새 문을 열곤 한다. 그리고 신용카드 회사에 전화해 주소를 변경하느라 헐떡이는 힘겨운 통화가 다시금 시작된다.

조지와 몇 번의 세션에 걸쳐 싱글 라이프 적응기를 나눈 다음 우리는 가족 문제를 풀어내기 시작한다. 한 번도 이야기해본 적 없는 내용들이다. 작은 방에 앉아서 엄마랑 아빠랑 형이 나를 어떻게 실망시켰는지에 관해 입 밖에 내는 일은 참 이상하다. 그런 이야기를 한다는 자체가 죄스럽다. 지금 이 글을 쓰면서도 마찬가지로 죄책감이 든다. 새집을 구했을 때 부모님은 오래된 에어컨을 가지고 브루클린까지 차를 몰고 와주셨다. 아빠는 그 에어컨을 침실 창문에 끼워 넣는 걸 도와주셨다. 일요일 늦은 밤 거실 바닥에 앉아 작은 이케아 책장을 조립하며 나무못을 두드리던 우리는 같이 욕을 해댔다. 엄마는 음식과 식탁 매트, 천 냅킨처럼 내가 구매 목록의 맨 밑으로 제쳐두었을 물건들을 가져와주셨다. 그러고도 며칠 뒤 치료사 앞에서 부모님이 여전히 날 이해하지 못한다고 말한다면 어떤가? 나를 한 번도 이해한 적이 없다고 말하는 건 어떻게 받아들여야 할까? 내가 정말 패륜아가 된 기분이었다. 하지만 조지는 눈 하나 깜빡이지 않았다. 그는 내가 계속해서 그 상자를 열기를 원했다. 특히 형과 관련한 이야기에선 더욱 그랬다.

형이 뭘 어떻게 했나요?
부모님은 왜 형을 그냥 놔두셨을까요?

최근 《롤링 스톤》에서 일을 시작한 나는 며칠간 출장을 위해 워싱턴 D.C.에 갈 예정이었다. 나는 형을 만나야만 했다. 이제 두 살 반이 된 조카와 여전히 서먹했다. 우선 형의 집에서 가족들이 다 모여 저녁 식사를 하기로 했다. 하지만 따로 이메일을 보냈다.

2018년 10월 8일

안녕 형,
수요일 밤 저녁 식사 기대하고 있어. 그런데 다음 주에 우리 둘만 따로 만나서 얘기 좀 하고 싶어. 화요일 점심이나 이른 저녁에 한잔할 수 있을까?
존

30분 후에 답장이 왔다.

안녕 존, 나도 네가 오는 날을 기대하고 있어. 화요일 이른 저녁에 한잔하는 게 좋겠네. 운동복 차림으로 가서 5시 30분이면 헤어져야 하지만, 오후 4시 30분에 스토니스에서 보는 거 어때? 21번가랑 L가 모퉁이에 있고 편안한 분위기야. 나는 먼저 가봐야 하지만, 혼자라도 더 있을 거면 그릴드 치즈가 맛있으니 꼭 먹어봐.

그는 한 시간도 채 되지 않아 메일 한 통을 더 보내왔다.

또 안녕 존,
내가 정신적으로 더 강한 사람이면 좋겠지만, 경험상 솔직하게 말하면 이런 아리송한 약속은 너무 신경이 쓰여서 기다리는 동안 진이 빠지거든. 이번에는 8일이나 남았잖아. 네가 어떤 이야기를 하려는 건지 힌트 좀 줄 수 있을까? 아니면 그냥 그 전에 전화 한번 해줄래? 화요일에 만나고 싶은 건 변함없어. 다만 8일 동안 추측하고 걱정만 하긴 힘들어서, 알겠지?
고맙다, 맷 보냄.

드디어 기회가 왔다. 더는 피하지 않을 것이다. 형과 나는 남자 대 남자로 마주 앉아 대화를 나눌 것이다. 겁이 났지만, 나는 준비가 되어 있었다.
지난 몇 달간 조지와 나는 우리 가족이 외면하려 했던 힘든 기억들을 처리하는 시간을 가졌다. 마침내 나는 형과 모든 것을 털어놓고 이야기하고 싶다고 그에게 말했다. 물론 이야기를 시작했을 때 형이 어떻게 반응할지 몰라 두려웠다. D.C.로 가는 날짜가 가까워지면서 조지와 나는 그의 사무실에서 대화를 연습하기 시작했다. 이따금 독백에 빠지면 조지의 얼굴이 흐려지면서 정말로 형과 대화하는 듯한 기분이 들기도 했다.

워싱턴으로 가는 암트랙 기차 안에서도 내가 하려는 말을 반복해서 연습했다. 유니언 스테이션에 도착하자 시간 여행자가 된 기분이 들었다. 마치 거대한 홀에서 연말 분위기로 장식된 기차 세트를 바라보는 어린 내 모습을 지나칠 것만 같았다. 텅 빈 스포츠 바에 일찌감치 도착한 나는 두 사람이 앉을 작은 테이블을 잡았다. 몇 분 후 형이 들어왔는데, 그는 내 기억 속의 형보다 나이가 들어 보였다. 우리는 어색한 악수와 가벼운 포옹을 나누고 인사를 주고받았다. 몇 분간의 뻔한 대화와 억지 미소가 이어졌다. 여기 정말 좋다. 요즘 잘 지내. 일도 괜찮고.

"그래서 무슨 얘기를 하고 싶은 거야?" 형이 물었다.

나는 첫 문장부터 더듬거렸다. 최근에 치료를 시작했고, 과거의 몇몇 일들을 해결하려고 노력 중이라고 말했다.

"잘된 일이네"라고 대꾸한 형은 맥주를 벌컥벌컥 들이켜며 시선을 돌렸다.

"그때 어땠는지 기억나?" 내가 물었다.

형은 내가 어릴 적 기억을 구체적으로 언급하기 시작하자 폭발했다. 나는 내가 심하게 말을 더듬을 때마다 그가 어떻게 비웃었는지 연기했다. 목을 꽉 조르고 굼뜨게 우는 소리를 내다가, 막힌 단어를 내뱉으라는 듯 이마에 손바닥을 대는 동작을 취했다. 그는 내가 거짓말을 한다고 주장했다. 더는 말을 못하게 하려는 것 같았다.

"대체 여기서 뭘 증명하려는 거야?" 그가 버럭 소리를 질렀다. 형의 눈에 낯선 두려움이 서려 있었다.

나는 형에게 내면의 봉인된 상자에 대해 말했다. "형 안에도 상자가 있어." 내가 말했다. "그리고 그 안에 내가 있어."

처음으로 내가 날마다 짊어지고 다니는 말더듬의 수치심에 대해 형에게 털어놓았다. 그는 별다른 대답이 없었다. 여러 번 자리를 뜨려 하다가도 결국 남아서 내 말을 들었다. 네 시간에 걸친 대화 끝에 건넨 어떤 질문이 형의 껍데기를 관통한 듯 보였다. 만일 누군가가 형의 아이를 괴롭힌다면 어떻게 대응할지 물었다. 혹시라도, 그런 일은 없어야 하지만, 형의 아이가 장애를 가졌는데 누군가로 인해 아이가 스스로 작아지는 기분을 느낀다면 어떻게 할 건지 물었다. 그는 나를 향해서가 아니라 이 가상의 상황에 분노했다. 존재하지 않는 그 누군가를 죽이려는 듯한 표정을 지었다. 손바닥으로 목덜미를 문지르는 형의 표정은 지쳐 보였다.

나도 지쳤지만 뭔가를 놓아주는 느낌이 들었다. 형에게 우리가 평생 어린 시절에 대해 얘기하면서 살아야 되는 건 아니라고 하면서도, 나는 이 말을 소리 내어 뱉어내야만 한다고 말했다. 형이 과거의 존재를 인정해주길 바랐으니까. 이는 조지와의 상담을 통해 깨달은 점이었다. 내 고통이 이렇게 많은 공간을 차지하는 이유는, 트라우마를 반복해서 다시 겪어서가 아니라, 우리 가족이 그 모든 일은 일어난 적이 없다는 듯 행동해서였다. 한결같이 상냥한 미소와 다양한 자기보호의 방식들이 내 경험을 무효화했다. **그것이** 아팠다. 나는 그걸 바꾸고 싶었고, 바꿔야만 했다. 하지만 다른 누군가에게 그걸 요구한다면 너무 지나친가? 형은 준비가 되었을까? 우리 부모님은 준비가 되었을까?

마침내 우리는 자리에서 일어나 포옹을 한 뒤 계산을 했다. 우리 둘 다 저녁을 먹지 않았다. 형은 평소보다 훨씬 늦게 집에 들어갔다. 나는 다이브 바에 가서 햄버거와 감자튀김을 먹으며 벽을 쳐다봤다. 이상한 밤이었다. 우리 관계가 스노우볼이라고 한다면, 그걸 흔들어놓았더니 작은 눈송이들이 바닥에 가라앉으려고 계속 부유하는 듯한 느낌이었다. 눈송이들이 오랫동안 가라앉지 않을 것 같은 예감이 들기 시작했다.

다음 날 저녁 형의 집으로 저녁을 먹으러 갔다. 그와 제니에게 포옹 인사를 하고 소파에 있는 조카 옆에 앉았다. 형과 나는 둘 다 자연스레 행동하려 했지만 어딘가 달라져 있었다. 형은 평소와 달리 나를 피해 다니는 느낌이었다. 내가 떠날 때 우리는 다시 포옹했다. 힘의 균형이 뒤집혔다. 나는 어떤 기분을 느껴야 할지 알 수 없었다.

20.

"우리 몸이 우리를 저버려서요?"

형과 대화를 나눈 지 두 달이 지나고 크리스마스를 엿새 앞둔 시점이었다. 그날 이후 뉴욕에 돌아온 나는 내가 더 강해졌음을 느꼈다. 나는 형에게 너무도 힘들었던 이번 대화가 단지 한 번의 에피소드로 끝나지 않고, 새로운 대화를 시작하고 우리가 새로운 무언가를 쌓아가는 계기가 되었으면 좋겠다고 말했다. 하지만 헤어지던 순간 그 생각을 얼마나 명확히 표현했는지는 잘 모르겠다.

그럼에도 나는 지난 10년간 느껴보지 못했던 편안함을 느꼈다. 내 안의 상자는 이전보다 조금 더 열렸고, 비록 완전히 비워지지는 않았어도 예전처럼 무겁지도 않았다. 6학년 때 여자친구 줄리나 대학 시절에 만났던 샘 이후 처음으로 누군가에게 온전히 나 자신을 드러낼 준비가 된 기분이었다. 이십 대 내내 여러 차례 누군가를 만나왔지만 데이팅 앱을 사용해본 적은 없었다. 그래서 이번에 한번 시도해보기로 했는데 시작하자마자 버겁게 느껴졌다.

나는 집에 가만히 앉아, 휴대폰 속 오래된 사진들을 스크롤하며 그럴듯하게 보일 만한 사진 대여섯 장을 골라보았다. 개인 기록을 끝없이 넘기다보면 머리가 엉망이 될 수 있다. 잊었다고 스스로를 속였던 사람과 장소 들이 다시 떠오르기 때문이다.

결국 로스앤젤레스 여행 중에 찍은 사진을 선택했다. 사진 속 나는 검은색 흰색 빨간색의 소용돌이무늬 벽화 앞에 서 있었다. 그 벽화는 고등학교 시절 가장 좋아했던 앨범 가운데 하나인 엘리엇 스미스의 《피겨 8Figure 8》 표지를 그대로 옮겨온 그림이었다. 한 손을 주머니에 넣은 채로 무심하고 태연하게 왼쪽으로 고개를 돌려 포즈를 취한 엘리엇의 모습을 떠올렸다. 그러나 벽화 앞에 선 나는 머저리처럼 웃고 있다.

연말 휴가를 앞둔 마지막 주 월요일 아침, 고개를 숙이고 휴대폰을 보던 나는 47번가에 다다라 전철에서 내렸다. 계단을 올라가 라디오 시티 뮤직홀의 간판이 반짝이는 6번가로 나왔다. 수많은 관광객이 그날 아침 열리는 〈크리스마스 스펙타큘러Christmas Spectacular〉 공연에서 전속 무용팀 로케츠Rockettes를 보기 위해 줄을 서 있었다. 나는 앱을 열었다. 스와이프. 스와이프. 스와이프. 새 프로필이 떴다. 검은 옷을 입은 갈색 머리의 아담한 여자가 내 사진 속 바로 그 벽화 앞에 서 있었다. 하마터면 휴대폰을 떨어뜨릴 뻔했다. 그녀의 이름은 리즈였다. 나는 메시지를 보냈다.

사진이 좋네요.

월요일 아침 9시 반도 채 안 된 시간이었다. 대체 내가 뭘 하고 있는 거지? 이 시간부터 스와이프하는 사람은 얼마나 절박한 사이코란 말인가?

몇 시간 뒤 그녀에게서 답장이 왔다.

그쪽 사진도 좋아요.

우리는 종일 음악에 대해 메시지를 주고받았다. 그녀의 음악 취향은 흠잡을 데가 없었다. 나는 그 주에 술 한잔할 시간이 있는지 물었다.

샬린즈 가본 적 있어요?
제가 가장 좋아하는 바예요.

다음 이틀은 고통스러웠다. 나는 계속 휴대폰을 들여다보며 시간을 확인했다. 약속 당일 밤 퇴근하면서 그녀에게 문자를 보냈다.

지금 전철 타러 가고 있어요. 제 미션 컨트롤 상태 보고합니다.

어디서 이런 말이 나온 거지? 내가 나인 것 같지 않았다. 그녀가 타이핑 중임을 알리는 세 개의 작은 점이 보였다.

지상 관제소에서 존 소령님께, 상태 업데이트 감사합니다.

그녀가 데이비드 보위를 얼마나 좋아하는지 떠올리자 미소가 지어졌다.* 플랫폼에 도착하니 기차가 막 들어오고 있었다. 통신이 끊기기 전에 재빨리 답장을 보냈다.

단백질 알약도 잘 챙겨 먹었으니 걱정 마세요.

그녀는 바로바로 반응했다.

승차권 잘 챙기세요, 지하철 신의 가호가 함께하기를.

45분 후 리즈와 나는 바 끝자리에 앉아 있었다. 잔잔한 음악이 깔린 어두운 공간. 바닥에 흘린 맥주 냄새가 바 안을 맴돌았다. 나는 여성과 이야기 나눌 때 한 번도 해본 적 없는 일을 하기로 마음먹었다. 대화를 시작한 지 15분도 채 지나지 않아 말더듬에 대해 털어놓은 것이다. 왜 그런 결심을 했는지는 전혀 알 수 없었다. 무언가가 내게 숨길 필요 없다고 말하고 있었다. 그녀는 테킬라 소다를 홀짝였다. 표정에는 전혀 흔들림이 없었다. 그녀가 고개를 끄덕이며 말했다. "나도 이런 게 있어요."

---

* 두 사람은 데이비드 보위의 유명한 곡 〈스페이스 오디티 Space Oddity〉 가사를 활용해 대화를 나누고 있다.

그녀는 나보다 키가 30센티미터 정도 작았다. 그녀가 옆으로 몸을 돌려 고개를 숙이자 두개골 위쪽에 길게 난 흉터가 보였다. 이내 자신이 지닌 문제에 대해 이야기하기 시작했다. 근긴장이상증dystonia이라는 신경계 장애였다.

"우린 공통점이 많아 보이네요." 내가 말했다.

리즈가 미소를 지으며 대꾸했다. "우리 몸이 우리를 저버려서요?"

그녀는 자신의 문제가 작은 데서 시작되었다고 말했다. 손에 문제가 생겨 펜을 쥐고 이름을 쓰는 게 힘들었다고. 십 대 시절 그 문제는 다리와 발로 번졌다. 대학 중반에는 다리가 하루 종일 심하게 뒤틀리고 경련을 일으켜 걷는 게 불가능해졌다. 결국 그녀는 휴학을 하고 뇌 수술을 받았다. 의사들은 그녀의 전두엽 양쪽에 두 개의 전극을 이식하고 목을 따라 전기선을 이어 가슴에 있는 페이스메이커 장치에 연결했다. 이 치료법은 뇌심부자극술Deep Brain Stimulation이라 불린다. 장치가 제대로 설정되고 작동하면 그녀의 근육은 대체로 정상적으로 기능한다. 그러나 장치가 제대로 작동하지 않으면 그녀의 몸은 다시 그녀를 저버리기 시작한다. 장치 배터리는 약 2년마다 소모되어 교체해야 한다. 그녀는 이 모든 이야기를 몹시 태연하게, 당황이나 수치심 따위의 불편한 기색 하나 없이 들려주었다. 나는 그냥 앉아서 모든 것을 제대로 이해하기 위해 귀를 기울였다. 술을 한 모금 마신 리즈가 미소를 지었다.

"내 몸의 일부는 로봇이에요." 그녀가 말했다.

지금 이 순간에는 평온해 보일지 몰라도, 늘 그랬던 건 아니라고 그녀가 설명했다. 그녀는 모든 것을 겪었다. 사람들의 판단과 동정, 그리고 자기혐오와 고립까지. 그녀가 이야기하는 동안 나는 매료되어버렸다. 그녀는 미소 지으며 내 손을 살짝 만졌다. 우리가 어떻게 서로를 찾아낸 거지? 우리 둘 다 각자의 이런 측면을 데이팅 프로필에 드러내지 않았다.

나는 음료를 올려둘 코스터 두 개를 집어 들었다. 우리는 바 뒤쪽으로 걸어갔다. 핀볼 기계들 대각선 방향 모퉁이에 주크박스가 걸려 있었다. 리즈는 지갑을 열어 1달러 지폐 몇 장을 꺼냈다. 우리는 한 손을 유리 위에 대고 함께 노래를 골랐다. 그녀가 선택한 곡들은 하나같이 완벽했다. 그녀가 화장실에 가려고 복도로 발길을 돌렸다. 그 복도는 강렬한 주백색 조명에 휩싸여 있었다. 이내 그녀가 고른 곡이 재생되기 시작했다. 페이브먼트의 〈골드 사운즈Gold Soundz〉였다. 내가 가장 좋아하는 곡이기도 한 이 노래 가사에는 내가 가장 좋아하는 문장도 담겨 있다. "과거를 완전히 떼어낼 수는 없어."

시간이 점점 늦어졌다. 나는 리즈에게 한 잔 더 마실지 물었고, 그녀는 그러겠다고 했다. 우리는 그날 밤, 그리고 그다음 날 밤, 또 그다음 날 밤까지 계속 함께 있었다. 밖에 나가지도 않았다. 그냥 레드 와인을 마시고 음악을 듣다가 〈찰리 브라운의 크리스마스〉를 봤다. 어느덧 크리스마스이브가 다가왔다. 나는 기차를 타고 필라델피아로 내려갔고 그녀는 비행기를 타고 고향인 로스앤젤레스로 갔다. 떨어져서도 우리는 끊임없이 문자를 주고받았다. 새해 전야에는 다시 뉴욕에서 만났고, 나의 절친 라이언, 매트,

카프리스에게 리즈를 소개했다. 우리가 함께 보낸 겨우 네 번째 밤이었지만, 천 번째 밤처럼 느껴졌다.

넉 달도 채 되지 않아 우리는 함께 캘리포니아행 비행기에 올랐다. 리즈가 나를 가족과 함께하는 유월절 식사에 초대했다. 우리는 며칠 더 시간을 내서 샌프란시스코로 간 다음 차를 빌려 태평양 연안 고속도로를 따라 내려가기로 했다. 4월 중순이라 날씨는 여전히 쌀쌀했어도 하늘은 파랗고 도로는 한산했다. 나는 대학교 2학년 때 잭 케루악의 책을 읽은 후부터 이 드라이브를 꿈꾸어왔다. 차창을 내리고 조지 해리슨의 〈올 띵스 머스트 패스 All Things Must Pass〉를 크게 틀었다. 2차선 도로가 구릉지를 따라 구불구불 이어졌고 아래로는 험준한 바위에서 파도가 부서지고 있었다. 그녀의 머리카락이 바람에 나부꼈다.

우리는 굽이를 돌아 빅스비 다리를 건너서 빅서 로지에 체크인했다. 다음 날 아침 동틀 녘에 일어나 울창한 레드우드 숲길을 걸으며 풍성한 산소를 깊이 들이마셨다. 파이퍼 비치로 차를 몰고 내려가서는 얼굴에 닿는 차가운 해무의 감각을 만끽했다. 가까이서 본 태평양은 각양각색을 뽐냈다. 때로는 청록색, 때로는 옥색, 또 때로는 짙고 어두운 쪽빛으로 보였다. 모래는 비현실적인 보랏빛을 띠고 있었다. 우리는 파도 사이로 솟아오른 거대한 바위 앞에서 어느 낯선 이에게 사진을 찍어달라고 부탁했다. 나는 리즈의 허리를 감싸 그녀의 패딩 재킷을 쥐었다. 멀리서 보면 행복한 표정이었다. 하지만 사진을 확대해보면 내 얼굴에는 수심이 가득하다.

리즈네 집에 가까워질수록 속이 울렁거렸다. 나는 유월절 세데르[유대교 전통 식사]에 참석해본 적이 없었다. 우리 둘을 포함해 열다섯 명이 그녀 부모님 댁 식탁에 둘러앉을 예정이었다. 약 두 시간 동안 돌아가며 유월절 말씀을 큰 소리로 읽을 터였다. 이런 식으로 소리 내어 무언가를 읽는 건 고등학교 이후 처음이었다.

라틴어 수업 시간이 떠올랐다. 나는 여전히 교실에 울려 퍼지던 웃음소리를 기억한다. 고대 로마에 관한 글을 한 줄씩 차례로 읽어 내려가야 했다. 내 뺨은 1000도쯤 될 듯이 달아올랐다. 고개를 숙인 채 교과서를 응시하던 시야가 흐릿해졌다. 첫 단어를 내뱉으려고 분투 중이었다. 하지만 소리가 나오지 않았다. 이제는 숨 쉬는 것조차 잊고 있었다. 구석 자리에 앉은 놈이 깔깔거리며 비웃었다.

여행 마지막 날 아침, 솔뱅에서 자고 일어난 우리는 폴라스 팬케이크 하우스 바 테이블에서 아침을 먹었다. 리즈는 내 안에 점점 쌓여가는 불안을 느낀 듯했다. 그녀가 내 무릎에 손을 얹었다. 이제 집에 가기까지 몇 시간 남지 않았다. 우리는 샌타바버라를 지나고 주마 비치를 지나, 말리부의 곡선 도로를 따라 달렸다. 해변을 따라 서퍼들의 캠핑카가 끊임없는 줄을 이루고 있었다. 고층 빌딩 같은 야자수들이 빠르게 스쳐 지나갔다.

지금 나는 중학교 시절을 떠올리고 있다. 특히 정말 힘들었던 형과의 밤들. 그럴 때면 방문을 닫고 짐을 싸서 떠나는 상상을 하곤 했다. 나는 여기에 오고 싶었다. 캘리포니아 남부 해안의 이 길고도 넓은 모래사장으로. 태평양을 바라보며 모든 것을 등지고 싶었다. 가족도, 과거도, 불안도, 말더듬으로 인한 모든 수치심과 고통까지도. 그리고 이제야 마침내 여기 와 있다. 하지만 내 문제도 여전히 함께 있다. 나는 새 여자친구 가족들에게 끔찍한 첫인상을 줄까봐 두려웠다. 리즈는 내게 소리 내어 읽기를 아예 건너뛰어도 된다고 여러 번 말해줬다. 훨씬 쉬운 선택이었다. 나도 그러고 싶었다. 하지만 그녀가 정말 내 운명의 상대라면, 그리고 우리가 내년에도, 그 이듬해에도 같은 식탁에 둘러앉게 된다면 어떻게 될까? 만일 우리가 우리만의 가족을 꾸리고 리즈가 유월절 전통을 이어가고 싶어 한다면? 그때도 나는 계속해서 숨어버릴 것인가?

기다란 저녁 식탁은 아름답게 차려져 있었다. 리즈의 어머니는 각 자리마다 작은 이름표까지 마련해놓는 등 기대 이상으로 정성을 다한 듯했다. 나를 포함한 모든 남자가 흰색과 파란색 야마카[유대교 전통 모자]를 쓰고 있었다. 각 접시 옆에는 가족의 하가다[유월절 텍스트] 묶음본이 놓여 있었다. 낭독은 시계 반대 방향으로 진행되었고 내 차례는 끝에서 두 번째였다. 나는 중학교 때처럼 문단을 세어가며 내가 낭독할 부분을 찾았다. 심장이 빨리 뛰기 시작했고 오른발은 테이블 아래에서 계속 후들거렸다. 이 시점에서는 아무것도 내 불안을 진정시킬 수 없었다. 리즈네 부모님은 식탁 양 끝에 앉아 계셨다. 그녀의 오빠 둘과 여동생, 몇몇 사촌과 친구도 자리에 함께했다. 그들 이름을 제대로 기억하지도 못했다. 이제 두 명만 지나면 내 차례였다. 나는 고개를 숙이고 누구와도 시선을 맞추지 않으려 애썼다. 순간 힐끗 리즈를 쳐다봤더니 그녀가 다정다감한 미소와 진심 어린 눈빛으로 나를 응시하고 있었다. 그녀는 내 손을 잡아 꼭 쥐었다. 모두가 책의 다음 페이지로 넘어갔다. 내 왼쪽에 앉은 리즈의 여동생이 마지막 문장을 마쳤다. 이제 내 차례였다.

이미 머릿속으로 대여섯 번쯤 읽었지만 소용없었다. 문장을 읊는 순간 분투가 시작되었다. 그래도 계속해서 문장들을 밀어냈다. 목소리가 떨리고 숨도 고르지 않았지만 모두 인내심을 가지고 들었다. 아무도 대신 텍스트를 읽으려 끼어들거나 서둘러 끝내려고 하지 않았다. 모두가 그냥 앉아 듣고 있었다. 문단 끝에 다다른 나는 한숨을 내쉬었다. 리즈가 다음 문단을 읽기 시작했다. 나는 맥박이 차분해지고 뺨이 정상적인 색으로 돌아오길 바랐다. 그리고 두 번째 하다가 낭독이 시작됐다. 세 번째, 네 번째, 다섯 번째 낭독도 이어졌다. 낭독할 때마다 유창해지진 않았어도 그저 나 자신이 말을 더듬게 내버려두었다. 결국 단어가 끝나고, 문장이 끝나고, 문단이 끝났다. 그러면 곧 다른 사람이 읽기 시작했다. 시간이 지나고 우리는 다 함께 브리스킷[유대교 전통 바비큐]을 먹고 웃고 노래하며 즐거운 시간을 보냈다. 식사 후에는 다 같이 동네를 산책했다. 리즈는 내가 너무 자랑스럽다고 말했다. 그로부터 6개월 후, 우리는 같이 살기 시작했다.

21.

조 바이든 기사와 편지들

나는 지금 도널드 트럼프를 물리칠 가장 유력한 후보인 미국의 희망과 마주 앉아 있다. 이따금 그는 시선을 맞추는 데 어려움을 겪는 듯 보인다. 특정 단어를 내뱉기 힘들 때는 눈을 빠르게 깜빡이거나 입술을 씰룩이기도 한다. 조 바이든은 유년기의 말더듬증을 '극복'한 부단한 노력의 서사를 오랫동안 전해왔다. 그런데 만일 현실은 그보다 더 복잡하다면 어떤가?

나는 《애틀랜틱》에 다닌 지 4개월 차였고 여전히 무력감을 안기는 가면증후군*을 극복하려 애쓰는 중이었다. 오랜 기간 이 잡지를 읽었고 이곳에서 일하길 꿈꿔왔는데, 여전히 다른 이들과 같은 수준으로 일을 해내지 못한다는 기분에 시달렸다. 디지털 퍼

---

* impostor syndrome. 자신의 성공이나 능력을 인정하지 못하고 스스로 사기꾼이라고 느끼는 심리 상태.

스트 미디어 시절 동료였던 에이드리언이 한동안 이곳에서 편집자로 일할 때 언젠가 다시 함께 일할 가능성을 종종 언급하곤 했다. 1년에 한두 번쯤 만나 술 한잔하면서 기사 아이디어를 나누긴 했어도 정규직 자리는 늘 아득하기만 했다. 그런데 갑자기 내가 그곳에 있었다. 믿을 수 없는 일이었다.

첫 출근 후 2주간 다른 편집자 및 기자들과 인사를 나눌 겸 커피나 점심을 몇 차례 같이했다. 그간 말더듬을 덜 심각하게 보이려고 신경 썼지만 번번이 실패했다. 특집 기사를 총괄하는 데니스가 선거와 관련한 '에버그린Evergreen' 아이디어가 있냐고 물었다. 저널리즘 용어인 '에버그린'은 최신 뉴스와 같은 시의성보다는 오랫동안 유효할 기사를 의미한다. 이는 특히 월간지에서 더 중요한데 기사가 발행되기 6개월 전에 취재가 할당되기도 하기 때문이다. 나는 바이든이 말을 더듬어온 삶에 관해 오래전부터 쓰고 싶었다고 말했다. 그러자 그녀가 꼿꼿하게 자세를 고쳐 앉았다.

"바이든이 말을 더듬는 건 전혀 몰랐네." 그녀가 말했다.

그때가 2019년 5월 1일이었다. 바이든이 민주당 경선 레이스에 뛰어든 지 일주일 차, 〈더 데일리 쇼〉의 트레버 노아가 바이든의 첫 번째 유세에서 나왔던 언어 실수를 다룬 코너를 선보였다. 말 반복이나 수반행동들을 과장해서 흉내 낸 편집 영상이었고, 그해 여름 폭스뉴스에서 다루게 될 영상과 다르지 않았다. 나는 여전히 남아 있는 말더듬을 억누르려 분투하는 바이든의 소소한 행동, 이를테면 눈 깜빡임이나 단어 대체, 고갯짓이나 손동작 같은 것들이 눈에 다 보인다고 말했다. 데니스는 흥미로워하면서도 살짝 회의적인 눈치였다. 다른 이들과 의논한 뒤에야 한번 해보라고 말했다.

그동안 대중을 상대로 말더듬에 대해 직접 글을 쓴 적은 없었다. 준비가 되지 않았다고 느꼈다. 그래서 시간을 끌었다. 바이든 측에 인터뷰 요청 메일을 보내는 데만 거의 두 달이 걸렸고, 그들이 인터뷰를 허락하기까지 또 두 달 가까이 걸렸다.

8월 마지막 주 화요일, 워싱턴 D.C.에 있는 바이든 선거 캠프 사무실에 터무니없이 일찍 도착한 나는 바깥의 낮은 벽돌담에 앉아 기다렸다. 준비한 질문이 담긴 폴더를 열어 연습을 시작했다. 보안 데스크에서 더듬더듬 말한 다음엔 엘리베이터를 타고 위층으로 올라갔다. 바이든은 델라웨어주 윌밍턴에 있는 자택에서 암트랙을 타고 이제 막 도착한 참이었다. 한 보좌관의 안내를 받아 조그만 사무실에 들어섰다. 책상 의자 뒤 옷걸이에는 파란색 줄무늬 넥타이가 걸려 있었다. 벽걸이 텔레비전에서 MSNBC 뉴스가 음소거로 흘러나왔다. 자리에서 일어나 악수를 건넨 바이든은 마치 전에 만난 적이 있다는 듯한 표정을 지었다. 그는 휴대폰 화면이 아래로 가게 뒤집어 책상 위에 놓았다. 그날 나는 녹음기를 두 대 준비했다. 하나는 그가 앉은 쪽을 향해 두었고, 다른 하나는 우리 목소리를 모두 담기 위해 책상 가운데에 놓았다.

이제 또다시 그 일이 벌어지고 있었다. 나는 거의 모든 단어에서 막히며 간신히 질문을 이어갔다. 바이든은 심하게 말을 더듬던 삼촌 이야기를 시작하더니 어머니에 관해 장황하게 이야기했다.

"끝없는 격려. 끝없고, 끝없고, 끊임없는 격려를 나의, 나의-어-어-어머니와 아버지께 받았습니다"라고 그는 무심결에 '어' 소리를 더듬으며 말했다. 이내 '기' 발음에서도 어려워했다. "어머니는 이렇게 말하곤 했죠. '조이, 기기기기기-억하렴, 용기는 모든 마음에 기기기-깃들어 있단다. 모든 마음에. 그리고 언젠가 그 용기가 불려 나올 거야. 조이, 지금 네가 보여주는 용기, 이 어려움을 직면하고 맞서는 용기는 네 평생에 큰 힘이 될 거란다.'"

어머니를 회고하던 바이든의 동공이 커졌다. 때로는 마치 어린 시절의 자신에게 말하듯 그녀에 빙의하는 것처럼 보였다.

"어머니가 이렇게 말했어요. '조이, 나를 봐, 나를 보라고!'"

그는 몸을 앞으로 기울이며 손가락으로 나를 가리켰다.

"'기억해! 기억해!'" 그의 목소리가 갑자기 날카롭고 강렬해졌다. "'너는 누구보다 똑똑해. 그 누구도 너보다 뛰어나지 않아─물론 너도 다른 누구보다 더 뛰어난 건 아니지만─너보다 나은 사람은 아무도 없단다, 조이. 말더듬이 너를 규정하지 않아. 그건 네 본래 모습이 아니야.'" 그는 점점 더 빠르게 말을 이어갔다. "'네가 잘하는 것에 집중해, 조이! 넌 훌륭한 운동선수야! 넌 정말 똑똑한 남자란다! 잘생긴 남자고! 예의 바른 남자야! **기억하렴!**'"

한 시간 넘게 이야기를 나누는 동안에도 그는 몇몇 속내를 드러내지 않는 듯 보였다. 그날 밤 뉴욕으로 돌아가는 암트랙에서 나는 인터뷰 녹음을 들으며 메모를 검토했다. 메모 맨 위에는 이렇게 적었다.

바이든은 자신이 여전히 말을 더듬는다는 사실을 제대로 인정하지 않는다. 이게 어떤 의미일까?

열흘 후 나는 선거 유세 중인 바이든을 따라다녔다. 뉴햄프셔주 라코니아에서, 200여 명에 이르는 사람들이 벨크냅 밀* 안에서 열릴 타운홀 미팅**을 기다리며 줄을 서 있었다. 벨크냅 밀은 메인 스트리트 바로 근처에 자리한 오래된 섬유 공장이었다. 참석자들은 삐걱거리는 계단을 따라 3층까지 올라가 보좌관들이 마련한 미팅 장소에 도착했다. 작은 음향 시스템이 갖춰진 강단 뒤로 미국 국기가 팽팽하게 걸려 있었다. 그날 오프닝 연사 중 한 명은 바이든 선거 캠프의 뉴햄프셔주 팀에서 활동하는 23세 지역 조직가 존 번스였다. 객석 뒤쪽에서 휴대폰으로 이메일을 읽고 있던 나는 급히 고개를 들었다. 번스가 '조'라는 이름의 첫소리에서 막히고 있었던 것이다. **아주 심하게.**

"제가…… 5학년 때…… 언어……치료사…… 선생님께서…… 말을 더듬던…… 미국 상원의원 이야기를…… 해주셨어요. 그분도 저처럼 말을 더듬으셨죠." 번스가 객석에 앉은 사람들에게 말했다. 그의 호흡 패턴은 불규칙했다. 강연대 뒤에서 몸을 흔들며 가끔은 눈을 감거나 고개를 홱 젖혔다. 바이든은 연설 초반에 번스를 언급했다. "그리고 저는, 음, 음, 우리 지역 조직가인

---

* Belknap Mill. 미국 뉴햄프셔주 라코니아에 위치한 1823년에 지어진 초기 벽돌 직물 공장이다. 현재 산업문화유산박물관 및 커뮤니티 공간으로 활용된다.

** 정치인이나 공직자가 시민들과 직접 만나 의견을 듣고 대화하는 공개 회의.

존 번스에게 감사하고 싶습니다, 존이, 음, 알다시피, 말을 더듬는 사람이 많은 사람들 앞에 서는 데는 큰 용기가 필요하죠. 그리고 이 일을 하는 데도 엄청난 용기가 필요합니다. 특히, 음, 지금, 음, 미디어와 백악관의 어떤 이들이 사람들을 조롱하는 게 괜찮다고 생각하는 시대에 말이죠. 음, 그리고, 음, 그래서 존에게 감사합니다. 음, 말씀드렸다시피, 엄청난 용기가 필요한데, 정말 훌륭하게 해냈어요."

사람들이 하나둘 빠져나가는 동안 나는 구석 테이블에 기대어 번스를 기다렸다. 연설을 끝까지 해낸 능력을 칭찬하자 그는 동료들과 여러 번 연습했고 혼자 운전할 때도 연습했다며 그럴 때는 "끝내주게 유창하게" 말한다고 했다. 그는 대화하는 동안에도 몸을 흔들었고 팔을 뒤로 교차시킨 채 눈을 꼭 감으며 말을 더듬었다. 그런데도 그는 행복하고 평온해 보였다. "머릿속에는 최악의 시나리오가 계속 떠오르잖아요." 번스가 말했다. "하지만 제가 대중 연설할 때 자주 하는, 그리고 크게 도움이 된 건요, 언어치료에서 배운 건데, 말을 더듬는 사람으로 자신을 규정하는 게 정말 중요해요."

몇 주가 흐르고 계속 기사를 써나가는 동안 내 유창성은 바닥을 쳤다. 잠을 잘 수가 없었다. 제대로 먹지도 못했다. 머리카락이 빠지기 시작했다. 나는 바이든의 과거를 잘 아는 수많은 사람과 이야기를 나누었고 밤이면 녹음기 앞에 웅크리고 앉아 내가 인터뷰 중에 지독하게 말을 더듬는 소리를 들었다. 정말 내 말이 이렇게 들리나?

어떤 기사에든 뒤늦게 합류해 모든 퍼즐을 맞춰주는 인터뷰가 있기 마련이다. 나에겐 바이든의 토론 코치이자 그 역시 말을 더듬는 마이클 시핸Michael Sheehan과의 인터뷰가 그랬다. 시핸은 말을 더듬는 것이 주는 '두 가지 선물'에 관해 말했다. 그는 바이든과도 이 주제로 대화를 나눈 적이 있다고 회고했다.

"말더듬이 주는 좋은 점 하나는 엄청난 공감 능력이에요." 그가 말했다. "왜냐, 놀림받을 때 기분이 어떤지, 배척당할 땐 어떤지, 그리고 사람들이 아무것도 모르면서 당신에 대해 나쁜 것을 추측할 때 어떤 기분인지 알게 되거든요. 그런 일이 누구에게도 일어나지 않길 바라게 되죠. 그건 절대로 잃을 수 없는 놀라운 선물이라고 생각해요."

그는 잠시 머뭇거렸다.

"그리고 나쁜 선물은—존 당신도 느껴왔으리라 조심스레 짐작건대—굉장히 깊은 분노를 안긴다는 거예요. 아마 그 분노는 좌절에서 나올 테죠. 배제되거나, 사람들이 당신에 대해 부당한 생각을 하는 데서 오는 분노 말예요."

나는 기사 원고를 여섯 번이나 고쳐 썼다. 여러 늦은 밤과 새벽에, 새로 쓴 원고를 들고 침실로 들어가 리즈 옆에 쓰러지듯 누웠다. 그녀가 소리 내어 초고를 읽어주면 나는 두 손을 가슴 위에 얹고 눈을 감았다. 우리는 몇 주 동안 이 과정을 반복했다. 언젠가 어떤 밤엔 둘 다 눈물 바람이 되고 말았다.

10월 말, 마감일이 다가왔고 리즈는 또 한 번의 배터리 교체 수술을 받아야 했다. 그녀는 병원에 갈 때마다 두려워하면서도 결코 누구에게도 동정을 구하지 않았다. 그날 아침 나는 로스앤젤레스 시더스-사이나이 병원 대기실에서 그녀의 부모님과 함께 앉아 있었다. 근긴장이상증은 유전 질환이다. 리즈의 어머니가 이 질환을 앓았고 그녀의 할아버지도 그랬다. 리즈 어머니는 자신의 아버지가 이를 숨기려 했으며, 노년기에도 자신의 어떤 문제로 인정하기를 꺼렸다고 내게 전해주었다. 그 이야기를 들은 나는 그녀의 아버지가 바이든과 비슷하다고 말했다.

추수감사절 직전 바이든 기사가 온라인에 게재됐을 때, 어떤 반응이 있을지 전혀 예상할 수 없었다. 최소한 이 작업의 스트레스에서는 드디어 벗어나리라 짐작했다. 그런데 기사가 나자마자 곧바로 반향이 일었다. 그날 오후 나는 다음 날 아침 MSNBC에 출연해 기사를 논의해달라는 이메일을 받았다.

그래서 지금 여기, 조그만 대기실에 와 있다. 아침 8시를 막 넘긴 시간이다. 누군가 내 이름을 부르길 기다리며 바닥을 응시하고 있다. 무릎이 계속 후들거린다. 어젯밤 거의 잠을 못 잤다. 아침에 아파트 앞에 검은 차량이 도착했다. 뒷좌석에 올라타 팔걸이에 놓인 작은 물병을 들고 단숨에 들이켰다. 맨해튼 브리지를 건너 FDR 드라이브를 따라 미드타운을 향해 차가 쌩쌩 달리는 동안 배가 꾸르륵거렸다. 차에서 내리자마자 빛나는 레인보우 룸 간판 사진을 찍고 30 록펠러 플라자 건물로 들어갔다. 로비에서 제작 보조 스태프가 나를 기다리고 있었다. 곧 위층으로 올라가 메이크업 의자에 앉았다. 나의 상사 제프가 그날 아침 더 이른 방송에 출연했다가 행운을 빌어주러 들렀다. 그는 내 의자 옆에 서서 티슈로 자신의 메이크업을 닦아내는 중이었다. 기다란 가로형 거울 속에서 우리는 눈이 마주쳤다. 그가 몸을 돌리며 말했다. "이렇게까지 할 필요 없는 거 알지." 내가 뭐라고 대꾸했는지 정확히 기억은 안 나지만, 아마 더는 숨고 싶지 않다는 내용이었을 거다. 물론 그건 거짓말이었다. 속으로는 여전히 숨고 싶은 마음이 간절했다.

잠시 후 세트에 앉은 나는 9시 아침 방송 진행자인 스테파니 룰이 대본을 검토하는 모습을 지켜본다. 보조 스태프들은 그녀의 머리카락을 손질하고 초록색 드레스에서 먼지를 털어낸다. 눈이 휘둥그레진 나는 말없이 앉아 있다. 오른쪽 귀에서 프로듀서의 목소리가 들려온다. 마이크를 확인하란다. 《애틀랜틱》의 사려 깊은 홍보팀은 MSNBC와 '사전 녹화'를 협상했다. 약 30분 후에야 스테파니는 라이브 방송을 진행할 터였다. 그러다 광고가 끝난 후에 이 섹션이 삽입될 예정이다. 우리는 진짜 라이브 대신 이 방식을 선택했다. 왜냐하면 아무도—특히 내가—상황이 얼마나 나빠질지, 내가 한마디라도 할 수 있을지 모르니까. 나는 평생토록 말을 빠르게 해야 하는 케이블 뉴스는커녕 텔레비전에 나간다는 생각도 해본 적이 없다. 텔레비전에 나오는 이들은 목소리를 조절할 줄 알고 시청자가 알아듣기 쉽도록 간결하게 말한다. 그들은 바른 자세로 앉아, 목소리를 키우고, 손을 들어 중요한 내용을 강조한다. 텔레비전에서는 말을 더듬는 사람을 잘 볼 수 없다. 오히려 그들은 방송에서 말을 더듬지 **않는** 기술을 수년간 연마한다. 내 심박이 얼마나 빨라질지 궁금하다. 이제 곧 시작할 참이다.

조명이 지나치게 밝다.

자, 이제 시작이다.

스테파니가 오프닝 멘트로 방송을 시작한다.

"전 부통령 조 바이든은 자동으로 2020년 민주당 예비선거에서 선두 주자가 되었습니다. 그러나 일련의 실망스러운 토론 성과 이후 여론조사 지지율이 하락하고 있어 다른 후보들보다 앞서 나가기 위해 분투 중입니다. 실수들은 논외로 해두고, 바이든이 무대에서 보인 모습들의 중요한 단서를 그의 과거에서 찾아볼 수 있는데요. 《애틀랜틱》에 실린 새로운 기사는 바이든의 말더듬에 관해 다루고 있으며, 전 부통령이 이 어려움을 어떻게 극복하고 있는지, 특히 민주당 예비선거에서 경쟁자들을 상대할 때 어떻게 대처하는지 살폈습니다. 해당 기사를 쓴 《애틀랜틱》 정치부 수석 에디터 존 헨드릭슨이 자리를 함께합니다."

카메라가 나를 비춘다.

나는 투명한 책상을 손에 꼭 쥔다.

억지 미소를 짓는다.

검은 의자에 앉아 몸을 돌린다.

"존, 나와주셔서 대단히 기쁩니다. 이 기사에 몹시 개인적인 이야기도 담으셨죠."

나는 고개를 끄덕인다. 침을 삼킨다. 계속해서 억지 미소를 짓는다.

나는 스테파니를 쳐다보면서, 그녀 어깨 너머의 커다란 카메라는 보지 않으려 신경 쓴다. 의도적으로 천천히 말하고 간투사는 웬만해선 피한다. 말이 불규칙하고 끊긴다. 고개는 위아래로 젖혀진다. 침이 넘어간다. 하지만 계속 말을 이어간다. 그녀가 새로운 질문을 시작할 때마다 숨을 고르느라 어깨가 오르락내리락한다.

인터뷰 중반쯤 그녀는 바이든이 도널드 트럼프와 토론 무대에서 맞붙는 상황을 예로 들며, 특히 트럼프의 깎아내리기식 언어 공격에 그가 잘 대처할 수 있을지 우려스럽다며 묻는다.

"트럼프는 괴롭히는 전술을 사용하죠." 그녀가 말한다. "그런 전술이 말더듬과 맞붙게 되면 어떤 상황이 벌어질까요?"

내가 대비하지 못한 질문이다. 나는 특히 공식적인 자리에서 정치적 중립을 유지해야 한다. 뭐라고 답해야 할지 전혀 모르겠다. 나는 고개를 흔들며, 말을 시작한다.

"그건…… 수치심을 주죠. 그냥…… 나가버리고 싶게 만들어요. 아시다시피, 아침에…… 이 방송에 나오는 것도, 전 방송에 나가본 적이 없으니…… 이건…… 여러 측면에서 악몽이지요. 하지만…… 뭐랄까…… 극복하려면…… 그것에 대해 말해야 해요. 그리고 그게…… 꼭 약점일 필요는 없어요. 그건 그냥…… 자신의 일부일 수 있죠. 그냥…… 존재하는 것이요."

그날 밤 집에 들어오자 그간 잔뜩 움츠러들었던 어깨가 몇 달 만에 처음으로 이완되는 느낌이었다. 내 품에 안긴 리즈는 나더러 자랑스럽다며 흐느꼈다. 나 역시 눈물을 참지 않았다. 우리는 침대에 누워 거의 한 시간을 울고 웃었다. 기사에 대한 반응은 상상조차 할 수 없을 정도였다. 세계 각지에서 말더듬증을 앓는 이들의 이메일이 쏟아져 들어오기 시작했다. 다음 날 아침엔 NPR에 출연했다. 이후에도 말더듬이들의 연락이 계속 이어졌다. 몇 날 며칠, 몇 주, 몇 달 동안 끊이지 않았다. 대충 쓴 이메일이 아니었다. 사적이고 진솔하며 고백에 가까운 글들이었다.

나이지리아에 사는 아누 헌데인은 말이 막힐 때마다 단어를 내뱉으려고 집 안을 쿵쿵거리며 돌아다녔던 이야기를 들려주었다. 텍사스의 니코 피토레는 태아 상태에서 뇌졸중을 겪었고 탯줄이 목에 감겨 뇌로 가는 산소가 차단되면서 말더듬이 생겼다는 의사들의 진단을 전했다. 밀워키에 거주하는 조 징스하임은 77세에 일주일간 멕시코로 환각제 여행을 떠나, 말을 더듬게 하는 두뇌를 재설계해보려고 실로시빈 버섯을 섭취한 경험을 공유했다. 브리티시컬럼비아에 사는 홀리 맥도널드는 자신의 아버지가 오빠의 언어장애를 결코 받아들이지 못해, 오빠가 전화 연습에서 더듬지 않고 대답할 때까지 온 가족이 저녁 식사를 하지 못했던 경험을 들려주었다.

이렇게나 많은 낯선 이들이 내게 마음을 열었다는 게 믿기지 않았다. 어떤 사람들은 여러 차례에 걸쳐 메일을 보냈다. 나는 모든 사람에게 답장했고, 짐 매케이 등 뭇 사람들과는 지금까지도 계속 연락을 주고받는 사이가 되었다.

내 인생을 바꾼 또 다른 이메일을 여기 소개한다.

제 이름은 헌터 마르티네스입니다. 서른두 살이고 덴버에서 변호사로 일합니다. 결혼해서 갓 태어난 딸이 있어요. 저는 주로 텍사스주 포트워스에서 자랐는데, 기억이 닿는 한 항상 말을 더듬어왔습니다. 친가 쪽 몇몇 남성들도 약간의 말더듬 증상을 겪긴 했지만, 저만큼 심하지는 않았어요. 어머니는 긴 시간 정신 질환과 싸워왔고, 제가 어릴 때는 정신병원에 오래 입원하신 적도 있어요. 갑작스러운 일이었고, 당시 아버지는 이제 막 의사가 되어 일하고 계셨어요. 아버지가 너무 바쁜 탓에 저는 여러 친구 집을 전전했습니다. 그 시기가 잘 기억나진 않지만, 그때 제가 음식을 거부했다고 하네요. 의사들 말이, 그게 제가 통제할 수 있는 유일한 일이어서 그랬다고 해요. 이후 다시 먹기 시작했지만 곧 말을 더듬었습니다.

저는 오랫동안 언어치료를 거부했습니다. 이후 덴버대학교에 입학했는데, 아는 사람이 한 명도 없었죠. 그러다 마침내 덴버대학교 로스쿨에 진학했습니다. 로스쿨은 말더듬이에게 친절한 곳은 아니었지만, 인내심 많고 사려 깊은 동료와 교수님들 덕분에 적응할 수 있었습니다. 특히 2학년 때 조 바이든 당시 부통령의 격려 전화는 큰 힘이 되었습니다. 로스쿨 졸업 후 일자리를 구하기도 쉽지 않았습니다. 어떤 로펌도 인정하지 않았지만, 말더듬 때문에 저를 고용하기를 꺼리는 사람들이 있었다고, 한 멘토가 솔직히 말해주더군요. 다행히 기회를 얻었고, 지금은 덴버 시내에 있는 로펌에서 선임 변호사로 일하고 있습니다.

하지만, 말더듬에 대한 두려움이 저를 뒤로 물러서게 만든 영역들이 있다는 것을 인정할 수밖에 없네요. 눈치채셨는지 몰라도 저는 라틴계입니다. 아버지가 라틴계로 스페인어가 모국어죠.

어머니는 백인이지만 스페인어 교사였어요. 그런데 저는 학교의 스페인어 수업을 정말 싫어했습니다. 스페인어로 말만 하면 말더듬이 훨씬 더 심해졌거든요. 너무 좌절해서 고등학교 2학년 때 스페인어를 포기했습니다. 스페인어를 배우지 않은 건 삶에서 가장 큰 후회입니다. 지금은 휴대폰 앱을 통해 배우려고 노력하고 있지요. 제가 느끼는 라틴계 유산과의 단절감을 제 딸은 느끼지 않기를 바랍니다. 딸이 스페인어를 배우면 좋겠어요.

긴 이메일을 보내 죄송합니다. 원래 저에 대해 간단히 몇 문단만 쓰려고 했는데 쓰다보니 길어졌네요. 말더듬에 대해 더 이야기하고 싶으면 알려주세요. 이메일로 연락을 주고받아도 좋고, 조 바이든이 '지옥처럼 끔찍한 발명품'이라 부른 전화로 이야기를 나눠도 괜찮아요. 저는 말을 더듬는 다른 누군가와 진정으로 연결되어본 적이 없어서 그렇게 된다면 정말 기쁠 것 같습니다.

행운을 빌며,

헌터 드림

마침내 헌터와 나는 대화를 나누기 시작했다. 때로는 한 시간 넘게 말더듬에 얽힌 온갖 끔찍한 일화들을 공유하며 웃었다. 간단한 근황을 담아 짧은 이메일을 주고받기도 했다. 그의 말더듬은 거의 느껴지지 않다가 이따금씩 적나라하게 드러났다.

덩치가 크고 어깨가 떡 벌어진 헌터는 어릴 적 말이 제대로 나오지 않는 순간마다 무심결에 더 작아 보이려 애썼다고 털어놓았다. 다른 이들이 그의 분투를 눈치채지 못하길 바라는 마음에서였다. 우리가 처음 대화를 나누던 날, 나는 그에게 말더듬이 찾아오는 순간이 어떤 느낌인지 물었고 그는 이렇게 답했다. "그게 그냥, 알다시피, 담요가 갑자기 몸에 덮이는 것 같아요. 숨을 쉴 때조차 생각을 해야만 하죠."

연말에 그는 네다섯 살 무렵에 찍어둔 크리스마스 영상을 찾아본 일화를 들려주었다. 그는 어린 헌터가 반짝이는 트리 아래에 놓인 선물을 열어보는 모습을 지켜보았다. 영상 속 조그만 꼬마는 새 장난감의 이름을 말하려 애쓰다 끊임없이 말을 더듬었다. 그 장면을 보는 어른 헌터는 고통스러웠다. 어린 자신이 무엇을 말하려 했는지조차 이해할 수 없어서였다. 결국 그는 영상을 꺼버렸다고 했다.

말더듬에도 불구하고 헌터는 변호사라는 직업을 택했다. 로스쿨 첫날, 그는 '까다롭기로 소문난 교수'에게 지목당했다. 교수가 그를 가리키며 말했다. "학생! 일어나세요! 이름이 뭐죠? 어디서 왔나요?" 헌터는 이미 긴장한 상태였다. 이름 첫 글자인 'H'에서부터 말을 더듬기 시작했다. "뭐-뭐-뭐-뭐라고요?" 교수가 되물었다. 헌터는 겨우 침착함을 유지했다. "죄송합니다, 교수님. 저는 말을 더듬습니다." 교수는 당황한 기색을 감추지 못했다. 이후 같은 수업 수강생들은 그 교수에게 당당히 맞선 헌터를 따로 불러 영웅이라고 말해주었다.

종내 그는 덴버 시내의 한 부동산법 전문 로펌에 자리 잡았다. 새로 부임한 사무실에서 음성메시지를 설정해야 했을 때, 헌터는 사무실 문을 닫고 녹음을 시도했다. 하지만 이름을 말하는 것조차 쉽지 않았다. "벽이 엄청 얇거든요. 양옆 사무실 사람들은 내가 미쳤다고 생각했을 거예요. 제가 이름만 계속, 계속, 계속 반복했으니까요"라고 그가 말했다. "거기서 적어도 30분은 있었던 것 같네요. 아마 더 오래 걸렸을 겁니다."

헌터가 지금의 아내인 제시카네 가족을 처음 만나러 갔던 날, 그녀는 미리 가족들에게 그의 말더듬에 대해 알렸다. 가족들은 그를 따뜻하게 맞아주었지만 이제 막 사춘기에 접어든 제시카의 막냇동생은 어떻게 반응해야 할지 모르고 불편한 기색을 내비쳤다. 헌터가 말을 더듬을 때마다 동생은 눈에 띄게 어색해했다. 그러나 시간이 지나면서 모두가 헌터의 언어장애에 익숙해졌고 그를 편안하게 대했다.

헌터는 제시카와 함께 최대한 말을 적게 하는 방식의 결혼식을 준비했다고 회고했다. 몇 년 후 그들은 아름다운 딸 하퍼를 얻었다.

"다행히 딸이라서, 통계적으로 여자아이들 중엔 말더듬이가 적은 편이에요. 그래도 가장 큰 두려움 중 하나죠. 제가 겪은 일을 딸이 겪지 않기를 바랍니다." 헌터가 말했다. "매일 밤 딸에게 책을 읽어주려 노력해요. 가끔 어떤 단어에서 말을 더듬기도 하는데, 예상했던 것보다는 덜해요. 그리고, 음, 최근에 있었던 일인데, 이 얘긴 아직 안 한 것 같네요…… 제가 암 진단을 받았어요."

우리가 긴 대화를 나누기 약 6주 전에 그는 대장암 4기 진단을 받았다. 첫 번째로 진단한 암 전문의는 그에게 운이 좋으면 6년, 그렇지 않으면 2년 정도 살 수 있을 거라고 말했다. 평소 감정을 잘 드러내지 않던 제시카도 눈물을 참지 못하고 큰 소리로 울었다. 헌터는 나흘 후 수술을 받았다. 수술 후 깨어난 그는 고통을 느끼면서도 매시간 병원 복도를 걸어 다녔다. 곧이어 그는 항암치료를 시작했다. 의사들은 그의 심장 부근 피하에 약물 투여 장치를 설치했다. 검고 부드럽던 머리카락이 점점 가늘어지고 거칠어졌다. 가슴, 배, 등, 어깨로 발진이 번지기 시작해 목까지 퍼졌다. 손과 발뒤꿈치, 발가락 피부도 갈라지기 시작했다.

"제시카가 힘들어하는 모습을 보면 마음이 아파요." 헌터가 말했다. "제가 저지른 일 때문에 그녀가 힘든 게 아니란 걸 알면서도, 제 잘못이란 생각이 들거든요. 그래도 그녀는 꽤 잘 이겨내고 있어요. 장인 장모님이 몇 달 전에 이곳으로 이사 오셨어요. 원래 콜로라도로 오려고 계획하셨는데 조금 서두르신 거죠. 암이 제게 가르쳐준 것 가운데 하나는 도움을 받아들이는 법이에요. 그건 정말 어려운 일이죠. 저는 언제나 다른 이들을 돕고 싶은 사람이니까요."

헌터는 다양한 항암 약물의 이름을 말하는 데 어려움을 겪었던 일화를 들려주었다. 간호사와 의사들에게 자신의 말더듬이 마취제나 약물 부작용이 아니며, 원래 그런 식으로 말한다고 설명해야 했다. 손놀림이 조금 둔해진 그는 가끔 제시카에게 신발 끈을 풀어달라고 부탁하기도 한다. "추위에 정말 민감해졌어요." 그가 말했다. "어제 밖에서 이웃과 30분 정도 이야기를 나눴는데, 날씨가 괜찮았거든요. 섭씨 7도를 웃도는 정도였나, 그런데 코끝이 너무 시리고 감각이 없더라고요…… 앞으로 차도가 보이고 부작용에서 회복되면 제일 먼저 하고 싶은 게, 끝내주게 맛있는 오레오 밀크셰이크를 먹는 거예요. 그날을 꿈꾸고 있어요."

나는 헌터에게, 이 프로젝트를 진행하면서 많은 말더듬이들과 대화를 나누었고, 그중 많은 이가 다음과 같이 말했다고 전했다. "이 정도가 어디예요, 암에 걸리는 것보단 낫잖아요." 헌터는 웃었다. 그러고는 정말 놀라운 말을 했다. 암과 싸우는 데 말더듬이로 살아온 경험이 그를 **대비시켜**주었다고 말이다.

"둘 다 눈에 보이지 않으니까, 서로 연관 짓게 되더라고요." 헌터가 말했다. "물론 암은 정밀 촬영을 통해 볼 수 있지만, 겉으로는 보이지 않으니 보이지 않는 싸움이고 보이지 않는 전투죠. 그런데 '전투'라고 하면 안 될 것 같네요. 이건 전투가 아니라 전쟁이에요. 왜냐하면 너무 길잖아요." 그가 말을 이었다. "싸워야만 해요. 견뎌야 하고요. 선택의 여지가 없어요. 치료를 받아야 하고, 가능한 한 오래 버텨야 해요. 사람들은 절 보고 '그런 자세가 정말 대단해요'라고 말하곤 해요. 그런 말을 들으면 좋긴 한데, 사실 제겐 선택의 여지가 없어요. 낙관적이어야만 해요. 비관하기 시작하면 기운이 꺾이고 우울해져요. 만일 제가 우울해지면 그게 제 하루를 잡아먹겠죠. 남은 날이 얼마나 되든 자기연민과 한탄으로 채우고 싶지는 않아요. 그리고 이런 태도의 일부는 평생 말을 더듬으며 살아온 경험에서 영향을 받은 것 같아요. 자기연민에 빠져서 누구와도 대화하지 않는 직업을 선택해 살아갈 수도 있었잖아요. 하지만, 가끔 힘든 일이 있더라도 보람 있는 삶을 선택했어요."

그의 말을 듣고 있자니 지난 10년 동안 림프종과 싸우고 있는 아빠 생각이 많이 났다. 그 소식을 들었던 밤 내가 어디 있었는지 정확히 기억한다. 펜실베이니아주립대 외곽 롤러 스케이트장의 주차장에 서서 오른쪽 귀에 전화기를 댄 채 어둠을 응시하고 있었다. 아빠는 곧 면역치료 주사를 맞게 될 거라 말했다. 헌터에게 그 이야기를 전하자, 내가 하지 못하는 방식으로 즉각 아빠를 이해했다.

"아마도 아버지가 이렇게 말씀하실 겁니다. 자녀의 존재는 상상할 수 있는 가장 큰 동기 부여라고요." 이렇게 말하는 헌터의 목소리가 변했다. 목소리엔 경외와 확신이 깃들어 있었다. "그러니까—괜찮아요—제 아내는, 힘들겠지만 괜찮을 겁니다. 친구들도 그렇고 부모님도 괜찮으실 테죠. 하지만 제 딸은 아니에요." 그가 말했다. "좋은 친구들이 도와준 덕에 그동안 놀랍도록 잘 헤쳐왔어요. 친구들은 '무슨 일이 있어도 하퍼는 괜찮을 거야'라고 말해주었죠. 하지만 제 딸은 아빠가 필요해요. 가능한 한 오래 살고픈 바람보다, 제 딸이 가장 큰 원동력이에요. 힘든 하루를 보낸 뒤에 딸을 보는 것만으로도 모든 게 나아져요. 아마 당신 아버지도 똑같은 마음일 거라 확신해요."

나는 그가 암을 경험한 이후 말더듬이로서 살아가는 데 어떤 변화가 있을지 물었다. 그는 잠시 생각에 잠겼다가 대답을 이어갔다.

"더는 주저하지 않을 것 같아요. 말을 더듬는 데 늘 신경은 쓰겠지만, 두렵거나 낙심할 만한 무언가가 아닌 저의 일부로 받아들일 것 같아요. 물론 가끔은 여전히 짜증 나겠죠, 그걸 모를 만큼 순진하진 않아요. 하지만 암에 걸리고 나서, 특히 일정 나이에 접어들면 자신이 불사의 존재가 아님을 깨닫게 되죠. 만일 전화를 해야 한다면 이제는 그렇게 망설이지 않을 거예요. 왜냐, 이제 더 일어날 최악의 일이 있나요? 전 이미 다 겪었는걸요."

22.

"그게 저를 막지는 못하죠"

바이든 기사를 계기로 나의 말더듬을 차차 받아들이기 시작한 이후 다양한 분야에서 성공한 말더듬이들을 더 많이 알게 되었다.

2011년, 작가 네이선 헬러Nathan Heller는《슬레이트》에 영화〈킹스 스피치〉와 말더듬이란 장애가 가진 여러 층위에 대해 유려한 에세이를 기고했다. "기억하는 한 나는 거의 항상 말을 더듬어왔지만, 여전히 말을 더듬을 때 사과하고 싶은 충동을 느낀다"라고 그는 썼다. 그리고 자신이 선택한 직업에 대해 이렇게 성찰했다. "직업으로서 글 쓰는 일은 대개 통제광, 병적으로 내향적인 인간, 불안한 자아도취자들을 끌어들이는 경향이 있다. 기본적으로 자기 아이디어를 종이 위에 잘 표현해보겠다고 혼자 책상에서 몇 시간씩 보내기를 개의치 않는 사람들 말이다. 그런데 빈 종이 위에서 목소리를 통제할 수 있는 무한한 가능성은 말을 더듬는 이에게 특히 매력적으로 다가온다. 말더듬이에게 펜과 과제를 주면, 말로는 완벽해 보이지 않던 것을 몇 번의 낙서와 줄 긋기, 그리고 다시 쓰기 과정을 통해 갑자기 그럴싸하게 만들어낸다."

헬러는 현재 《뉴요커》에서 편집부 기자로 일하며 첫 저서를 집필 중이다. 그는 아직도 누군가와 대화하다 시간을 끌면 상대가 인내심을 잃는 게 느껴진다고 말했다. 말이 막힐 때마다 사람들이 손톱 거스러미를 바라보거나 테이블의 나뭇결을 유심히 살펴보는 식으로 반응한다고. 그는 저녁 파티에서의 잡담을 여전히 두려워한다.

"그들은 《뉴요커》 작가인 제가 유식하고 재치 넘치는 말로 대화를 풍성하게 해주리라는 기대를 품고 있죠." 그는 잠시 멈칫했다. "하지만 그런 말을 하는 경우는 거의 없어요."

헬러와 나는 끊임없이 반복되는 말더듬의 특성에 대해 많은 이야기를 나눴다.

"말을 더듬다가 말막힘이 생길 때마다 마치 누가 목줄을 조이는 듯한 느낌이 들고 다섯 살 무렵의 나에게서 결코 벗어날 수 없다는 기분이 들죠." 그는 말했다. "그런 심리적 어려움을 주기적으로 느껴요. 살면서 많이들 겪는 어려움 가운데서도 비교적 흔치 않은 경험이죠. 생의 모든 내력이 어떤 식으로든 그 장애와 연결되고, 거기에서 완전히 도망칠 수가 없잖아요."

약 10년 전, 영국 작가 캐서린 프레스턴Katherine Preston은 《아웃 위드 잇Out With It》이라는 감동적인 회고록을 출간했다. 그녀가 미국으로 건너가 다른 말더듬이들을 만나고 그중 한 명과 결혼하게 되는 여정을 담은 책이다. 나는 프레스턴에게 책을 쓴 이후 삶이 어떻게 달라졌는지 물었다. "평생 말더듬에 대해 전혀 이야기하지 않다가, 갑자기 그게 제가 이야기하는 **전부**가 되어버렸죠"라고 그녀가 웃으며 말했다.

자신이 말을 더듬는 사람임을 공개적으로 정체화하는 순간을 뜻하는 합의된 용어는 없지만, 내가 인터뷰한 몇몇 말더듬이들은 그것을 커밍아웃에 비유했다. 배리 요먼Barry Yeoman은 프리랜서 기자이자 웨이크포레스트대학 및 듀크대학교의 강사로, 수십 년간 말더듬에 대한 다양한 문화적 인식을 글로 써왔다. 《사이콜로지 투데이Psychology Today》에 기고한 글에서 그는 고급 레스토랑에 예약 전화를 걸었다가 "언어장애가 있는 분들을 다른 손님과 함께 앉힐 수가 없어서요"라는 대답과 함께 예약을 거부당한 경험을 묘사한 적이 있다.

요먼은 자신의 말더듬과 성적 지향을 교차성*의 관점에서 오랫동안 바라봐왔다고 말했다. 1990년대 초 그는 성소수자 말더듬이들이 자신의 정체성을 온전히 받아들이도록 돕기 위해 패싱 트와이스Passing Twice라는 말더듬이 단체를 공동 설립했다. 요먼은 《아웃Out》 매거진에 기고한 칼럼에서 이렇게 썼다. "당시 뉴욕 집 근처 부둣가를 배회하거나 세인트마크스 배스**의 복도를 지나다닐

---

* intersectionality. 상호교차성 또는 교차성은 성별, 젠더, 성적 지향, 인종, 민족, 계급 등의 정체성이 결합되었을 때 원래 없던 차별이나 특권이 생기는 경우를 말하는 개념이다.
** St. Mark's Baths. 1970~1980년대 인기가 많았던 게이 목욕탕.

때면 자연스레 신체적 접촉이 이뤄졌다. 말할 필요가 없었으니까. 대화를 위해 단어를 내뱉는 순간, 모든 것이 무너져내렸다."

"저는 게이로 커밍아웃한 경험이 말더듬과 화해하는 데도 영향을 미쳤다고 생각해요"라고 요먼은 말했다. "주변인들을 비롯해 세상의 많은 이들이 자신의 성적 정체성을 수치스러워하던 자리에서 벗어나 진정한 기쁨과 공동체를 발견하는 모습을 보며 큰 영감을 받았어요. 저는 연대에 대해 생각하면서부터 공통된 가치 찾기에 관심이 많아졌어요. 게이 남성으로 커밍아웃하며 배운 교훈들을 삶의 다른 영역에도 적용하고 싶었죠."

몇 달이 지나면서 나는 어릴 적 말을 **더듬었다가** 다행히 말더듬을 '이겨낸' 사람들이 아닌, 날마다 경쟁적인 직업 세계에서 이 장애와 함께 계속 항해해나가는 어른들의 존재를 점점 더 자각하게 되었다. 베스트셀러 《돈의 심리학》의 저자 모건 하우절은 전 세계에서 열리는 콘퍼런스에서 수천 명을 앞에 두고도 연설할 수 있는 사람이지만, 비행기 승무원이 음료 카트를 밀며 자신을 향해 다가올 때면 여전히 두렵다고 말했다. 온라인 교육 플랫폼 마스터클래스MasterClass의 CEO 겸 공동 설립자인 데이비드 로지어David Rogier는 대본 없는 프레젠테이션을 선호한다고 말하며, 특정 소리를 피하거나 유창성을 높이기 위해 비속어를 섞어야 할 때가 있어서라고 했다. 이 방법은 말더듬이 동지 새뮤얼 L. 잭슨***이 알려줬

*** Samuel L. Jackson. 미국의 대표적인 흑인 영화배우 겸 프로듀서로 강렬한 존재감, 특유의 말투, 그리고 카리스마 넘치는 연기로 유명하다.

다고. 제임스 비어드 어워드 수상 셰프인 마크 베트리Marc Vetri는 전화로 재료를 주문하는 일에 대한 두려움을 극복한 경험과 더불어 발화가 막히는 동안 자동 응답기가 그의 말을 끊었던 경험을 털어놓았다. 전 NBA 선수 마이클 키드-길크리스트Michael Kidd-Gilchrist는 선수로 뛰던 당시 경기 후 인터뷰가 얼마나 불편했는지 이야기하며, 말더듬 지원 단체를 설립하고 보험사들이 언어치료를 보장하도록 로비하고 있다고 말했다. NFL 공격수 브랜던 셸Brandon Shell은 동급생들이 그의 말더듬을 비웃고 면전에서 조롱했던 이야기를 들려주었다. 그는 싸우는 대신 이를 그대로 받아들였다. 그 후로는 "아무도 제게 상처 줄 수 없었어요"라고 그는 말했다. "자신과 화해하고 나면 다른 사람은 중요하지 않아요. 아무것도 중요하지 않죠."

그리고 나는 제프 젤레니Jeff Zeleny를 만났다.

2001년 9월 11일, 제프 젤레니는 《시카고 트리뷴》 워싱턴 지국에서 근무 중이었다. 테러 공격 소식이 전해지자 그는 택시를 잡아타고 포틴스 스트리트 브리지를 건너 펜타곤으로 급히 이동했다. 차가 멈추자마자 뛰어내린 그는 연기가 피어오르는 곳을 향해 달렸다. 그의 임무는 가능한 한 빠르게 최대한 많은 목격자의 증언을 수집하는 것이었다.

"그런 일을 할 때면 늘 아드레날린이 솟구쳐요. 그땐 정신이 아예 없었죠. 워싱턴 지국으로 전달할 내용을 말할 때 유창하게 말하려고 천천히 정말 집중했던 기억이 나네요"라고 그가 회고했다.

그날 그는 휴대폰 신호가 잡히지 않아 고생했다. 드디어 통화 연결이 된 순간, 어린 시절 놀이터에서 들었던 조롱의 말들과 형이 했던 한마디가 떠올랐다. **뱉어내!**

"그 말이 머릿속에서 들렸어요." 그가 말했다. "**말 그대로 말을 뱉어내야만 할 것 같았죠.**"

젤레니는 네브래스카주 엑서터에서 자랐다. 이 시골 마을은 인구가 600명도 채 되지 않았다. 어린 시절 그는 부엌 수화기에 대고 응답하려 할 때마다 끊임없이 말이 막혔다. ("'안녕하세요'도 할 수 없었고 '젤레니네입니다'도 할 수 없었어요.") 결국 그는 형들 가운데 한 명에게 수화기를 넘기곤 했다.

젤레니의 아버지는 대학을 안 나온 농부였어도 열렬한 뉴스 애호가였다. 그는 뉴스에 대한 열정을 아들에게도 물려주었다. 젤레니는 어릴 때 자신만의 신문을 만들곤 했다. 텔레비전 앞에 앉으면 자신의 우상이던 댄 래더Dan Rather의 뉴스 방송 시청에 몰두했다.

젤레니의 부모는 매주 그를 데리고 집에서 약 60마일이나 떨어진 네브래스카대학교의 바클리 언어 및 청각 클리닉Barkley Speech Language and Hearing Clinic에 갔다. 거기서 그는 말더듬을 없애려 하기보다는 효과적으로 관리하는 전략을 제시하는 치료사와 함께 연습했다. 특히 젤레니는 손을 사용해 말하기 시작했다. 수십 년이 지난 지금도 그는 여전히 말을 더듬지만, 현재 CNN에서 전국 주요 사안을 다루는 수석 특파원으로 활약한다.

"몇 번 연속 보도를 하거나 며칠 연속으로 일이 많거나, 아니면 너무 피곤할 때…… 이런 의구심을 품기도 했어요. 얼마나 더 나빠져야 누군가 내 말을 지적할까? 혹시 상사들끼리 모이면 '세상에, 그 사람 알지, 말도 제대로 못해'라고 은밀히 말하는 건 아닐까?"

CNN 뉴스를 보면, 젤레니가 오케스트라 지휘자처럼 손을 움직여 카메라 쪽으로 특정 단어들을 끄집어내면서 방송을 이끌어간다는 걸 알아챌 것이다. 때로는 새로운 문장을 시작하며 어떤 단어를 강조하기 위해 고개를 살짝 숙이기도 한다. 그 결과는 거의 완벽한 유창성이다. 현장에서 전하는 그의 보도는 자신감 있고 간결하다. 하지만 온라인에서 일부 시청자들은 남아 있는 그의 말더듬을 조롱하기도 한다.

"5년 전에 연락 받았다면 아마 이걸 인정하거나 이야기하는 것조차 끔찍하게 생각했을 거예요"라고 그는 말했다. "ABC에서 2년간 일했을 때는 사람들이 제 말더듬을 눈치챌까봐 두려웠어요. 스스로에 대한 테스트라고 생각했죠. '과연 내가 이걸 해낼 수 있을까?' 하고 말이에요."

그는 말더듬 덕분에 긴 침묵을 더 편안하게 느끼게 되었다고 말했다. 그는 인내심을 가진 더 나은 청취자가 되기 위해 노력하며, 이 두 가지 특성은 기자로서 성공하는 데 밑바탕이 되었다.

"저는 이렇게 말하고 싶어요. '열심히 일하고 목표에 집중하는 데 말더듬을 활용했다'고요. 하지만 그건 어쩌면 실제보다 조금 거창한 표현일 겁니다"라고 그는 말했다. "다음 주에 제가 방송할 때, 아마도 어떤 문제가 생길 거고, 잠시 동안 스스로에게 화가 날지도 몰라요." 하지만 그는 결코 말더듬을 핑계로 빠져나오지 않았다. "그게 저를 막지는 못하죠"라고 그는 말했다.

바이든 기사가 나온 지 세 달이 지나고 모교를 찾았다. 학창 시절 동급생이던 케빈이 그곳에서 영어를 가르치고 있었다. 오랜만에 만난 케빈은 옆머리에 드문드문 난 회색 머리카락을 제외하면 변함없는 모습이었다. (그건 나도 마찬가지였다.) 복도를 거닐던 그와 나는 크림색 벽 액자에 담긴 우리 반 단체 사진을 지나쳤다. 교사 휴게실에서 그가 낡은 파란색 머그잔에 쓴맛이 나는 커피를 따라주었다. 커피를 마신 우리는 그의 교실로 천천히 걸어갔다.

케빈은 멋진 선생님이었다. 교실 벽에는 잡지에서 뜯어낸 《뉴요커》 표지들과 함께 커트 보니것, 어 트라이브 콜드 퀘스트, 마이너 스렛의 이미지가 빼곡히 붙어 있었다. 학창 시절 케빈은 술을 안 마시는 몇 안 되는 학생 중 하나였다. 금주를 과시하지 않았고, 파티에서는 진저에일만 마셨다. 들판의 맥주 통 주변에서 어슬렁거리기보다는 밤새 영업하는 식당에서 시간 보내기를 더 좋아했다. 고등학교 영어 교사가 되는 것, 그리고 가능하다면 모교에서 가르치는 것이 그의 꿈이었는데, 그 꿈은 결국 이루어졌.

우리는 교실 앞쪽 자리에 앉았고, 케빈이 나를 반 학생들에게 소개했다. 종교 전담이었던 브레이스웨이트 선생님이 뒷문으로 슬며시 들어와 빈 책상에 앉으며 나를 향해 웃어 보였다. 형광등 불빛은 내가 기억했던 것보다 더 환했지만, 그 외의 것들은 거의 변하지 않았다. 칠판에는 여전히 분필 가루가 남아 있고 한쪽 구석에는 그 주의 과제가 적혀 있었다. 문 옆에 달린 고정형 연필깎이 아래에는 부스러기를 받는 작은 쓰레기통이 놓여 있었다.

케빈이 내 직업에 대해 인터뷰를 진행하는 동안, 마치 공중에서 이 장면을 내려다보는 느낌이 들었다. 15년 전 나는 이 교실에 있는 책상 중 하나에 앉아 말할 일이 생길까봐 두려워하던 학생이었다. 과연 내가 직업을 가질 수 있을지 의심하며 많은 날을 보냈다. 그런 내가 지금 여기에서 학생들에게 조언을 해주고 있었다.

23.

"더 부드러운 안식처"

바이든 기사가 나가고 여러 사람들의 이메일을 받기 전까지, 내가 '말더듬 커뮤니티'의 일원이라고 생각해본 적은 한 번도 없었다. 그런 게 **있다는** 사실조차 몰랐다. 말더듬은 항상 나의 것, 나의 쟁점, 나만의 문제이자 외로운 여정이었다. 나는 그 문제를 껴안고 외딴섬에 홀로 있었고, 누군가가 이해해주리라는 기대조차 하지 않았다. 이메일을 보낸 이들 가운데 상당수도 자신을 말더듬 커뮤니티의 일원으로 여기지 않았다. 여전히 친구나 동료들에게 자신의 말더듬을 숨긴다는 이들이 많았다. 그들의 메일은 하나같이 이렇게 시작됐다. "한 번도 누군가에게 털어놓은 적은 없지만……"

반면 전국 말더듬 협회의 지역 모임이나 유사 단체 모임에 매달 참석하는 이들도 있었다. 몇몇 말더듬이들은 내게 맨해튼이나 브루클린에서 열리는 모임에 나가보라고 권유했지만 내가 준비되었다고 느끼기까지는 무려 아홉 달이 걸렸다. 평생 나는 다만 이 문제를 가진 사람 **이상**이 되려고 애썼고 때로는 '정상'으로 보일 수 있다는 생각에 집착했다. 말더듬을 지지하는 모임에 참석한다는 건 그런 환상을 완전히 포기하는 일처럼 느껴졌다.

처음으로 모임에 참석한 건 7월의 어느 무더운 월요일 밤이었다. 모임이 줌으로 진행되었는데도 나는 맥주 한 캔을 따야만 했다. 긴장한 채로 링크를 클릭했다. 처음에는 다른 사람들이 말더듬는 모습을, 그것도 모니터 화면으로 보는 게 무척 이상했다. 고개를 홱 젖히거나 가슴이 답답해 보이는 그들의 모습을 보는데 마음이…… 안쓰러웠다. 때로는 지금도 이런 마음과 씨름한다. 정신적으로 정말 나약할 때면, 다른 이의 말막힘이 어서 끝났으면 좋겠다는 생각이 들곤 한다. 마치 나의 말막힘이 빨리 끝났으면 좋겠다고 바라듯이. 그런 순간엔 내가 위선자처럼 느껴진다. 다른 사람이 나를 동정하는 게 **싫고** 내가 누군가를 동정하는 것도 싫다.

모임은 언제나 한 명의 말더듬이가 모임을 여는 글을 읽으면서 시작된다. 몇 단락으로 이뤄진 이 글은, 앞으로 두 시간 동안 누구든 말하기 기법을 연습하거나 자유롭게 말을 더듬어도 된다는, 이곳은 두려움과 판단에서 자유로운 공간이라는 내용을 담고 있다. 그런 다음 저마다 자기소개를 한다. 이 모임이 익명의 알코올중독자 모임과 완전히 같지는 않아도 이곳에서 나눈 대화는 비공개라는 어느 정도 암묵적인 이해가 존재한다. 내 차례가 되자 어디를 봐야 할지 무슨 말을 해야 할지 알 수 없었다. 초록색 조그만 웹캠 불빛을 응시하기도 힘들었다. 모든 말을 마쳤을 때 내가 여기 모인 다른 이들을 불편하게 한 건 아닌지 조용히 상념에 빠졌다.

스프링 콱은 맨해튼 모임의 공동 리더다. 이십 대 후반인 그녀는 부드럽고 차분한 목소리를 가지고 있고 거의 웃는 듯한 표정을 지으며 말을 더듬는다. 그녀는 최근 직장 상사가 자신에게 어떤 편의를 제공하려 했던 이야기를 사람들에게 들려주었다. 나는 그것이 친절하게 느껴졌는지, 아니면 애 취급당하는 기분이었는지 물었다. "글쎄요, 둘 다요"라고 그녀가 말했다. 그녀는 심하게 말이 막히는 순간에도 카메라를 보며 시선을 맞추려고 애썼다. 어느 순간 그녀가 말했다. "지금 숨쉬기가 어려워요." 화면 속 모든 이들이 고개를 끄덕였다.

줌은 여전히 내게 악몽 같은 존재다. 화면 속 조그만 사각형들이 나를 극도로 긴장시키고, 주목받는다는 느낌을 안긴다. 초등학교 시절로 돌아간 것만 같다. 말이 막힐 때마다 괜히 다른 사람들 시간을 너무 많이 뺏는 건 아닌가, 하고 기분이 가라앉지 않도록 신경 써야 한다. 이따금씩 다른 말더듬이의 한 문장이 내가 오래도록 표현하지 못했던 걸 아주 명료하게 설명해주기도 한다. 간호사로 일하는 로신 맥마누스가 말했다. 어릴 적 그녀가 문장 하나를 내뱉으려 분투할 때, 어머니는 고통스러운 표정으로 시선을 피하곤 했다고. 그녀는 이렇게 표현했다. "마치 제가 엄마 배를 칼로 찌르고 있는 것 같았어요."

로드아일랜드 출신인 로신은 다섯 명으로 구성된 가톨릭 가정에서 자랐다. 그녀의 말더듬은 주로 단어 반복이 연장되는 형태로 나타났다. "부모님은 정말 다정하고 사랑이 많은 분들이었지만, 유독 말더듬에는 아주 엄격하게 접근하셨죠"라고 그녀가 후에 내게 말했다. 어떤 밤 그녀는 말더듬이 사라지기를 기도했다. 다른 날엔 아예 말을 하지 않겠다고 위협하기도 했다. 나와 단둘이 이야기를 나누던 그녀는 어린 시절을 회고할 때 감정이 격해졌다.

"살면서 자주, 저는 말더듬을 둘러싼 산업복합체—언어치료사, 의사, 선생님, 부모님—모두를 향해 큰 분노를 느꼈어요. 다들 말더듬는 아이의 이익에 반하는 자신들의 이익을 위해 움직였거든요"라고 그녀가 말했다. "그건 마치, '그냥 숨겨. 네가 애쓰고 있다는 걸 숨겨. 말더듬을 숨길 뿐만 아니라 그게 네게 문제가 된다는 사실조차 숨겨' 하는 느낌이었어요. 정말 덫처럼 느껴졌죠."

성장하면서 로신은 자신의 말더듬을 깊이 이해하게 되었다. 심각한 말더듬이 찾아올 시점을 몇 시간 전에 예측할 수 있을 정도였다. 부모님이 그 문제를 끄집어내려 할 때마다 그녀는 무너져 내렸고, 때로는 대화를 피해 말 그대로 달아나기도 했다. 고등학교에 올라가면서 상황은 더 악화됐다. "파티에 가고, 성정체성이나 연애 감정, 그리고 약물 같은 데 눈을 뜨니까 이 문제를 어떻게든 통제해야 한다는 압박감이 너무 컸어요. 그런데 도와줄 사람이 아무도 없었죠"라고 그녀는 말했다. "아무에게도 속마음을 열지 않았어요. 속마음을 여는 건 지뢰밭 걷기나 마찬가지였으니까."

로신의 깊은 두 눈은 짙은 적갈색이다. 그녀는 태생적으로 돌봄에 능한 사람처럼 보인다. 그녀의 어머니는 외과의사이고 이모는 조산사이자 상담사로 일했다. 로신은 처음에 사회복지를 공부하려 했지만 간호사로서의 소명을 느꼈다. 대학 시절, 말더듬은 그녀의 꿈을 가로막는 장애물처럼 보였다. 뉴욕대학교 재학 당시 그녀는 수많은 나날을 로어 맨해튼 거리를 거닐며 이렇게 생각했다. 말더듬은 절대로 멈추지 않을 거야. 나는 끝내 직업을 가질 수 없겠지. 그녀의 장애가 어느 때보다도 강하게 삶을 지배하고 있었다.

"어떤 면접관이 그랬어요, 말더듬만 아니면 고용했을 거라고." 그녀가 말했다. "그러곤 이렇게 말했죠. '답변해주신 모든 내용에 감사하지만, 저희는 환자들이 편안하게 느낄지가 걱정이에요. 말더듬만 없었다면 당장 채용했을 겁니다. 하지만 분명 어딘가에서 좋은 기회를 찾을 거예요.'"

스물한 살이 되던 해, 그녀는 자신의 삶을 완전히 바꿔놓았다. 처음으로 대화 중에 자신의 말더듬을 드러내려 시도했다. 곧 그녀는 매달 열리는 말더듬 협회 모임에 참석하기 시작했다. 모임에 나갈 때마다 그녀는 자신을 내려놓는 기분을 느꼈다. 당시 지역 모임 리더였던 에릭 S. 잭슨은 이후 뉴욕대학교의 의사소통 과학과 장애학Communicative Sciences and Disorders 조교수가 되었는데, 그는 로신이 새로운 관점으로 이 문제를 바라보도록 도와주었다. 에릭은 그녀를 도시 곳곳의 다른 말더듬이들과 연결해주었고, 언어장애를 최대한 드러내도록 격려했다. 둘은 잠시 동안 연인으로 지내기도 했다. 그러나 작은 말더듬 커뮤니티를 벗어난 세상에서는 변화의 과정이 더 험난했다.

"만약 벽장에서 세상으로 나오는 커밍아웃에 비유한다면, 누군가에게 말더듬을 처음 털어놓고 대화를 나누기 시작해서 그걸 숨기지 않고 살아가는 데까지의 여정은 약 2년 정도가 걸렸어요"라고 그녀는 말했다.

"아빠는 정말 기뻐하셨어요. 제가 스스로 이런 부분을 받아들이고, 비슷한 처지의 사람들을 옹호하고 지지할 수 있다는 점을 자랑스러워하셨죠"라고 그녀가 말했다. "하지만 엄마는 더 힘들어했어요. 제가 그것을 수용한 결정이 저를 불행하게 만들 거라고 우려하셨죠. 저는 말더듬을 '고친다'라는 선택지가 내게 없다고 말했지만, 엄마는 그걸 이해하지 못하셨죠. '커밍아웃'을 하고 공개적으로 말을 더듬으려 애쓰는 과정에서, 저희는 소리를 지르며 참혹한 싸움을 벌이곤 했어요. 그 모든 게 저를 향한 어머니의 두려움 때문이었죠. 정말 고통스러웠네요."

로신은 계속해서 앞으로 나아갔다. 몇 년 만에 그녀는 말더듬 협회 지역 모임의 공동 리더가 되었고 전국 곳곳에서 열리는 말더듬 관련 컨벤션에 참가하기 시작했다. 어머니와는 여전히 갈등을 겪었지만, 어머니가 멀리서 자신을 응원한다는 사실을 뒤늦게 알게 되었다.

"제가 말더듬 팟캐스트에 나갔을 때, 엄마가 저 말고 저희 오빠에게 팟캐스트 링크를 보내면서 '로신 참 대견하지 않니? 정말 놀라운 일이구나'라고 하셨대요."

어느 밤 나는 로신의 어머니 베티에게 물었다. 로신이 청소년기에 접어들던 무렵에 말더듬에 대해 알았다면 좋았을 것들이 무엇인지를. 베티는 딸의 말더듬을 가족의 비밀에 빗대어 말했다. "비밀은 보통 좋지 않은 경향이 있지요"라고 말한 그녀는 잠시 머뭇거렸다. "비밀은 우리를 위축시키고 억압하니까요."

"딸이 겪었을 그 많은 내적 갈등을 어떤 식으로든 도울 수 있었다면 참 좋았을 텐데," 그녀가 말했다. "청소년기에는 부모와 자신의 문제를 나누지 않는 게 정상적인 발달의 모습일지도 모르지만, 제가 좀 더 딸을 받아들였더라면, 하는 아쉬움이 커요."

포코노스 지역 출신 소프트웨어 개발자 스타브로스 라데아스는 자신의 장애를 가장 가까운 가족들에게조차 숨기려고 부단히 노력했다. 스타브로스 같은 '은폐형 말더듬이'는 문장을 말하는 동안 끊임없이 단어를 대체하며 그럭저럭 잘 넘어간다. "어릴 적 꽤 친했던 형조차도 제가 언어치료를 받아야겠다고 하니 놀라더라고요"라고 그는 말했다.

뉴욕으로 이사하고 미국 말더듬 연구소American Institute for Stuttering 임상치료사들과 함께하면서 그는 전국 말더듬 협회 지역 모임에 참여하기로 했다. 어느 밤 그는 다른 말더듬이들과 술을 마시다가 구석 자리에 앉은 흑갈색 머리의 키 큰 여성을 보았다. 바로 로신이었다. 그는 이토록 자신감 넘치고 열린 태도로 말더듬을 받아들인 여성을 한 번도 본 적이 없었다. 그녀는 자신의 문제를 부끄러워하는 것 같지 않았고, 그는 그걸 어떻게 받아들여야 할지 몰랐다. 두 사람은 여러 말더듬 행사에서 계속 마주치다 가까운 친구가 되었다. 몇 년 후, 애리조나에서 열린 콘퍼런스에서 스타브로스는 용기를 내어 그녀에게 데이트 신청을 했다. 연인이 된 두 사람은 깊은 차원에서 서로를 즉각적으로 이해할 수 있었다.

"이젠 함께 식당에 가서 둘 중 하나가 말을 많이 더듬고 또 누군가 그것을 지적하더라도, 서로가 서로에게 더 부드러운 안식처가 되어주죠." 로신이 말했다. "제가 말을 더듬지 않는 사람이었다면, 그가 느낀 상처를 지금처럼 이해하지 못했을 거예요."

스타브로스는의 부모님은 그리스에서 온 이민자다. 로신과 스타브로스는 2020년 여름 그리스 섬에서 결혼식을 올릴 예정이었으나 팬데믹으로 무기한 연기되었다. 그해 크리스마스를 일주일 앞둔 날 아침, 로신은 한 가지 아이디어를 떠올렸다. 그녀는 친한 친구 둘에게 전화를 걸어 브루클린에 있는 자신들의 아파트 근처 프로스펙트 공원으로 와달라고 했다. 그녀는 웨딩드레스 위에 간단한 숄을 걸치고 치마 속에는 검은 레깅스를 입었다. 스타브로스는 근사한 정장에 방한 부츠를 신고 길을 나섰다. 두 사람은 손을 잡고 뽀드득거리는 하얀 눈 위를 걸었다. 가족들은 실시간 라이브 영상으로 두 사람의 결혼식을 지켜보았다. 샴페인 한 병이 하얀 눈 더미 속에 꽂혀 있었다.

말더듬에는 유전적 요소가 다분하다는 점을 감안해 나는 로신에게 말더듬을 가진 아이를 키울 가능성에 대해 생각해본 적 있는지 물었다. 그녀는 걱정하는 기색이 없었다. "저희는 훌륭한 사람들을 많이 알고, 말더듬을 가진 아이를 도울 수많은 자원이 있어요"라고 그녀가 말했다. "하지만 한 사람이 말더듬을 어떻게 경험하게 될지는 절대 알 수 없죠. 그리고 저희가 만일 '괜찮아, 받아들여, 우리 모두 말을 더듬잖아'라고 하는 부모가 된다면, 아이는 전적으로 반항할지도 몰라요." 이렇게 말하며 그녀는 웃음을 터뜨렸다. 결혼식을 올린 그해 여름, 로신은 딸 클리오를 출산했다. 아이는 이제 곧 말을 배우기 시작할 것이다.

24.

"아직이란 없답니다"

"당신 어머니와 이야기를 나눠보고 싶네요"라고 코트니 버드 Courtney Byrd 박사가 말했다. "어머니가 주어진 상황에서 최선을 다 했다는 점을 이해하도록 돕고 싶어요."

버드 박사는 텍사스대학교 오스틴 캠퍼스에서 우수한 말더 듬 연구 센터를 운영하고 있는 교수로서, 그 분야에서 약간 이단 아 같은 존재다. 그녀는 동료 언어치료사들에게 종종 수사적인 질 문을 던지는데, 때로 그 질문은 직접적인 도전처럼 들린다. "우리 는 대체 언제쯤 기존 치료법들을 되돌아보며 이렇게 말하게 될까 요? '과연 유창성-형성 치료로 이득을 본 이들이 있긴 한가?'"

버드 박사는 수천 달러를 벌어들이는 치료사들이 말더듬에 대한 여러 잘못된 신화를 '이용한다'고 표현하며, 그들을 향한 강 한 비판을 주저하지 않는다.

"저는—논란이 되는 부분이긴 한데—말더듬과 관련한 낙인의 상당 부분이 언어병리학자의 진료실에서 시작된다고 믿어요"라고 그녀가 말했다. "아이에게 말을 더듬는 게 괜찮다고 말하면서 동시에 일정 수준의 유창성을 달성해야 한다고 요구할 수는 없잖아요. 심지어 말을 더듬지 않는 이들에게도 불가능한 수준으로요." 그녀는 많은 치료사가 환자 부모들에게 '말더듬'이라는 단어를 언급하는 것조차 망설인다는 점을 지적했다.

몇 년 전, 애틀랜타 팰컨스 구단주이자 홈디포Home Depot의 공동 창립자인 말더듬이 아서 블랭크Arthur Blank는 텍사스대학교 오스틴 캠퍼스에서 코트니 버드 박사의 연구 지원 및 확장을 위해 2000만 달러 규모의 유산 기금을 조성했다. 보통 이러한 기부는 '말더듬의 종말' 같은 거창한 선언과 함께 이루어지곤 한다. 하지만 지난 25년 동안 수천 명의 환자를 치료한 버드 박사는 그들에게 늘 같은 이야기를 반복했다. 이것에 대한 치료법은 없다. 그녀는 어린 말더듬이와 그 가족들이 자신과 치료를 시작하기 전에 이 진실을 이해하길 바란다.

"인지행동 심리학 문헌을 보면 단 한 번의 해로운 사건이 삶의 전체 경로를 바꿀 수 있다고 나옵니다." 그녀가 말했다. "저는 이 아이들에게 말하기 방식에 대해 교육할 윤리적 책임이 우리에게 있다고 강하게 믿어요. 이 아이가 마흔 살이 되었을 무렵을 염두에 두고 지금 그들을 위해 무엇을 할 수 있을지를 생각해야 하죠. 만일 우리가 유창성에만 초점을 둔다면 그들을 실패로 이끄는 환경을 만드는 거예요. 바로 여기에 우리의 책임이 있다고 생각합니다."

그녀는 자신의 환자였던 네 살 소녀가 치아 검진차 치과에 갔을 때의 이야기를 들려주었다. 소녀는 진료 전 의사에게 자기소개를 하려다가 말을 더듬었다. 치과 의사가 소녀를 내려다보며 말했다. 뭐-뭐-뭐-뭐라고? 이름을 잊었니? 모든 어린 말더듬이는 이 장면을 익히 안다. 소녀는 고개를 떨구는 엄마를 쳐다본다. 그리고 다시 치과 의사를 본다. 무엇을 말해야 할지 모른다. 물론 이름을 잊어버린 게 아니다. 소녀는 다른 어떤 단어보다 자기 이름을 더 잘 안다. 이름을 말하려 할 때 더 많이 말을 더듬으니까. 버드 박사가 꿈꾸는 세상에서는 소녀가 자신이 말더듬이임을 **알고** 부끄러워하지도 않는다. 말더듬은 그저 소녀 자신의 일부일 뿐이다.

"어린이가 에이즈나 암에 걸렸을 때, 의사가 그냥 '이게 너의 병이야'라고 말하면 진단에 대한 아이의 불안은 훨씬 낮아지죠. 불안을 느낀다 해도 아이는 병에 대한 질문을 더 많이 하게 될 겁니다. 부모도 질문을 많이 하면서 그것에 대해 편안하게 느낄 거고요. 그리고 중요한 점은, 부모와 아이가 그 병에 대해 대화할 가능성이 높아진다는 거죠. 저는 그동안 수천 명의 말더듬이를 치료했지만, 그들 가운데 이렇게 말하는 이는 한 번도 못 봤어요. '만약 모두가 내 말더듬을 그냥 무시했다면, 아무도 내게 그것에 대해 말하지 않았다면, 그 언어치료실로 돌아가서 단어들을 말하는 방법을 더 연습할 수만 있다면, 내 인생은 훨씬 나아졌을 텐데'라고 말이에요."

대학 시절 버드 박사는 교수들이 말더듬에 대해 전혀 이해하지 못하는 모습에 충격을 받았다. 그녀의 초기 환자 중 한 명인 열세 살 소년은 치료실을 나서는 순간 배웠던 모든 게 사라진다고 말했다. 그는 집에서 유창성-형성 전략을 연습한 뒤 그것을 녹음해서 버드 박사에게 들려주곤 했다. 그는 심각한 말더듬이었다. 그녀가 이 문제를 지도 교수에게 알리자 교수는 소년을 탓했다. 소년은 곧 치료 시간에 울기 시작했다.

"제가 소년에게 해줄 수 있었던 유일한 대답은 그저 제가 배운 대로, '더 연습해야 한다'는 것이었어요. 그때 일은 지금도 여전히 마음에 남아 저를 괴롭혀요. 하지만 덕분에 제 인생이 이 문제를 해결하려는 길로 흘러왔어요."

메건 클레온은 몇 년이 지나도 그날 아이 소식을 듣던 순간에 대해 이야기할 때면 감정이 북받친다. 아들 오언을 데리러 유치원에 간 그날, 직원 한 명이 그녀를 사무실로 불렀다. 직원은 교사들이 그녀의 아들을 이해하지 못하고 있으며 이 문제를 해결해야 한다고 일러주었다. 차로 돌아가자마자 그녀는 울음을 터뜨렸다. 외지에 머물던 남편 오스틴에게 즉시 전화를 걸었고, 이야기를 전해 들은 그는 크게 화를 냈다.

"우리는 정말 화가 났어요"라고 오스틴이 말했다. "우리는 '말 같지도 않은 소리야! 오언이 어때서! 우리 애는 훌륭해! 왜 이걸 문제 삼는 거지?'라고 생각했어요." 부부는 사립 유치원 교사들이 눈치도 없고 세심한 배려도 해주지 않아 충격을 받았다. "다른 어른이 우리더러 '당신 아이에게 뭔가 문제가 있다'고 말한 건 그때가 처음이었어요." 오스틴이 당시를 회고했다.

메건 입장에서는 무척 괴로웠다.

"저는 정말로 아이를 보호하고 싶었어요. 그리고 엄마인 나 자신을 탓했죠, 특히 그때는요. 말더듬에 대해 잘 모르다보니 '양육 방식 때문일까? 내가 뭘 잘못했나?'라고 생각하자 너무 화가 났어요. 오언이 정말 멋지고 흥미로운 아이라는 걸 알았거든요. 그런데 사람들은 제 아이가 말하는 방식만을 보고 판단한다는 데 분노했죠. 그 이후 결국 아이는 그곳에서 나왔어요."

곧, 한 언어치료사를 집으로 불러 개인 치료를 진행했다.

"오언에게는 이 문제에 대해 어떻게 말해야 할지 몰랐어요"라고 메건은 말했다. "저는 자주 이 문제를 회피했고 '이제 네 말과 언어에 대해 이야기할 선생님과 함께할 거야'라고 아주 모호하게 말했어요."

오언의 첫 번째 치료사는 주로 활동지를 사용해 유창성-형성 접근 방식을 적용했다. 그러나 효과가 없었다. 메건은 치료사가 학교에서 배운 메시지를 되풀이하는 것 같았다고 당시를 회고했다. 오언의 말더듬을 **바로잡아야** 한다는 것. 그즈음, 메건의 친구가 지역 라디오 방송에서 말더듬이를 돕는 텍사스대학교 프로그램에 대해 들었다고 전했다. 메건은 오언을 데리고 대학 캠퍼스로 가서 테스트를 받았다. 얼마 뒤 오언은 버드 박사팀과 함께하게 되었다.

클레온 가족을 만난 버드 박사는 숨기지 않고 말했다. 오언 스스로가 다른 사람들과 자신이 다르게 말한다는 사실을 잘 **알고** 있으며, 부모는 그 사실을 오언에게 전달해야 한다고.

"그건 정말이지, 인생을 바꾸는 경험이었어요"라고 메건이 말했다. "그 전까지는 아들에게 말더듬에 대해 이야기할 수 없었거든요."

해당 프로그램에 입소한 오언에게 버드 박사 팀은 일련의 질문을 건넸다. 자신이 말하는 방식에 대해 스스로 어떻게 **느끼는지**에 관한 질문이었다. 오언은 사람들이 가끔 자신을 방해하고 자신의 생각을 끝까지 말하게 해주지 않는다고 말했다. 자신이 제대로 말하지 않는다고 사람들이 생각한다는 사실도 알고 있었다.

"예상하지 못한 건 아니었어도 부모로서 듣기엔 너무 힘들었어요"라고 메건은 말했다.

버드 팀은 성공적인 의사소통이 유창성으로 정의되지 않는다는 점을 강조했다. 그들은 오언이 비언어적 기술을 키우도록 하는 데 집중했다. 가령 눈 맞추기, 자신감 있는 태도, 효과적인 몸짓언어 등이었다. 그들은 오언에게 둔감화 연습을 시켰다. 때로 그는 말 더듬는 모습을 영상으로 찍거나 학생회관에서 지나가는 이들에게 말을 걸기도 했다. 오언이 스스로를 말더듬이로 자각하도록 이끈 것이다.

"말더듬에 대해 이야기하더라도 미안해하는 태도로 말해서는 안 돼요"라고 버드 박사는 말했다. 그녀는 팀 연구에서 다룬 '사과형' 자기 공개와 '정보 제공형' 자기 공개에 대해 이야기했다. 대부분 아이들은 부모와 치료사들에게 말더듬을 불편한 일로 여기는 언어를 사용하도록 배운다. 저는 치료를 받고 있어요, 조금만 기다려주세요, 열심히 고치고 있어요. 버드 박사의 연구에 따르면, 그런 언어는 사람들이 말더듬을 더 부정적으로 인식하게 만든다.

"사람들은 당신이 중요한 의사소통을 필요로 하는 일을 못한다고 생각해 대화를 피하려고 해요. 당신이 그러길 원한다고도 생각하죠. 하지만 상대방을 똑바로 바라보며 중립적인 태도로 사실 그대로 말을 더듬는다는 사실을 말하고 계속 나아가면, 사람들은 당신이 그 대화에서 얼마나 많이 더듬었는지조차 알 수 없어요."

그녀는 팀 연구원들이 환자들을 장기적으로 추적하고 있으며, 대부분 환자들이 유창성-형성 기법만 배우는 사람들보다 괴롭힘을 당하거나 우울증, 불안을 겪는 정도가 현저히 낮다고 설명했다.

시간이 지나고 메건은 누군가가 오언의 말을 끊거나 더 나쁘게는 말더듬을 조롱할 때, 익숙한 태도로 자신을 지키는 아들의 모습을 지켜보았다. "제 눈으로 직접 본 적이 있어요"라고 그녀는 자랑스럽게 말했다.

오언의 아버지인 오스틴은 《훔쳐라, 아티스트처럼》이라는 책의 저자이기도 하다. 이 책은 창의성에 대한 명상서이자 자기계발서로 잘 알려져 있다. 오스틴은 오언을 키우며 말더듬을 다르게 보기 시작했다. 대화 중 그는 아들의 말더듬을 '놀랍다'거나 '심오하다' 등의 긍정적인 형용사로 묘사할 때가 많다.

"확실히 리듬이 느껴져요." 그가 말했다. 악기로 가득한 집에서 그는 아들과 함께 피아노를 연주한다. 오언은 약 네 살 때 아버지의 신시사이저를 가지고 장난을 치다가 이내 '말더듬' 소리를 접목해 전자음악을 만들기 시작했다.

어느 해 휴일을 보내던 오언의 말더듬은 일정한 단어 반복에서 강렬한 말막힘으로 변모했다. 메건은 단어에 목이 막힌 아들이 소리를 내뱉으려 애쓰는 듯 보였다고 회고했다. 그의 말더듬이 갑자기 **무참하게** 느껴졌다고.

"당시 우리가 얼마나 깨우쳤든 간에, 그건 정말 당황스러운 일이었어요"라고 오스틴은 인정했다.

그와 메건이 버드 박사에게 연락했고, 박사는 그들을 진정시켰다.

"그녀는 '이런 일은 자주 일어난다, 걱정 마라'고 했어요. 버드 박사는 말더듬에 변화무쌍한 특성이 있다는 점을 그들에게 알려주고자 했다. 이런 일은 언제든 계속 일어날 수 있다는 점을 말이다. 오언의 말더듬은 다시금 원래의 음악적인 형태로 돌아왔다.

"부모들은 자식이 남들과 다르면 너무 걱정해요"라고 오스틴이 말했다. "하지만 우리 문화에는 다름과 장애에 대한 더 넓은 시각이 형성되고 있어요. 저는 매우 운이 좋다고 느낍니다. 요즘 세상이 아무리 엉망이어도, 다르게 태어난 아이를 갖기엔 꽤 괜찮은 시기죠. 다르게 태어난 아이를 기르며 제가 인간으로서 더 확장돼요. 이제는 독특한 아이들을 봐도 아무렇지 않아요. 다양한 차이를 가진 이들을 더 잘 받아들일 수 있게 되었죠. 저의 세상이 조금 더 넓어진 것 같아요."

그는 오언이 지난 몇 년 동안 강한 자아감을 형성한 방식에 대해 차분하게 이야기했다.

"제가 오언의 아빠로서 배운 또 다른 점은, 누군가의 삶에서 무언가를 떼어낼 수는 없다는 거예요"라고 오스틴은 말했다. 텍사스대학교 말더듬이 연구소에서 좋은 경험을 한 것도 그가 이 지역에서 계속 지낸 여러 이유 가운데 하나다. "저는 버드 박사님께 '글쎄요, 오언이 아직은 굴복하지 않았어요'라고 말했어요. 그러자 그녀가 그러더군요. '**아직**이란 건 없어요. 우리가 지금 하는 대로 계속하고, 그대로 이어간다면, 아직이란 없답니다.'"

지난 10년간 버드 박사는 오스틴 지역 공립학교 연합Austin Independent School District에 말을 더듬는 학생들을 위한 지원 지침을 변경할 것을 강력히 요청해왔다. 교실 내 유연성을 향상하기보다는 말더듬이 학생들이 다른 학생들과 똑같이 대우받아야 한다고 학군을 설득했다. 사실상 이는 말더듬을 가진 아이들이 여전히 수업에 출석해 큰 소리로 글을 읽어야 하며, 무작위로 지목되어 다른 학생들과 마찬가지로 대답해야 한다는 것을 의미한다. 이는 직관에 반하는 접근 방식이다. 특히 장애 권리 운동이 공공장소에서 **더 많은** 지원을 요구하며 수년간 노력해온 사실을 감안하면 더욱 그렇다. 하지만 이는 그녀의 핵심 아이디어로 돌아간다. 즉, 말더듬에 대한 '치료법'이 존재하지 않는 이상, 치료사, 교육자, 부모, 그리고 기타 권위자들이 말 더듬는 아이들이 충만한 삶을 살 수 있도록 힘을 실어주는 게 중요하다는 점이다.

"말더듬을 겪는 아이들은 수년, 아니 10여 년 동안 또래들이 누리는 실용적 발달 기회를 거의 얻지 못한 채 성장해요. 그런데도 대학에 가면 약간의 연습만으로, 혹은 아무런 연습도 없이 갑자기 그 수준에 부합하도록 내몰리죠. 그동안 쌓아온 경험들은 그들이 스스로 부족하고, 뒤처지고, 능력 없다고 느끼도록 했는데 말이에요." 그녀가 말했다.

나는 펜실베이니아주립대에서 보낸 마지막 학기를 떠올렸다. 끝없이 쏟아지던 대중 연설 이메일, 그리고 어떻게든 회피하려던 나의 행동이 졸업을 위태롭게 만들 뻔했던 순간들. 초등학교 때 샘슨 선생님이 나를 따로 불러, 비록 선의에서 비롯한 말이긴 했지만, 말로 해야 하는 과제가 불편할 때마다 자신에게 알려달라고 했던 기억이 떠올랐다. 집 전화가 한 번 울리는 순간 팔에 소름이 돋았던 느낌도 생각났다. 그리고 이 글을 쓰는 지금, 내가 한 번도 내 아이폰에 음성 메시지를 녹음할 용기를 내본 적이 없다는 사실을 다시금 떠올린다.

"어떤 이들은 자기 자신으로 살아갑니다. 반면 어떤 이들은 평생 자신을 숨기며 살아가죠. 사람들이 '유창한 사람이 되지 못하면 네가 원하는 사람이 될 수 없다'고 말하기 때문이에요." 버드 박사가 말했다. "저는 함께 수업하는 청소년들과 성인들에게서 그런 모습을 봐요. 자기 파괴적인 행동이 너무 많지요. 그들이 스스로 되뇌는 말들이 많은데, 그중 상당수는 심지어 가장 가까운 가족들에게 들은 말이기도 해요. 우리는 달리 말하는 법을 배워야 합니다. 스스로에게 다르게 말해줘야 해요. 이건 단순히 받아들이는 문제만이 아니고요, 마음챙김mindfulness과 이해, 그리고 자기연민에 대한 문제예요. 내면의 목소리들이 무얼 말하는가? 경청하는 거죠."

그녀는 수용 전념 치료Acceptance and Commitment Therapy를 개발한 심리학자 스티븐 C. 헤이스Steven C. Hayes 박사의 비유를 들려주었다. 헤이스는 사람들 내면의 목소리를 버스에 탄 승객들에 비유한다. 내리라고 할 수도, 때로는 조용히시킬 수도 없는 존재들이라는 의미에서. 그 목소리들은 어쩌면 평생 함께할지도 모른다. 하지만 결국 버스를 운전하는 사람은 자기 자신이다.

대화를 나누던 중 나는 처음에 오언의 문제를 자기 탓으로 돌렸다던 메건 클레온의 고백을 떠올렸다. 그러자 우리 엄마가 내 말더듬을 다뤘던 방식에 대해 얼마나 죄책감을 가졌을지가 느껴졌다. 더는 엄마가 그 짐을 짊어지길 원치 않았다. 나는 그 이야기를 버드 박사에게 들려주었다.

"그녀가 뭔가를 달리 알 방법은 없었어요"라고 버드 박사가 말했다. "만일 누군가가 '이 방법을 따르면 아이가 유창하게 말할 수 있을 거예요'라고 한다면 당연히 그 방법을 따르겠죠. 아이를 보호하기 위해서라면 뭐든 할 테니까요. 그리고 한 가지 말씀드릴게요. 말더듬에 대해 이야기하지 않는 교사나 부모들, 언어치료사들 역시 아이를 보호하려는 거예요. 해를 끼치려고 그러는 건 아니에요. 하지만 그중에서도 언어치료사는 용기를 내어 이렇게 말할 수 있어야 한다고 생각해요. '다른 방법도 있다'고요."

25.

엄마 아빠

나는 부모님 댁 진입로에 차를 대고 시동을 껐다. 9월 말이었고, 앞마당 나무는 황금빛을 발하며 노랗게 물들고 있었다. 아빠는 늘 그렇듯 흰색 셔츠에 감색 스웨터를 걸치고 포치에 앉아 계셨다. 헐렁한 면바지 위에는 신문이 펼쳐져 있었다. 엄마는 연보라 블라우스에 실크 스카프를 두르고 나를 맞이했다. 점심시간이 조금 지난 무렵, 엄마는 내가 아직 밥을 먹지 않았다는 걸 알고 있었다. 조그만 테이블 위에 바게트 샌드위치와 여러 음료를 준비해 두셨다. 비타민워터, 레모네이드, 다이어트 콜라가 있었다. 고맙다고 말한 나는 샌드위치를 허겁지겁 먹어치우며 뉴욕에서 오던 길에 대해 가벼운 이야기를 전했다. 포치에서 우리는 서로의 맞은편에 앉았다. 우리 모두가 그 주제, 그러니까 내가 이곳에 온 진짜 이유에 대해 말을 꺼내기를 두려워하고 있었다. 지금껏 한 번도 얘기해본 적 없는 그 주제에 대해, 종국에는 대화를 나누어야 한다는 사실을.

"그 사람들이 브로슈어를 줬어." 엄마가 무심하게 말했다. "그리고, 음…… 대화 도중에 자주 끼어들기보다는, 천천히 대화하고 네가 문장을 끝낼 때까지 시간을 주면서 말할 때 눈을 맞추라고 하더라."

엄마는 흰색 라탄 의자에서 몸을 앞으로 기울이며 말했다. 축 처진 엄마의 눈은 슬퍼 보였다. 내가 익히 봐온 온기를 품은 눈빛이 아니었다. 하지만 엄마를 탓할 수는 없었다. 순간 내 머릿속이 질문들로 소용돌이쳤다. 이게 공평하기는 한가? 왜 나는 이런 걸 책에 쓰고 있는가? 사람들이 나를 안쓰럽게 여기라고? 왜 가족이 희생양이 되어야 하지? 가족들이 여기에 동의한 적이 있던가? 20년 전 우리가 '좋아, 언젠가 어떤 날 여기 모여서 이 문제에 관해 논의해보자!' 하고 서약서를 쓴 것도 아니었다. 나는 부모님을 사랑하고 형을 사랑하며, 혹여 불편하게 하거나 상처 주고 싶지 않았다. 부모님이 실패했다고 느끼거나 회한으로 가득한 말년을 보내길 바라지 않는다. 그런데 지금 이 순간 부모님과 내가 이 자리에 함께 있다는 사실—두 분이 기꺼이 내 인터뷰에 응해준다는 사실—자체가 사랑의 표현이라 생각됐고 그 점에 깊이 감사했다.

며칠 전 PBS 방송의 바이든 관련 다큐멘터리에 출연한 나를 보고 이모와 엄마 친구분들이 엄마에게 연락했다. 짧은 출연 장면에서 나는 눈에 띄게 말을 더듬었다. 카메라를 바라보며 바이든의 말더듬에 대해 설명하려 애쓰는 동안 침을 꼴깍 삼키고 경련을 일으켰다. 나조차 그 장면을 보기가 힘들었다. 부모님은 얼마나 더 힘들었을지 상상만 해볼 뿐이다. 결국 나는 질문을 던졌다.

"네가 말더듬는 모습을 보는 게 어떤 기분이냐고? 글쎄, 네 용기가 무척이나 자랑스럽지." 엄마가 말했다.

우리는 내가 조 선생님을 만나기 전에 거의 여섯 명의 치료사를 거쳤던 일을 비롯해 그간 배웠던 어떤 기법도 효과가 없었던 기억을 나눴다.

"'쉬운 시작'이라는 방법을 자주 밀고 나갔어." 엄마가 말했다. "내가 네게 그걸 상기시키며 숨을 깊이 들이쉬라고 하면, 넌 싫어했던 것 같아. 그리고 마치 문장의 나머지는 잊어버리는 것 같았지. 그때 내가 깨달았어야 한 건, 존에게 이건 이미 충분히 힘든 일이다라는 거였지. 돌이켜보면 너는 그런 조언이 필요 없었어. 이미 몸소 겪어내고 있었으니까."

15분 정도가 흘렀고, 이미 우리는 이 주제를 두고 가장 오래 대화한 기록을 세웠다. 마침내 나는 물었다. 왜 우리 집에서는 '말더듬'이라는 단어를 입 밖으로 **꺼낼** 수조차 없는 것처럼 느껴졌는지. "그 말이 제게 상처를 줄까봐 그랬어요?" 내가 물었다.

"내가 그걸 말하면?" 하고 엄마가 먼저 말을 꺼냈지만 대답을 마치기 전에 아빠가 끼어들었다.

"적어도 나는, 네가 이 얘기를 하기 싫어한다고 느꼈어." 아빠가 말했다. "내가 '말더듬'이라는 단어를 꺼내면 네가 듣고 싶지 않을 거라고 생각했거든. 나는 그렇게 이해했다."

나는 곧장 추가 질문을 하고 싶었지만 동시에 부모님이 천천히 곱씹고 생각하도록 시간을 드렸다. 엄마의 머릿속에서 생각이 돌아가는 게 훤히 보였다. 엄마는 눈앞의 층층나무를 멍하니 바라보았다.

"내 어린 시절을 돌아보면, 우리 집에는 문제를 정면으로 다루지 않는 문화가 있었어"라고 엄마가 회고했다. "내가 두 살인가, 아마 세 살쯤 됐을 때, 머리카락을 뽑기 시작했다더구나. 한번은 네 삼촌이 이 이야기를 꺼내더니 말했어. '지금이야 아이가 머리카락을 뽑으면 아이를 의사에게 데려가 치료받겠지.' 하지만 우리 부모님은 그냥 내 머리를 짧게 잘라버렸어. 그게 두 분의 해결 방식이었지."

그동안 한 번도 들어본 적이 없는 이야기였다. 한때 이 포치에 앉아 술을 마시고 마리화나를 피우며 집을 떠나 어디로든 가고 싶어 했던 늦은 밤들이 생각났다. 8학년을 마치고 고등학교에 들어가기 전, 우리가 이 집으로 이사 온 첫 여름도 떠올랐다. 그때 나는 대부분 시간을 방 안에서 보냈다. 내 말더듬에 대해 말할 필요도—생각할 필요도—없던 곳. 물론 어쨌거나 계속 생각은 했지만 말이다.

"왜 나는 용기를 내거나 다른 수단을 통해서 네 방문을 두드리지 못했을까?" 아빠가 물었다. 아빠는 자신에게 화가 난 듯했다. "그러니까, 최악의 경우라도 무슨 일이 일어났겠니? 네가 '제발 나가요, 아빠. 이런 얘기 하고 싶지 않아요'라고 했겠지."

아빠는 팔짱을 낀 채 앉아 있었다. 표정이 가라앉았고 자책하는 게 느껴졌다. 하지만 나는 그가 자신을 너무 책망하지 않았으면 했다. 아빠는 질문을 내게 돌리며, 왜 이 문제에 대해 말하고 싶어 하지 않았는지 물었다. "자존심 때문이었니? 아니면 다른 이유가 있었어?" 아빠는 계속 말했다. "내게도 후회가 많다. 강해야 했던 순간이 많았는데, 그러지 못했지. 법정에라도 서게 된다면 가장 먼저 그 얘길 할 거다. 하지만 한 가지 더 묻고 싶구나. 네 이유는 뭐였니? 왜 항상 '이 문제에 대해 묻지 마세요'라는 신호를 보냈던 거니?"

무슨 말을 해야 할지 알 수 없었다. 아빠가 '법정'이라는 표현을 쓴 것에 놀랐다. 두 분 중 누구라도 증인석에 앉은 기분을 느끼는 건, 웬만하면 피하고 싶었다.

"지난 1년간 저는…… 깨달음을 얻은 사람, 말더듬 전문가가…… 되어야 한다는 부담을…… 느꼈어요. 자아실현한 사람처럼 행동해야 한다고도요"라고 내가 말을 꺼냈다. "하지만 전 그렇지 않아요. 그리고…… 이 책의 주요 목적 중 하나는…… 이 모든 걸…… 저부터 이해하려는 거예요."

더 이야기할수록 대화는 점점 편해졌다. 엄마는 내가 조 선생님과 치료를 시작한 지 얼마 되지 않았을 때, 그가 나에게 아이오와에서 열리는 6주 집중 치료 프로그램에 다녀오라고 권했던 일을 상기했다. "그때가 정말 또렷하게 기억나"라고 엄마가 말했다. "네가 이렇게 말했잖아. '거기 다녀와도 아무것도 달라지지 않을까봐 걱정스럽다'고. 그 말을 듣고 네가 짊어진 짐이 얼마나 무거운지를 또 다른 차원에서 알게 됐어."

나는 그 기억을 속 편하게 잊고 살았다. 대학 때 여자친구인 샘의 부모님을 처음 만났던 밤, 한마디도 제대로 말하지 못한 채 몸부림쳤던 기억을 말끔히 잊었던 것처럼.

그날 오후 셋이 함께 이야기 나누는 동안, 어릴 적 부모님이 나를 보호하려고 했던 모든 노력들이 떠올랐다. 좋은 의도든 나쁜 의도든, 엄마는 내가 부탁하지도 않았는데 항상 레스토랑에서 대신 주문을 해줬다. 고등학교 1학년 첫날 아침에는 새로운 친구들이 탄 버스에 나를 태우는 대신 차로 학교에 데려다줬다.

"네가 그 큰길을 따라 걸어 내려가던 장면을 절대 잊지 못할 거야." 엄마가 말했다. "하지만 네가 많은 걸 감수했다는 것도 알아. 지금 돌아보면 네 자신을 긍정적으로 느끼니? 아니면 속으로 '내가 하지 않은 것들, 참여하지 못했던 것들이 얼마나 많은지 엄마는 몰라요'라고 생각하니?" 나는 잠시 생각했다. 그리고 엄마에게 둘 다 조금씩 섞여 있다고 말했다.

아빠는 언제나 내가 종국에는 말을 더듬지 않게 될 거라 생각했다고 말했다. 엄마는 그보다는 확신이 덜했다. 나는 아빠에게 내가 대학을 졸업하고 세상에 나가서도 이렇게 말하는 걸 알고 기분이 어땠는지 물었다. "나는 점차 정신을 차리기 시작했다"라고 아빠가 말했다. "더 많은 연민을 느끼게 되었지. 지금껏 네가 얼마나 힘들었을지, 그동안은 진정으로 이해하지 못한 채 입으로만 떠들어댄 기분이었어."

우리는 한참 동안 대화를 나눴고, 두 분 모두 내가 듣게 되리라고는 생각지도 못한 말들을 하셨다. 나는 그들의 솔직함에 겸손해졌고 감동받았다. 우리가 실제로 이 이야기를 하고 있다는 게 조금 비현실적으로 느껴지기도 했다. 그렇지만 우리는 비교적 안

전한 영역에서 대화를 유지하고 있었다. 우리 가운데 누구도 형에 대해서는 언급하지 않았다. 나는 끝내 형 이야기를 꺼냈다. 나는 혹시 형을 군사학교에 보내는 걸 고려해본 적이 있는지 물었다. 부모님은 없다고 답했다. 엄마의 눈빛에 스민 고통이 느껴졌다.

"그거 아니, 존, 만일 내가 네 입장에서 어린 시절과 그때 겪었던 트라우마를 되돌아본다면, 부모에게 정말 화가 날 거야." 엄마가 말했다. "형을 제대로 다루지 못한 엄마 아빠가 실망스럽고 화도 나겠지. 네가 아직 어리고 취약했으니까, 그건 정말 이해할 수 없는 일이지. 그리고 나는…… 할 말이 없어. 불이 나면 작은 소화기로 끄고, 다음 불이 나면 그걸 끄고, 또 다음 불이 나면 또 그렇게 했어."

아빠는 얼굴을 찌푸리며 고개를 끄덕였다. 나는 그가 갈등하고 있다는 걸 알 수 있었다.

"날마다 토네이도 같았다. 맷 역시 그게 토네이도라는 걸 알았지. 이건 악마의 딜레마야. 왜냐, 우리가 나쁜 사람을 상대하는 게 아니었으니까"라고 아빠가 말했다. "걔는 자기가 폭발하는 방식이 싫으면서도 폭발을 막을 수가 없었어."

아빠는 형이 쓴 편지가 '이만큼이나' 쌓여 있다고 말하며 손가락 두 개를 반 뼘 정도 벌려 보였다. 아빠는 그 찢어진 낱장들을 침대 옆 협탁에 두고 주기적으로 읽는다고 했다. 오늘 밤 일은 정말 죄송해요, 제발 용서해주세요, 내일은 새로운 사람이 될게요, 저도 제가 왜 그러는지 모르겠어요. 정말 사랑해요.

엄마는 내게 이 프로젝트를 끝내기 전에 형과 대화할 계획이 있는지 물었다.
"정말 하고 싶죠"라고 내가 말했다. "하지만 형이 마음을 열지 모르겠네요."

26.

당신이 아니었다면

나는 그해 연휴를 리즈와 둘이서만 보냈다. 팬데믹 이후에 맞는 첫 겨울이었다. 어느 쪽이든 양가 부모님 댁에 가는 건 너무 위험하다고 느꼈다. 추수감사절에는 둘이 침대에서 메이시스 퍼레이드*를 보았다. 리즈는 오후 내내 칠면조 구이, 으깬 감자, 주홍 고구마, 크랜베리, 단호박 요리, 비트 샐러드를 준비해 근사한 식탁을 차려냈다. 부엌 테이블에 앉아 레이 찰스의 음악을 듣던 우리는 블랙프라이데이에 늦잠을 자고 일어나 남은 애플파이를 아침으로 먹었다. 어느덧 길 건너편 상점에서 크리스마스트리를 팔기 시작했다. 리즈가 현관문을 괴어 열어둔 사이 내가 진한 향을 풍기는 프레이저 전나무를 계단을 통해 옮겨왔다. 해 질 무렵 우

---

* Macy's parade. 메이시스 백화점이 주최하는 추수감사절 대규모 퍼레이드.

리는 거실에 전구를 걸었다. 리즈가 우리의 첫 이니셜이 새겨진 빨간 양말 한 쌍을 준비해 깜짝 선물로 주었다. 오너먼트를 건 다음엔 사진을 찍었고, 그녀가 기타로 〈징글벨 록Jingle Bell Rock〉을 연습하는 동안 나는 잡지를 봤다.

크리스마스를 약 일주일 앞두고 도시 전체가 눈으로 덮였다. 우리는 현관 신발장 뒤쪽에서 부츠를 꺼내 신고 노란 가로등이 비추는 길을 따라 동네를 걸었다. 모두가 집에 머무르는 시간, 거의 모든 집 창문에서 빛이 새어 나오고 있었다. 우리는 이웃들의 트리와 장식에 감탄했다. 다음 날 아침엔 썰매를 타며 손가락과 발가락이 얼얼해지도록 놀았다. 집에 와서는 〈화이트 크리스마스〉, 〈34번가의 기적〉, 〈머펫의 크리스마스 캐롤〉 등 거의 모든 크리스마스 영화를 이브 때까지 보았다. 크리스마스 아침에는 부모님, 조카들과 페이스타임을 하며 그 어느 때보다 더 멀리 떨어져 있음을 실감했다.

그 겨울 우리의 나날들은 평화로운 리듬을 타고 흘렀다. 집 안은 반복되는 일련의 소리들로 채워졌다. 운동기구가 윙윙거리는 소리, 오븐 타이머가 삑삑삑 세 번 울리는 소리, 건조기 벽에 달그락 부딪치는 금속 지퍼 소리. 우리는 끝없이 방영되는 리얼리티 쇼와 켄 번스의 다큐멘터리도 시청했다. 오랜 시간 한가로이 공원을 걷기도 했다. 주말에 일찍 자기도 하고 평일 밤엔 아무 이유 없이 늦게 잠들기도 했다. 리즈는 치킨 수프를 끓이고 초콜릿 칩 쿠키를 구웠다. 그녀는 엄마표 소고기 스튜 레시피를 완벽히 재현해 냈다. 나는 최대한 많이 읽고 많이 쓰려고 애썼다. 둘 다 아프지 않아서 너무나 감사했다.

리즈와 결혼하고 싶다는 생각은 꽤 오래전부터 하던 참이었다. 한데 이유를 알 수 없게도 그녀의 부모님께 말을 꺼내기가 두려웠다. 뭐랄까, 내가 충분히 좋은 신랑감이 아니라고 생각할 것만 같았다. 몇 주 동안이나 마음을 다잡고 전화를 걸어 마침내 부모님의 축복을 구했을 때, 그들은 주저 없이 찬성이라고 말했다. 우리는 내가 처음 리즈네 집에 갔을 때의 일을 떠올렸다. 모두와 함께 식탁에 둘러앉아 유월절 구절을 읽느라 분투했던 내 모습을. 나는 처음부터 나를 환영해주고, 판단하지 않으며, 깎아내리지 않는 그들에게 고마운 마음을 느꼈다. 내 전화에 리즈의 어머니는 울먹이는 목소리로 웃었고, 리즈와 내가 서로를 찾게 되어 정말 행복하다고 말했다.

리즈와 나는 어머니의 날 주말에 캘리포니아행 비행기에 올랐다. 1년 만에 처음으로 그녀의 가족을 만나는 기회였다. 어느 아침 우리는 선셋 블러바드를 따라 차를 몰아 윌 로저스 주립 공원으로 하이킹을 갔다. 정상에 올라 나무 벤치에 앉아서 태평양을 바라보았다. 나는 리즈에게 사랑을 고백하며 그녀가 나를 더 나은 사람으로 만들었다고 말했다. 그러고는 배낭에서 반지를 꺼냈다. 미소 짓던 리즈가 눈물을 흘리며 나를 끌어안았고 우리는 긴 입맞춤을 했다.

리즈가 내게 얼마나 많은 것을 해줬는지는 말로 다 표현할 수 없다. 그녀가 근긴장이상증을 겪은 여정을 처음 술집에서 털어놨을 때부터 나는 그녀의 강인함에 경탄해왔다. 그녀는 친구들뿐만 아니라 낯선 이들과도 자신의 장애에 대해 이렇듯 무심하게 이야기한다. 해당 주제에 대해 말할 때 편안한 분위기를 풍겨, 상대도 그것에 대해 편안하게 느끼도록 만든다. 그녀는 내가 말더듬과 관련한 모든 것에 대해 더 나은 대화를 시도하는 동안 늘 곁을 지켜주었다.

그리고 리즈가 해주는 소소한 일들이 있다. 그녀는 여전히 내 초고를 소리 내어 읽어준다. 내 목소리가 문장의 리듬을 깨는 것을 싫어한다는 걸 잘 알고 있어서다. 그리고 내가 심한 말막힘으로 고생한 날이면 뭉친 목 근육이 풀리도록 늘 문질러준다. 그러나 위로나 동료애 혹은 사랑 그 이상으로, 리즈는 나에게 수용이라는 선물을 주었다. 내가 그걸 보답할 수나 있을지 잘 모르겠다. 지금껏 살아온 지난날을 돌아보면, 내 삶은 말더듬을 마주하기 전과 후로 나뉘지 않는다. 내 삶은 리즈를 만나기 전과 후로 나뉜다. 그녀는 내가 온전한 나 자신을 보도록 해주었고, 더는 그것에서 도망치지 않게 해주었다.

청혼한 지 4개월 후, 우리는 다시 로스앤젤레스에 있었다. 리즈가 다시금 수술을 받아야 했다. 그녀의 가슴 속 배터리가 제 기능을 못하는 바람에 몇 주 동안 그녀의 근육은 수축하고 경련을 일으켰다. 그녀는 몇 블록도 걷지 못하고 통증으로 움찔했다. 나는 그녀의 다리와 발의 아치 부분을 주무르며 고통을 덜어주려 했지만 도움이 되지는 못했다. 그녀는 온몸이 아팠다. 의사들은 이제 재충전 가능한 배터리로 바꾸길 권했다. 만약 그렇게 하고 나서 운이 좋다면, 새 장치는 10년 정도 지속된다고. 이제 그녀는 큰 휴대용 기기를 사용해 사실상 매일 밤 자신을 충전해야 했다. 이 사실에 그녀는 머뭇거렸다. 우리는 재충전 가능한 배터리의 장단점을 지겹도록 따졌다. 결국 그녀는 수술을 받기로 했다.

    수술 당일 나는 새벽 4시 반에 알람을 맞췄다. 뒤척이던 리즈의 온몸이 긴장되어 있음을 느낄 수 있었다. 그녀는 몇 주 동안 잠을 제대로 못 잤다. 우리는 이를 닦고 옷을 입은 뒤 조용히 그녀 부모님의 주방을 지나갔다. 지난번 수술 때 나는 그녀의 부모님과 함께 대기실에 있었다. 이번에는 팬데믹 탓에 환자와 동행 가능한 보호자가 한 명으로 제한되었다. 리즈는 나를 택했다. 가운을 입고 내려온 그녀의 부모님이 리즈에게 사랑한다고 말한 뒤, 나는 칠흑 같은 어둠 속에서 차를 몰아 시더스-사이나이 병원으로 향했다.

    주차를 하고 구름다리를 건너 병원 5층으로 가는 엘리베이터에 탔다. 대기실에는 우리보다 마흔 살이나 많은 어르신들도 있었다. 우리가 가장 어린 편이었다. 간호사는 리즈를 호출해 수술복으로 갈아입고 노란 수면 양말을 신게 했다. 약 30분 후, 리즈가 전신마취를 받기 전 우리는 다시 만나기로 되어 있었다. 그녀를 만나러 들어서는 순간 뭔가 잘못된 것을 알 수 있었다. 그녀의 코에는 호흡 튜브가 꽂혀 있었고 정맥 삽입관에는 테이프와 붕대가 여러 겹 감겨 있었다. 리즈는 항상 바늘에 어려움을 겪었는데 이번에는 주사를 놓으려 할 때 기절해버렸다. 마침내 수술실로 향하는 리즈에게 나는 "사-사-사랑해, 자기"라고 더듬더듬 말하며 긴 복도를 따라 사라지는 그녀를 지켜보았다. 건물 주위를 천천히 돌며 머리를 식히려 했다. 커피를 사 들고, 병원에 오는 건 이번이 마지막이길 기도했다.

드디어 회복실로 안내받았다. 모퉁이를 돌자 저 멀리 리즈가 보였다. 즉시 미소가 지어졌다. 작은 컵에 사과 주스를 담아온 간호사가 내게 조그만 플라스틱 빨대를 리즈의 입에 대주라고 했다. 그녀 몸에는 여전히 여러 선들이 붙어 있었지만 얼굴에는 혈색이 돌아왔다. 침대 옆에 선 나는 리즈의 손을 잡고 어깨를 주물렀다. 그녀의 머리카락은 파란 머리망을 쓴 탓에 부스스하게 눌려 있었다. 나는 그녀의 부모님과 형제들, 그리고 내 가족에게 그녀가 괜찮다고 문자 메시지를 보냈다. 잠시 후 간호사가 리즈에게 일어나서 걸어보라고 했다. 한 직원이 그녀를 휠체어에 태워주었고 우리는 함께 주차장으로 내려갔다. 나는 집까지 아주 천천히 운전했다. 리즈네 동네로 들어서던 길, 회복실로 나를 부른 간호사가 '아내분'이란 호칭을 썼는데 내가 그 말을 바로잡지 않았다고 그녀에게 말했다. 리즈는 미소를 지었다.

27.

프렌즈

가느다란 물줄기가 나무판자 보도교 아래로 보이는 거대한 잿빛 바위 사이를 흘러간다. 말을 더듬는 이들이 차례차례 한 명씩, 다리 진입로 무대에 마련된 마이크에 다가가 말을 한다. 나는 말하고 싶지 않은데도 어느새 줄을 향해 걷고 있다. 보이지 않는 힘이 나를 앞으로 미는 듯하다. 내가 여기 있으리라고는 상상도 해본 적 없다.

내 주위로는 아이들과 십 대들, 치료사들이 있다. 물론 나 같은 어른들도 있는데 모두들 평생 말을 더듬었고, 어릴 때는 부끄러워서 이런 데 오는 걸 엄두도 못 냈다. 이곳에 모인 우리는 전국 말더듬이 유소년 협회: 프렌즈Friends: The National Association of Young People Who Stutter의 연례 모임 폐막식에 참가 중이다. 이 비영리단체는 1990년대 후반 언어치료사이자 말더듬이 자녀를 둔 리 카지아노Lee Caggiano, 그리고 전국 말더듬 협회의 전신인 전국 말더듬 프로젝트의 초기 멤버 존 알바흐John Ahlbach가 설립했다.

나는 다만 지켜보려는 목적으로 프렌즈 모임에 간다고 스스로 되뇌었다. 그리고 사흘간 컨벤션 홀을 돌아다니며 모든 것을 지켜보았다. 일주일 전 전국 말더듬 협회 콘퍼런스에서도 똑같이 했다. 그곳에서 나는 성실하게 말더듬 연구 발표를 들었다. 강연장 문에 기대어 서서 버드 박사의 기조연설을 지켜보았다. 그녀의 연설은 사실상 언어치료사 동료들에게 의료 과실에 대한 책임을 묻고 있었다.

프렌즈 폐막식에서 다리 진입로로 가기 직전 우리는 몇 가지 생각을 종이에 적으라는 안내를 받았다. 그 순간, 스물두 살 말더듬이 그레이스가 며칠 전 했던 말이 머릿속에 스쳤다. 그레이스는 '세상이 우리를 어떻게 보길 원하는가'라는 제목의 6인 패널 토론에서 무대 중앙에 앉아 있었다. 그녀는 이 질문과 더불어 말더듬에 힘을 실어주기라는 더 큰 주제에 대해 완전히 다른 방식으로 접근했다.

"말더듬을 떠올릴 때 우리는 그게 나쁘다고 생각해요. 하지만 순순히 인정하지 않고 해로운 긍정성으로 애써 덮어버리죠. 저는 그게 공정하지 않다고 생각해요"라고 그레이스가 말문을 열었다. 관중석의 몇몇 부모들은 초조한 듯 자세를 고쳐 앉았다. "세상이 저를 어떻게 보길 원하는지에 대한 대답은, 잘 모르겠어요. 하지만 제가 어떻게 보이길 원치 **않는지는** 알아요. 저는 제가 스스로를 보는 방식으로 세상이 저를 보지 않으면 좋겠어요."

그레이스는 타미에게 마이크를 넘겼다. 타미에겐 말더듬이 자녀가 있다.

"카지아노가 제게 세상이 저희 아들을 어떻게 봤으면 하는지 말해달라고 부탁했을 때, 곧바로 양가적인 감정이 들었어요"라고 타미는 말했다. "마음이 벅차올랐죠. 절대적으로 사랑하는 아들에 대해 이야기할 기회가 생겼으니까요. 하지만 동시에 마음이 무거웠어요. 말더듬이이자 흑인 남성, 흑인 소년인 아들을 둔 제게 이런 문제는 매일의 고민거리니까요." 그녀는 관중석 한쪽 구석을 향해 시선을 돌렸다. "그리고 당신이 아끼는 누군가가 바꿀 수 없는 특성들을 지니고 있다면, 당신은 그저 그가 세상에 보이기만 해도 좋겠다고 생각하죠."

프렌즈는 하향식이 아닌 상향식 접근법을 취하는 모임으로 많은 워크숍과 회의를 유소년들이 주도한다. 어떤 면에서 프렌즈에 오는 성인 말더듬이들은 아이들이 자유롭게 뛰어다니며 말더듬는 모습에서 대리만족을 느끼는지도 모른다. 나는 멘토 역할을 맡기로 했지만 일주일 내내 오히려 아이들에게 더 많은 것을 배운다는 느낌을 받았다.

많은 언어치료사들 역시 프렌즈에 참가하기 위해 긴 여정을 감수한다. 미국 말더듬 연구소 소속 치료사인 차야 골드스타인Chaya Goldstein은 트라우마 기반 치료trauma-informed therapy에 대해 발표했다. 차야는 치료사일 뿐만 아니라 말더듬이이기도 하다. 그녀는 트라우마가 두 가지 범주로 나뉜다고 설명했다. (교통사고와 같은 단일 사건이 유발한) 충격 트라우마shock trauma와 (시간이 지남에 따라 복합적으로 발생한 연속적인 사건에 따른) 발달 트라우마developmental trauma가 있다고. 그녀는 말더듬이가 자주 경험하는 과도 활성화된 투쟁-도피 반응에 대해 이야기하며 외상 후 스트레스 장애PTSD 전문가 미셸 로즌솔Michele Rosenthal의 말을 인용했다. "트라우마는 당신이 선택한 적 없는 변화를 만듭니다. 치유는 당신이 선택한 변화를 만들어내는 것입니다."

프렌즈는 아주 훌륭한 말더듬이 커뮤니티의 사례다. 모두가 서로 돕기 위해 그곳에 온다. 일주일 내내 내 기사를 읽은 부모들이 세션 중간중간 나를 찾아와 자녀들과의 관계에 대한 조언을 구했다. 거의 대부분 부모들의 눈빛에는 연민과 두려움이 뒤섞여 있었다. 부모들은 근본적으로 같은 질문을 변주해 반복적으로 물었다. 우리 아들은 무슨 생각을 하고 있을까요? 우리 딸은 제가 뭐라고 말해주길 바랄까요?

부모들에게 뭐라고 답해야 할지 알 수 없었지만, 다만 아이들을 어른 대하듯 하라고 조언했다. 나는 어린 말더듬이들이 날마다 많은 것들을 헤쳐나가야 하며, 그 과정에서 굉장히 빨리 성숙해진다는 점을 상기시켰다. 아이가 수업에 참여하려 애쓰는 모습, 전화를 받으려고 분투하는 모습을 생생하게 전하는 부모들의 말에 나는 공감했다. 그리고 이해했다. 상대방이 아이를 깔보는 게 뻔한 와중에 아이가 말하려 애쓰는 모습을 지켜보는 게 얼마나 힘든 일일지 상상조차 할 수 없었다. 그러나 나는 부모들에게 이런 메시지를 전하고 싶었다. 레스토랑에서 목격하는 단 한 번의 상황은 아이가 하루에 겪는 50번의 비슷한 상호작용 중 한 번에 불과하다는 점. 나머지 49번의 상황에서는 부모가 아이를 지켜줄 수 없다는 사실도. 듣기 힘든 진실일지 몰라도 부모들을 속상하게 하려는 의도는 아니었다. 부모들이 이해하길 바랐던 건, 그들이 생각하는 것보다 아이들은 훨씬 더, 사실상 50배는 더 강하다는 사실이었다.

행사 마지막 날 호텔 옆 주차장에는 큰 천막이 세워지고 다양한 소품들이 등장했다. 행사 주최자인 리가 그레이스와 나에게 모형 델리 계산대 뒤에 서달라고 부탁했다. 그레이스는 앞치마를 입었고 나는 큼지막한 흰색 요리사 모자를 썼다. 작은 플라스틱 고기 조각들과 손수 그린 메뉴판도 준비되어 있었다. 아이들은 우리에게 다가와 주문을 했다. 이 활동의 목표는 어린 말더듬이들이 이런 상황에 익숙해져서 자신이 정말 원하는 것을 말로 표현하기를 두려워하지 않도록 돕는 것이었다. 우리는 가볍고 재미있게 활동을 이어가려 노력했지만, 가끔 아이들이 특정 소리에서 심하게 막혀 좌절하며 돌아서는 경우도 있었다. 어떤 부모들은 몇 발짝 떨어진 곳에서 눈물을 글썽이며 이 모습을 지켜보았다. 나도 울고 싶은 충동을 억눌러야만 했다.

일주일 내내 나는 내 또래 말더듬이 알렉산더 버데이와 계속 마주쳤다. 그는 뉴욕에서 자랐고 지금은 서부에 거주한다. 키가 훤칠하고 건강하게 그을린 근육질 피부에 문신을 한 그는 덩치가 커서 위압적인 인상을 준다. 하지만 대화를 몇 마디 나눠보면 그가 상냥한 거인이라는 걸 알게 된다. 상점 활동을 마친 나는 요리사 모자를 벗고 호텔 안으로 들어갔다. 그때 복도에서 알렉산더와 마주쳤다.

"안녕하세요" 하고 그가 부드럽게 웃으며 인사를 건넸다. 나는 방금 활동에서 만난 아이들과 그것을 지켜보던 부모들에 대해 이야기했다. 알렉산더는 나를 비롯한 여느 말더듬이와 마찬가지로, 자신이 지닌 문제를 어떻게 다룰지 몰라 가족이 많은 일을 겪어야 했다고 털어놨다. 그가 문제를 다룬 한 가지 방법은 스스로 언어치료사가 되는 것이었다. 복도에 선 우리가 서로를 바라보는 동안, 내 안의 무언가가 무너져내리기 시작했다.

"저는, 음, 그러니까……"

목구멍에 무언가가 걸린 듯했다. 무슨 말을 하려 했는지조차 알 수 없었다. 알렉산더는 서둘러 내 말을 도와주려 하지 않았다. 잠자코 바라보며 기다려주었다. 그는 깊은숨을 들이쉬고, 또 한 번 들이쉬었다. 다시금 말을 꺼내려 시도하던 나는 결국 울기 시작했다. 고개를 숙이고 셔츠 소매로 눈물을 훔쳤다. 하지만 눈물이 멈추지 않았다. 고개를 들어 그를 바라보니 그의 표정에는 변화가 없었다. 그는 그저 곁에 머물며 내가 이 감정을 쏟아내도록 내버려두었다. 나는 이제 훌쩍이고 있었다. 알렉산더는 내게 안아줘도 되겠냐고 물었다. 나는 그의 오른쪽 어깨에 기대어 울었다. 그는 아무 말도 하지 않았다. 다만 천천히, 깊게 숨을 들이쉬며 내가 마음을 추스르도록 기다려주었다.

한 시간쯤 뒤에 참가자 모두가 다리에 모였다. 이제 드디어 내가 마이크 앞으로 나설 차례가 되었다. 나는 마이크를 얼굴 쪽으로 들어 올리고 어색하게 숨을 내쉬었다. 음향 시스템에서 날카로운 소리가 빽 울렸다. 첫 단어에서 막히는 순간 본능적으로 발끝을 내려다보았다. 마침내 그 단어를 내뱉고 나서야 겨우 시선을 들어 청중을 바라봤다.

나는 그곳에 모인 수십 명의 말더듬이와 부모, 치료사들에게 이렇게 말했다. 가족들이 당신을 얼마나 사랑하든—물론 그들은 당신을 사랑한다—당신이 겪는 일을 결코 진정으로 이해하지는 못할 수도 있다고. 나는 말이 막혀 고개를 돌렸다가 가까스로 사람들과 시선을 맞추었다.

"하지만 어느 시점엔…… 그 사실을 받아들여야만 해요."

매년 장소를 옮기며 열리는 프렌즈 행사가 그해 여름엔 콜로라도에서 열렸다. 나는 행사에 참여해 경험도 쌓을 겸 비행기에 올랐다. 물론 근처에 거주하는 어느 말더듬이를 만나 함께 시간을 보내려는 목적도 있었다. 바로 헌터 마르티네스였다.

행사가 끝난 다음 날 아침, 덴버에서 남동쪽으로 약 25마일 떨어진 파커에 헌터를 만나러 갔다. 그가 가장 좋아하는 호텔 바 입구에서 악수를 나누는데 그의 손이 꽤 묵직하게 잡혔다. 눈 밑에는 짙은 다크서클이 있어도 그는 에너지가 넘쳤고 기분도 좋아 보였다. 그는 큼지막한 햄버거와 시원한 맥주를 주문했다. 우리는 그곳에 앉아 두 시간 넘게 말더듬에 대해 얘기했다. 그는 최근 암 투병 과정에 대해서도 들려주었다. 남은 여름 계획에 관한 대화도 나눴다. 헌터는 다음 달 제시카, 하퍼와 함께 비행기를 타고 노스캐롤라이나주 애슈빌로 떠날 예정이었다. 지난 주말에는 크레스티드 뷰트에서 친구들과 시간을 보냈고 얼마 전에는 제시카와 단둘이 하와이 마우이에서 결혼 6주년을 기념했다고 했다. 헌터는 한결 가벼워 보였다.

그가 암 진단을 받은 지도 1년이 가까워왔다. 지금까지 그는 20회가 넘는 항암치료를 견뎌냈다. 치료 덕분에 종양 크기는 상당히 줄었지만 전이된 상태는 그대로여서 간과 폐에 여전히 남아 있었다. 헌터는 더 이상 나아가지 못하고 정체된 듯한 기분에 좌절감을 느낀다고 말했다. 그럼에도 매일 아침 일어나 자신의 삶을 살고 있었다. 그리고 말더듬에 개의치 않고 자신 있게 말하며 사교적으로 지냈다.

점심을 먹은 뒤 헌터는 나를 집으로 초대했다. 제시카는 여행 준비를 하느라 빨래를 하고 있었다. 하퍼는 막 낮잠에서 깬 참이었다. 우리는 거실 소파에 몸을 기댄 채 그의 반려견과 놀았다. 헌터는 내가 처음 제시카와 대화를 시작할 때 심하게 말을 더듬다가 대화를 나눌수록 (비교적) 유창해진다는 점을 지적했다. 나는 미소를 지었다. 그리고 제시카에게 헌터도 새로운 사람을 만날 때 비슷한 모습을 보이는지 물었다. 그녀는 그렇다고 답했고 우리는 다 함께 웃었다.

10월에 나는 손에 땀을 쥐게 하는 댈러스 카우보이스[풋볼팀] 경기 막판에 헌터에게 문자를 보냈다. 그는 평생 카우보이스 팬이었다. "혈압 조심해요, 기도할게요." 내 문자를 받은 그가 웃으며 답했다. "좋은 아빠 노릇 하느라 지금 하퍼 재우는 중이에요. 긴장감 넘치는 게임은 구경도 못하고요." 우리는 서로의 삶의 근황도 나누었다. "치료는 잘 받고 있어요. 괜찮은 진전도 있고요." 그가 말했다.

우리는 크리스마스를 사흘 앞둔 날 따뜻한 문자 메시지를 몇 번 주고받았고, 새해를 앞두고도 다시 연락했다. 하지만 상황은 조금 달라져 있었다. 헌터의 표현을 빌리면 그는 여전히 '항암 치료의 기차'에 타고 있었지만, 추가 수술 또한 준비하고 있었다. "방사선 기기를 요추에 삽입하고 허리를 강화하기 위해 골시멘트 시술을 받을 예정이에요." 그가 문자로 전했다. "날짜는 아직 정해지지 않았는데 아마 다음 주쯤일 거예요." 나는 그에게 늘 생각하고 있겠다고, 상태가 조금 더 나아지면 전화로 긴 대화를 나누고 싶다고 말했다. 그는 "좋은 생각입니다!"라고 답장을 보내왔다.

2주 후 그에게 문자를 보냈다. 몇 시간이 지나도록 답장이 없었다. 이전에는 이런 일이 한 번도 없었다. 그러다 휴대폰에 새 메시지 알림이 떴을 때, 잠시간 숨이 멎었다. 메시지는 헌터가 아닌 제시카에게 온 것이었다.

이따금씩 헌터가 2019년 11월에 내게 처음 보낸 이메일을 떠올린다. 바이든 기사가 온라인에 게재된 지 몇 시간 후에 들어온 메일이었다. "말더듬이로 살면서 변호사로 일하는 건 때로 무척 힘든 일입니다. 의뢰인과 동료 변호사들이 제가 필요한 지식을 갖추지 못했다고 불안해할까봐 걱정되거든요." 그는 이렇게도 썼다. "기사를 써주어서 정말 감사합니다. 그건 정말 큰 의미가 있어요. 저를 비롯한 수많은 말더듬이에게요."

이 책을 위해 인터뷰하고 싶은 이들의 목록을 작성하던 나는 헌터의 이름 옆에 몇 마디를 적어두었다. 처음에는 '콜로라도주에 사는 말더듬이 변호사'라고 썼다. 첫 대화를 나눈 뒤 그의 암 투병 여정을 추가로 기록했지만 헌터와 이야기를 나눌수록 그의 새로운 면모들을 알아갔다.

헌터는 단순히 변호사나 암 환자가 아니었다. 그는 충실한 친구이자 헌신적인 가장이었다. 그가 크리스마스를 이틀 앞두고 인스타그램에 올린 마지막 게시물은 하퍼가 첫걸음마를 내딛는 영상이었다. 분홍색 바디수트를 입은 하퍼는 웃는 얼굴로 테이블 주위를 아장아장 걸으며 손뼉을 치고 있다. 다양한 면모 가운데서도 헌터 마르티네스는 특히, 환하게 웃는 아빠였다.

"그가 얼마나 아픈지는 많이들 잘 몰랐어요. 그는 그런 사람이에요"라고 후에 제시카가 내게 말했다. "그는 사람들이 걱정해주길 원치 않았어요. 그저 그를 헌터로 기억해주길 바랐죠."

말더듬이로서도 그가 바로 그렇게 살아왔다는 것을, 나는 명확히 깨달았다.

28.

형제

　형은 내가 책을 쓴다는 사실을 알고 있었다. 하지만 우리는 여전히 책에 대한 이야기를 꺼내지 못했다. 조카의 생일 파티에서 몇몇 지인들이 내 프로젝트가 어떻게 진행되어가는지 물었다. 형은 대화가 들릴 만한 거리에 있었지만 내가 이야기를 시작하자 일부러 자리를 피하는 듯 보였다. 물론 그를 비난할 수는 없었다.
　한동안 우리는 간결한 문자를 주고받았다. 주로 사소한 일에 대해 형식적이고 딱딱한 방식으로 근황을 나눴다. 나는 같은 문장을 여러 버전으로 쓰다가 중단하곤 했다. 형의 휴대폰 화면에서 세 개의 점이 깜빡이다 사라지는 모습이 상상되었다.
　형과 대화하지 않고는 원고를 완성할 수 없었다. 내가 공개적으로 말더듬을 대면한 지는 2년이 지났고, 바에서 형과 독대한 날 밤으로부터는 3년이 지난 참이었다. 팬데믹 기간에 나는 거의 매일 밤 새로운 말더듬이와 대화를 나눴다. 대화는 한 시간, 두 시간,

심지어 세 시간 동안 이어지곤 했다. 나는 이 말더듬이 동지들에게 누구에게도 말하지 못했던, 특히 가족에게 말하기 두려웠던 것들을 털어놓았다.

콜로라도에서 집으로 돌아온 몇 주 뒤에 형에게 문자를 보내 워싱턴 D.C.에 방문할까 생각 중이라고 말했다. 우리의 과거나 내 말더듬에 대한 대화에 관해서는 언급하지 않았다. 그는 다정하게 대꾸했다.

안녕 존! 다음 주말에 일정 없어, 꼭 볼 수 있으면 좋겠다.

일주일 후 나는 다시 문자를 보내 뉴욕에서 내려가는 길에 부모님 집에 들러 며칠 묵을 예정이라고 말했다. 이제 드디어 그 말을 꺼낼 마음의 준비를 마쳤다. 새로이 문장을 입력하기 시작했다. 혹시 우리 이야기 좀……

그때 휴대폰 화면에 세 개의 점이 나타났다.

다른 이야기이긴 한데, 네 책과 관련해서 나누고픈 대화가 있다면 나도 기꺼이 돕고 싶어. 나로서는 지금이 좋은 시기인 것 같아.

리즈가 함께 가겠다고 제안했지만 이건 나 혼자 해결해야 할 문제 같았다. 같은 주 목요일에 집을 나선 뒤 저녁 무렵 부모님 댁 진입로에 차를 댔다. 엄마는 내가 좋아하는 것들을 잔뜩 준비해두셨다. 파스타 샐러드, 갓 구운 따뜻한 치킨, 그리고 냉장고에는 밀러 라이트 맥주가 있었다. 조리대 위에서는 알루미늄포일에 덮인 브라우니가 식어가고 있었다. 엄마는 세탁해둔 수건들을 가지런히 개어 내 침대 가장자리에 대칭을 이루게 쌓아두셨다.

다음 날 밤, 부모님과 함께 차를 타고 집에 돌아오는 길에 엄마가 뜬금없이 말했다. "네 형이 얼마나 훌륭한 아빠인지 알게 될 거다." 나는 작게 한숨을 내쉬었다. 부모님이 내게 형의 좋은 점을 일부러 보여주려는 것처럼 느껴졌다. 다음 날 아침 식사를 하러 내려갔더니, 엄마는 이미 잉글리시 머핀에 베이컨, 달걀, 치즈를 올린 샌드위치를 준비해두셨다. 주방 조리대에는 따뜻한 커피 주전자가 놓여 있었고, 내 접시 옆에는 작은 병에 담긴 오렌지 주스가 있었다. 작별 인사를 나누는 포옹에서 엄마의 긴장감이 전해졌다. 엄마는 두 아들이 소원해지는 걸 원치 않으셨다. 차에 올라탄 나는 워싱턴으로 향하는 I-95 고속도로를 타고 달리기 시작했다.

형은 그날 오후 느지막이 포토맥 강의 작은 섬 헤인스 포인트에서 가족과 함께 미니 골프를 치자고 제안했다. 록크릭 공원을 지나며 에어컨을 끄고 창문을 열었다. 도시를 휩쓴 폭풍이 지나고 여름비의 쇳내가 차 안으로 밀려들었다. 아스팔트 위로 증기가 피어오르고 있었다. 팔이 끈적끈적하게 느껴졌다. 먼저 도착한 나는 초조하게 기다렸다. 그날 오후에는 조카들과 놀다가 밤에 아이들이 잠들면 형과 이야기를 나눌 계획이었다. 주차장에 진입하는 형의 차를 본 순간 다가가기가 망설여졌다. 우리가 정말 대화를 나누게 될까?

몇 시간 후 나는 형네 집 쪽문을 열고 들어가 뒤뜰로 향했다. 형이 둥근 전구를 매단 조명 아래에서 골프 스윙 연습을 하고 있었다. 조카가 잠옷을 입은 채 뒤뜰로 통하는 망사문을 활짝 열고 뛰어나왔다. 우리는 한 명씩 돌아가며 차갑게 젖은 잔디 위로 공을 몇 번씩 쳐보았다. 그러고 나서 제니가 조카를 데리고 잠자리로 들어갔다. 그녀 뒤로 문이 닫히는 순간, 이제 아무도 나오지 않으리란 걸 감지할 수 있었다. 이제 형과 나 둘만 남았다.

우리는 소소한 대화를 너무 오래 이어갔다. 나는 아래를 보다가 다시 조명을 올려다보고, 아이들 놀이기구 쪽을 바라보았다. 과거 이야기를 꺼낼 순간이 오기를 계속 기다렸다. 11시가 조금 넘었을 때 형이 나보다 먼저 말을 꺼냈다. 그는 어떤 이야기든 내가 하고픈 대화를 기꺼이 나눌 준비가 되어 있다고 말했다. 전혀 예상치 못한 말이었다.

나는 우리 사이에 있는 테이블 위에 휴대폰을 내려두며 화면이 위로 향하게 해서 새 음성 메모를 열었다. 녹음을 시작해도 되는지 형에게 허락을 구했다. 그는 휴대폰을 보더니 "물론"이라고 했다. 나는 의자 등받이에 몸을 기대었다.

"적어둔 질문은…… 없어"라고 형에게 말했다. "이 프로젝트와 관련해서…… 승자와 패자의 구도로 접근하려는 건 절대 아니야." 나는 지난 2년간 내 삶이 어땠는지, 말더듬을 그만 숨기려고 어떤 시도를 했는지 이야기했다. 짐, 라일, 즈즈즈즈제롬, 로신, 헌터 등 그간 만났던 말더듬이들에 대해서도 말했다. 대화했던 거의 모든 이들이 가족과의 사이에서 어떤 미완의 감정을 떠안고 사는 듯 보였다고도 말했다. 나는 두서없이 떠들어대다가 형이 증인석에 앉은 게 아니라는 걸 알아주면 좋겠다고 했다. 그는 듣고 있었다. 고개도 끄덕였다. 형이 중간에 내 말을 끊지 않는다는 사실이 놀라웠다.

나는 2018년 10월, 우리가 처음으로 내 말더듬—그리고 우리의 과거—에 대해 이야기하려 했던 밤 이야기를 꺼냈다. 그 이후로 우리 둘의 삶에서 많은 것이 바뀌었다. 나는 형에게 그날 밤과 비교해 지금은 어떤 느낌이 드는지 물었다.

"그땐 방어적이었어"라고 그는 담담하게 말했다. "엄청 경계하고 있었지. 솔직히 지금은 그렇게 느끼지 않아. 서로의 관점과 지난 일들에 대해 훨씬 더 열린 태도로 나눌 수 있었을 텐데 싶고. 물론 우리의 어린 시절 관계에서 누가 피해자인지에 관해서라면 의문의 여지가 없지. 그때도 나는 그걸 부정할 생각은 없었어."

나는 고개를 끄덕였다. 녹음이 잘되고 있는지 확인하려고 흘끗 휴대폰을 봤다. 조그만 녹색 노트와 펜이 내 무릎 위에 놓여 있었는데—누가 기자 아니랄까봐—그저 영화 소품처럼 느껴졌다. 책을 쓴다는 명목으로 목적을 가지고 앉아 있긴 했지만, 마치 기자 출입증을 가슴 언저리에 달고 있는 기분이 들어 이 상황이 약간 어리석게 느껴졌다. 형과 앉아 대화를 나누는데 이 모든 장치가 필요한 게 말이 되는가.

형과 바에서 대화를 나눴던 3년 전 그 무렵에 나는 몇 달째 심리치료를 받고 있었다. 아직 리즈를 만나기 전이었다. 그때 형은 두 살배기 아이의 아빠였다. 그러다 팬데믹이 시작된 지 한 달 만에 둘째 아들이 태어났다.

"나는 단순히 둘째를 얻은 게 아니야. 첫째보다 네 살 어린 아들을 얻었지." 형이 말했다. 두 아이의 나이 차가 우리의 나이 차와 대칭적이라는 점을 손짓으로 표현했다. "넌 우리 둘째가 나를 닮았다고 생각하겠지만, 나는 그 애가 너를 닮았다고 생각해"라고 이어 말했다. "그런 유사점이, 특히 이번 팬데믹 내내 그런 유사점을 정말 강렬하게 느끼면서 집에 머물렀던 게, 내게 정말, 정말로 큰 영향을 미쳤어." 그는 마당 쪽을 바라보았다. "어린 시절의 부끄럽고, 너무 실망스러울 정도로 부족했던 순간들을 다시 되돌릴 수는 없어. 하지만 세상이 이런 일을 참 기이하게 풀어나가는 방식 덕분에, 나는 네 살 터울의 두 소년—형제들—이 더 나은 유년기를 함께 보내고, 더 나은 관계를 가진 모습을 지켜볼 기회를 얻었지. 내가 그걸 얼마나 중요하게 여기는지 말로 다 표현할 수가 없어."

그날 오후를 떠올렸다. 형의 차로 다가가 어색하게 포옹을 나누었던 순간. 그는 내 옆에 있는 게 불편해 보였다. 심지어 두려워하는 듯도 했다. 형의 셔츠 등판이 이미 땀으로 축축해진 게 보였다. 과거의 형은 이런 종류의 야유회에서 늘 최악의 모습을 드러냈다. 경쟁의 요소가 조금만 있어도 금방 화를 냈고, 욕을 하거나 골프채를 던지고, 집으로 돌아오는 차 안에서 폭발해버렸다. 하지만 이번엔 달랐다. 그는 점수를 매기려고 하지도 않았다. 누구에게나 인내심을 보였고, 모두를 응원했다. 막둥이 조카는 아장아장

필드 위를 걸어와 내 공을 훔쳐가곤 했다. 라운드를 마치고 나니 형이 맥주와 간식을 준비해두었다. 그는 차분했고 사랑이 넘쳤다. 모두를 챙기고 싶어 하는 것처럼 보였다.

나는 이런 모습의 형을 몇 번인가 얼핏 본 적이 있다. 내가 열일곱이던 고등학교 3학년 말 무렵, 대학생이던 형은 나를 자기 집에 초대해 하룻밤 묵게 했다. 우리는 쿠어스 라이트 맥주를 마시고 대마초도 피우고, 친구들과 비어퐁 게임을 하다가 늦은 밤 기름진 치즈 스테이크를 먹으러 길을 건넜다. 나는 형 친구들 앞에서 말을 더듬었지만, 그날 밤 처음으로 형은 그걸 대수롭지 않게 여기는 듯 보였다. 그는 막 스물한 살이 된 참이었다. 그날 오후 내가 떠나기 전에 그는 내게 진심 어린 편지를 써서 건넸다. 편지에서 형은 더 이상 나를 괴롭히지 않고 말더듬을 놀리지 않겠다고 약속했다.

뒷마당에 앉은 우리는 당시 기억을 끄집어냈다. 나는 그때 무슨 변화가 있었길래 갑자기 나를 부르고 싶었는지 물었다. 형은 고개를 저었다.

"민망하네"라고 그가 말했다. "그렇게 오랜 시간이 걸린 게, 그리고 그 과정에서 놓친 기회가 너무 많았다는 게 정말 창피해."

간결한 참회의 표현이 이토록 큰 힘을 발휘하는 게 놀라웠다. 그 말을 들으면서 느낀 안도감은 내 마음의 시야를 넓혀 우리 과거의 더 긍정적인 이미지들을 바라보게 했다. 형이 주말 미식축구 경기를 보러 우리 학교까지 왔던 일, 내가 덴버에 살 때 날 보러 비행기를 타고 놀러 왔던 기억들이 떠올랐다.

형은 자신의 십 대 시절에 대해 이야기하기 시작했다. 남자 학교에 다니며 소위 '잘나가는' 무리들을 보면 주눅이 들고 겁도 나는 느낌이 들었다고. 그 무렵 삼촌이 낡은 미쓰비시 픽업트럭을 우리 가족에게 주었다. 엄마나 아빠가 그 트럭을 타고 형을 데리러 학교에 오면 형은 친구들 눈에 띄지 않으려고 몸을 웅크렸다. 그는 자신의 여드름 피부와 여러 문제들이 부끄러웠고, 그 분노를 나에게 쏟아부었다고 털어놓았다.

"나는 다른 친구들보다 부족하다고 느꼈고, 그래서 가능한 한 있어 보이려고 애썼어. 트럭에서 내리는 모습이든, 아니면, 정말 부끄럽지만, 동생이 말을, 음……" 그는 머뭇거렸다. "그러니까…… 어떤 **어려움**을 가지고 있다는 거…… 아니면 우리가 걔들과 같은 동네에 살지 않는 것, 내 기준에서 나의 '점수'를 깎아먹는 듯 보이는 건 뭐든 숨겼지."

그는 잠시 사이를 두었다.

"조심스러울 수밖에 없어, 왜냐면 나는 '그 사람이 누군지 모른다'고 말하려는 게 아니거든." 형이 자신의 지난날을 두고 말했다. "그 시절의 나를 돌아보면, 내가 그 사람을 모르는 것 같은 **기분이** 들어. 내가 그런 사람이었다는 사실이 **정말로** 신경 쓰여. 그 시절을 이제 돌이킬 수 없다는 게 말이야. 그래서 내가 우리 애들에 대해 말하려는 건 이거야. 진정으로 둘의 관계를 돌봐줄 수 있는 어떤 의미 있는 기회랄까, 아이들이 어떻게 사람을 대하는지, 그리고 내가 지나온 인생의 시기를 어떻게 헤쳐나가는지도 봐주고 말이야."

나는 형과의 힘겨웠던 통화 얘기를 꺼냈다. 바이든 기사를 발표하기 며칠 전인 2019년 11월, 나는 형에게 연락해 기사에 "우리 형은 나를 놀리곤 했다"라는 정확히 한 문장이 들어 있다고 말했다. 사실 그건 진실을 축소한 표현이었다. 기사에서 형의 괴롭힘에 관해 깊이 다루고 싶지 않았다. 어찌 보면 나는 늘 본능적으로 형의 감정을 보호하려고 했다. 나는 형을 사랑한다. 형도 나를 사랑한다. 그럼에도 어쨌든, 형은 그 문장이 들어간 것 자체에 화가 났다. 같은 주 후반, 마침내 전체 기사를 읽은 형은 뭔가를 조금씩 이해하기 시작했다. 아주 조금씩, 이전에는 하지 못했던 방식으로 내 말더듬이 지닌 무게를 이해하기 시작했다.

텔레비전에 나오는 나를 보는 걸 형은 힘들어했다. 자랑스러워하면서도 내가 말하려고 분투하는 모습을 마지못해 지켜봐야 하는 상황을 여전히 불편해했다. 그럼에도 형은 2020년 민주당 전당대회에서 열세 살의 브레이든 해링턴이 말 더듬는 모습을 보고 내게 연락을 해왔다. 어린 나이에 그런 용기를 낸다는 것은 상상조차 할 수 없었다. 감동적인 순간이었다. 형은 브레이든의 모습에 충격을 받았고, 내가 이 커뮤니티에서 리더로 활동한다는 사실이 자랑스럽다고 말했다. 브레이든이 연설한 직후 많은 이의 문자를 받았지만, 형의 메시지가 내겐 가장 큰 의미였다.

뒷마당에서 형과 마주 앉은 나는 리즈와 좋은 친구들이 있고 일을 할 수 있다는 게 얼마나 큰 행운이자 복인지 말해주었다.

"너는 운이 좋거나 복을 받은 게 아니야"라고 그가 말했다. "그건 마치 네게 우연히 찾아온 것처럼 들리잖아. 너는 내가 가지지 못한 강인함과 용기로 이 모든 걸 이뤄냈어. 아마 나는 해내지 못했을 거야. 그 모든 어려움에 대처하고 버텨낼 수 없었을 것 같아. '넘어섰다'는 표현이 적절하다고 생각해, 단순히 '이겨냈다'라는 말과는 다르잖아. 그건……"

"형도 말더듬을 향한 **두려움**을 넘어설 수 있어"라고 나는 말했다.

"그래, 그리고 넌 충실한 인생을 살고 있어. 운이나 복이라고 하지 마. 그건 정말로, 경이로운 강인함과 용기 덕분이야. 네가 겪어온 일들을 내가 이해할 수나 있을지 모르겠어, 솔직히 말하면 감당하기 버거울 것 같아."

늦은 밤 나는 형에게 그간 만났던 많은 말더듬이가 우울증 경험에 대해 나눠준 이야기를 들려줬다. 나는 우리 가족이 이사한 뒤에 처음으로 겪었던 우울증에 대해서도 말했다. 형은 속상해했다.

"그때 네 곁에 더 많이 있어주지 못해서 미안해"라고 그가 말했다. "정말로 미안해. 난 이제, 부모로서 아이가 고통스러워하는 모습을 보면 눈물이 차오르거든. 그때 옆에 있어주지 못해서 미안해. 내가 상황을 더 나쁘게 만든 건 말할 것도 없지. 정말 미안해. 내가 할 수 있는 말은 그게 전부야." 형은 몇 분 후에 다시 말했다. "깊이 와닿았어, 정말 미안하다."

한동안 말이 나오지 않았다. 말이 막힌 게 아니었다.

"만일 내가…… 말을 더듬는 사람으로서…… 많이 성장했다고 진심으로 믿으려면, 받아들이고, 자신감도 가지고…… 나 자신을 이해하려면…… 다른 사람들도 변할 수 있다는 것을 머리로, 가슴으로 믿어야 해"라고 말한 나는 잠시 사이를 두었다. "내게 상처를 준 사람들도 포함해서 말이야."

이제 나는 형의 눈을 똑바로 쳐다보고 있었다.

"그게 말은 참 쉬워. 하지만…… 나는 변할 수 있다고 생각하면서…… 다른 사람은 변하지 않으리라 생각한다면…… 위선적이고, 어리석고, 무지한 거지, 안 그래?"

"맞아." 형이 답했다.

"그래서 나는…… 형이 그걸 알아줬으면 좋겠어."

내 문장은 잠시간 허공에 머물렀다.

우리 둘 다 과거를 바꿀 수 없다는 사실을 이제야 인정할 수 있을 것 같다고 나는 말했다. 나이가 들어서도 여전히 분노와 원한에 사로잡혀 살고 싶지 않으며, 누군가가 진심으로 사과한다고 느낄 때, 그러니까 오늘 밤 뒷마당에서 형이 그런 것처럼 해줄 때, 부정적인 마음을 내려놓기가 훨씬 쉽다고도 말했다. 형은 내 말의 의미를 이해한다고 했다.

"적어도 내 입장은, 예전에—내 잘못 때문에—상황이 엉망이었을 때조차도, 언제든 너를 위해 무엇이든 했을 거라는 걸 알아줬으면 해. 지금도 마찬가지고." 그가 말했다. "당장 내일이라도 널 위해서라면 이 집을 팔 거야. 우리가 함께 살던 시절엔 대부분 형편없었지만, 내 마음을 믿어주길 바라. 진심이야."

나는 그의 말을 믿는다고 말했다.

새벽 1시를 막 넘긴 시간이었다. "우와" 하고 형이 시계를 보며 말했다. 그는 시간이 이렇게나 많이 흐른 게 믿기지 않는 듯했다.

    나는 노트를 덮고 테이블 위에 펜을 내려놓았다. 그러곤 몸을 앞으로 기울여 녹음을 멈췄다. 우리는 한동안 밖에 앉아, 이번엔 여느 형제들처럼 계속 이야기를 나눴다.

Life on Delay

Life on Delay

참고 문헌

1장 | 손에 아무것도 없이

Jeffrey Goldberg와의 인터뷰

2장 | 빈 오디오

가족 및 Trish Bickford Petty, Dr. Scott Yaruss, Christine Samson Southern, Dhruv Gupta와의 인터뷰

23쪽 2000년도에 접어들고서야: Lydia Denworth, "The Stuttering Mind," *Scientific American*, August 2021.

23쪽 말더듬의 핵심 '문제': Kate E. Watkins, Stephen M. Smith, Steve Davis, and Peter Howell, "Structural and functional abnormalities of the motor system in developmental stuttering," *Brain*, January 2008.

23쪽 우리의 말하기 능력은 유아 때부터 발달하기 시작한다: Mayo Clinic Staff, "Language development: Speech milestones for babies," Mayo Clinic, https://www.mayoclinic.org/healthy-lifestyle/infant-and-toddler-health/in-depth/language-development/art-20045163.

23쪽 조그맣게 내뱉는 소리나 옹알이: Suneeti Nathani, David J. Ertmer, and Rachel E. Stark, "Assessing vocal development in infants and toddlers," *Clinical Linguistics & Phonetics*, July 2006.

23쪽 전체 아동의 5에서 10퍼센트는: National Institute on Deafness and Other Communication Disorders, National Institutes of Health, https://www.nidcd.nih.gov/health/stuttering.

23쪽 2세에서 5세 사이에: "What is stuttering?," WebMD, https://www.webmd.com/parenting/stuttering#1.

23쪽 그 아이들 중 적어도 75퍼센트는: "Stuttering," National Institute on Deafness and Other Communication Disorders, National Institutes of Health, https://www.nidcd.nih.gov/health/stuttering.

23쪽 10세에도 여전히 말을 더듬는다면: Gavin Andrews, Ashley Craig, AnneMarie Feyer, et al., "Stuttering: A review of research findings and theories circa 1982," *Journal of Speech and Hearing Disorders*, August 1983, 228.

23쪽 포괄적으로 설명하는 용어: Denworth, "The Stuttering Mind."

24쪽 충분한 공기가 폐와 후두를 통해 이동: Kristofer E. Bouchard, Nima Mesgarani, Keith Johnson, and Edward F. Chang, "Functional organization of human sensorimotor cortex for speech articulation," *Nature*, February 20, 2013.

24쪽 미국에서 300만 명이 이런 식으로 말한다: "FAQ," The Stuttering Foundation, https://www.stutteringhelp.org/faq.

24쪽 부분적으로는 유전적인 현상이다: Lisa Scott, "A look at genetic and neurological correlates of stuttering," *The Stuttering Foundation Newsletter*, January 2006.

24쪽 10여 년 전 유전학자: Denworth, "The Stuttering Mind."

24쪽 명확한 우성 또는 열성 패턴: Carlos Frigerio-Domingues and Dennis Drayna, "Genetic contributions to stuttering: The current evidence," *Molecular Genetics and Genomic Medicine*, March 2017.

25쪽 일란성 쌍둥이여도: Denworth, "The Stuttering Mind."

25쪽 일반적인 언어치료사: "Who Are SpeechLanguage Pathologists, and What Do They Do?," American Speech-Language-Hearing Association, https://www.asha.org/public/who-are-speech-language-pathologists/.

25쪽 약 15만 명의 언어치료사: "Speech-Language Pathologists," *Occupational Outlook Handbook*, U.S. Bureau of Labor Statistics, https://www.bls.gov/ooh/healthcare/speech-language-pathologists.htm.

3장 | 그 시선

가족 및 Liz Rawson, Dr. Tommie Robinson, Dr. Kia Johnson, Andrew deMichaelis, Christine Samson Southern과의 인터뷰

35쪽 전 세계 1퍼센트: "Facts About Stuttering," National Stuttering Association, https://westutter.org/facts-about-stuttering/.

36쪽 보이지 않는 무대에서 우리가 저마다의 역할을 수행한다고: Erving Goffman, *The Presentation of Self in Everyday Life* (New York: Anchor Books, 1959), xi.

37쪽 국선 변호사가 첫 진술 내내 지독하게 말이 막히는 바람에 사람들이 움찔한다: *My Cousin Vinny*, directed by Jonathan Lynn (Twentieth Century Fox, 1992).

37쪽 "이이이이-일본군이에요!": *Pearl Harbor*, directed by Michael Bay (Touchstone Pictures, Jerry Bruckheimer Films, 2001).

38쪽 말더듬이들이 고충을 겪는 소리는 저마다 다르지만: "Stuttering 101," SAY: The Stuttering Association for the Young, https://www.say.org/stuttering-101/.

39쪽 두 사람의 거북한 대화: Goffman, *The Presentation of Self in Everyday Life*, 12.

40쪽 "발표를 하다 망신당하는": 같은 책.

42쪽 많은 건강보험사가 언어치료를 보장하지 않으니: "Private Health Plans," American Speech-Language-Hearing Association, https://www.asha.org/public/coverage/php/.

45쪽 워싱턴 D.C.의 악명 높은 그래피티 아티스트: Paul Hendrickson, "Mark of the Urban Phantom," *The Washington Post*, October 9, 1991.

46쪽 "나 뛰게 하지 마": "Lisa on Ice," season 6, episode 8, *The Simpsons*, directed by Bob Anderson (Gracie Films, Twentieth Century Fox Television, 1994).

46쪽 "이게 오로라고?": "22 Short Films About Springfield," season 7, episode 21, *The Simpsons*, directed by Jim Reardon (Gracie Films, Twentieth Century Fox Television, 1996).

46쪽 "해먹으로 돌아가게, 친구!": "You Only Move Twice," season 8, episode 2, *The Simpsons*, directed by Mike Anderson (Gracie Films, Twentieth

Century Fox Television, 1996).

4장 | 야구공과 스트라이크

가족 및 Andrew deMichaelis, Emily Blunt, Alex Brightman, Julie Brandenburg McGaffin과의 인터뷰

48쪽 "연속 출전 행진이 중단될 뻔한 적이": Richard Justice, "It's Over: Ripken Sits Out After 2,632 Games," *The Washington Post*, September 21, 1998.

51쪽 음절 박자 언어: Natasha Trajkovski, Cheryl Andrews, Mark Onslow, et al., "Using syllable-timed speech to treat preschool children who stutter: A multiple baseline experiment," *Journal of Fluency Disorders*, March 2009.

53쪽 다른 신경 경로를 사용한다: Per Alm, "Stuttering and the Basal Ganglia," The Stuttering Foundation, Winter 2006, https://www.stutteringhelp.org/stuttering-and-basal-ganglia.

5장 | 유창성 공장

Anne Oberhelman, Bill Oberhelman, Dr. Ron Webster, Chris Cochran, Dr. Scott Yaruss와의 인터뷰

62쪽 치료 전후 영상: "HCRI Client Videos," Hollins Communications Research Institute, https://www.stuttering.org/alumni-videos-stuttering-therapy-at-HCRI.php.

64쪽 사람들이 노래를 부를 때는 말을 더듬지 않는다는: "Singing and Stuttering: What We Know," The Stuttering Foundation, https://www.stutteringhelp.org/content/singing-and-stuttering-what-we-know-0.

64쪽 엘비스 프레슬리, 빌 위더스: "Famous People Who Stutter," The Stuttering Foundation, https://www.stutteringhelp.org/famouspeople.

64쪽 에드 시런은 말을 더듬던 어린 시절: Ed Sheeran's speech at the 2015 American Institute for Stuttering Gala, https://www.youtube.com/watch?v=K_3r3SolyDs.

64쪽 켄드릭 라마는 래퍼가 되기 훨씬 전부터 말을 더듬었지만: Lizzy Goodman, "Kendrick Lamar, Hip-Hop's Newest Old-School Star," *The New York*

Times Magazine, June 29, 2014.
64쪽 "컨트리 로오오오드": Bill Danoff, Taffy Nivert, and John Denver, "Take Me Home, Country Roads," John Denver, *Poems, Prayers & Promises* (RCA, 1971).
64쪽 이는 낭송 내지: Michael Kiefte and Joy Armson, "Dissecting choral speech: Properties of the accompanist critical to stuttering reduction," *Journal of Communication Disorders*, January–February 2008.
65쪽 수십 밀리초 단위로: Kristofer Bouchard, Nima Mesgarani, Keith Johnson, and Edward Chang, "Functional organization of human sensorimotor cortex for speech articulation," *Nature*, Febrary 20, 2013.
66쪽 헤드라인이었다: "Virginia Psychologist Treats Stutterers by Computer-Assisted Therapy, but Some Experts Voice Doubt," *The New York Times*, March 27, 1972.

6장 | 설명하기 어려운

가족 및 Andrew deMichaelis, Peggy Celano, Tony Braithwaite와의 인터뷰

7장 | 조 선생님

가족 및 Joe Donaher와의 인터뷰

8장 | 술이 주는 용기

Jim McKay, Joe Donaher와의 인터뷰

9장 | 검은 파도

가족 및 Mukesh Adhikari, Gerald Maguire와의 인터뷰
103쪽 가장 최근에 개정된 《정신장애 진단 및 통계 편람》의 자문위원으로서: Julie Cohen, "A new name for stuttering in DSM-5," *Monitor on Psychology*, July/August 2014.
106쪽 "모든 것이": Thom Yorke, "Everything in Its Right Place," *Kid A*,

Radiohead (Parlophone, Capitol, 2000).

107쪽 신경전달물질은: "What are neurotransmitters?," Queensland Brain Institute, The University of Queensland, Australia, https://qbi.uq.edu.au/brain/brain-physiology/what-are-neurotransmitters.

108쪽 도파민은 화창한 날: Erica Julson, "10 Best Ways to Increase Dopamine Levels Naturally," *Healthline*, May 10, 2018, https://www.healthline.com/nutrition/how-to-increase-dopamine.

108쪽 뇌의 도파민 활동 불균형이 신경 경로에 문제를 일으켜 말을 더듬게 한다는 가설: Amber Dance, "The new neuroscience of stuttering," *Knowable Magazine*, September 2, 2020, https://knowablemagazine.org/article/mind/2020/new-neuroscience-stuttering.

108쪽 도파민 분비를 막으면: 같은 사이트

108쪽 GABA는 또 다른 신경전달물질: Annie Stuart, "GABA (Gamma-Aminobutyric Acid)," WebMD, September 5, 2019.

108쪽 GABA의 효과가 나타난다: David DiSalvo, "What Alcohol Really Does to Your Brain," *Forbes*, October 16, 2012, https://www.forbes.com/sites/daviddisalvo/2012/10/16/what-alcohol-really-does-to-your-brain/.

109쪽 맥과이어와 다른 연구진은: Dance, "The new neuroscience of stuttering."

10장 | 카이로스

가족 및 Tony Braithwaite와의 인터뷰

112쪽 《보스턴 글로브》에서: Spotlight Team, "Scores of priests involved in sex abuse cases," *The Boston Globe*, January 31, 2002.

112쪽 의혹을 받고 사임했다: Martha Woodall, "A Difficult Year for 'The Prep': Scandal, Departures Rattle St. Joseph's Prep," *The Philadelphia Inquirer*, August 2, 2006.

112쪽 두 건에 대해 유죄를 인정했다: Dan Morse, "Former priest put on probation for fondling two Georgetown Prep students," *The Washington Post*, November 10, 2011.

112쪽 동부 해안의 여러 교구를 옮겨 다니다: "Fr. Garrett Orr—Archdiocese of Washington," Horowitz Law, https://adamhorowitzlaw.com/fr-garrett-orr-archdiocese-of-washington/.

11장 | 펜실베이니아주립대학교 1

Paul Kellermann, Samantha D와의 인터뷰
135쪽 약물 남용과 수십 년간 싸워온 데이비드 카의 생생한 이야기를 담은: David Carr, *The Night of the Gun* (New York: Simon & Schuster, 2008).

12장 | 부푼 꿈을 안고

가족과의 인터뷰

13장 | 펜실베이니아주립대학교 2

Paul Kellermann과의 인터뷰

14장 | "고객님, 그게 어느 나라 말이죠?"

Allison Berger Hartman, Justin Berger, Lyle Brewer와의 인터뷰
154쪽 사이키델릭 버전의 〈더 스타 스팽글드 배너〉: Zachary Crockett, "The Invention of the Wah-Wah Pedal," *Priceonomics*, November 5, 2015, https://priceonomics.com/the-invention-of-the-wah-wah-pedal/.

15장 | 서부를 향한 편도 여행

Kevin Rochford와의 인터뷰

16장 | 불확실한 미래

Kevin Rochford와의 인터뷰
171쪽 "관찰당하는 굴욕을": E. B. White, *Here Is New York* (New York: The Little Bookroom, 1999).
175쪽 바이스가 입주하면서: Matthew Conboy, " 'Goodnight Brooklyn': How Vice Media Killed Death by Audio," *The Daily Beast*, December 3, 2016, https://www.thedailybeast.com/goodnight-brooklyn-how-vice-media-killed-death-by-audio.

17장 | "제가 몸에서 빠져나가요"

JJJJJerome Ellis와의 인터뷰

179쪽 이스트 빌리지 세인트 마크스 교회: "St. Mark's Church in-the-Bowery," Literary New York, https://www.literarymanhattan.org/place/st-marks-church-in-the-bowery/.

180쪽 청중들은 그가 의도적으로 멈춘 건지 아닌지 알지 못했다: Sean Cole, "Time Bandit," *This American Life*, episode 713, act 1 (WBEZ Chicago, August 7, 2020).

181쪽 "처음 초대받은 저는": Speech by JJJJJerome Ellis, St. Mark's Church in-the-Bowery, January 1, 2020.

18장 | 해고 통지서

Sherrod Small, Emily M과의 인터뷰

188쪽 《뉴욕 타임스》는 이렇게 보도했다: Ravi Somaiya, "Lofty Newspaper Project Is Closed After Two Years," *The New York Times*, April 2, 2014.

189쪽 "패튼 씨의 귀에는 모든 종류의 시계가 분주히 돌아가는 소리가 들린다": David Carr, "Newspapers' Digital Apostle," *The New York Times*, November 13, 2011.

19장 | 봉인된 상자

Andrew deMichaelis, Emily M, Stina P와의 인터뷰

204쪽 "진짜 남자는 다들 어디로 갔죠?": "Pilot," *The Sopranos*, directed by David Chase (Chase Films, HBO, 1999).

206쪽 폴섬 주립 교도소 내부에서 열린 집중적인 그룹 치료 세션: *The Work*, directed by Jairus McLeary and Gethin Aldous (Blanket Fort Media, 2017).

20장 | "우리 몸이 우리를 저버려서요?"

Liz Rawson과의 인터뷰

225쪽 "과거를 완전히 떼어낼 수는 없어.": Stephen Malkmus, "Gold Soundz," Pavement, *Crooked Rain, Crooked Rain* (Matador Records, 1994).

21장 | 조 바이든 기사와 편지들

Joe Biden, John Burns, Michael Sheehan, Jeffrey Goldberg, Liz Rawson, Hunter Martinez와의 인터뷰

231쪽 〈더 데일리 쇼〉의 트레버 노아가: Trevor Noah, "Biden Gets His Trump Nickname and Stumbles Through His First 2020 Rally," *The Daily Show* (Comedy Central, April 30, 2019), https://www.youtube.com/watch?v=G82UsIzbuRs.

231쪽 폭스뉴스에서 다루게 될 영상과 다르지 않았다: Steve Hilton, " 'Sleepy Joe' Biden stumbles through second Democratic debate," Fox News (Fox Corporation, August 5, 2019), https://www.youtube.com/watch?v=JgFF2GvWFf8.

239쪽 "전 부통령 조 바이든은": Stephanie Ruhle, *MSNBC Live with Stephanie Ruhle* (MSNBC, November 22, 2019).

22장 | "그게 저를 막지는 못하죠"

Nathan Heller, Katherine Preston, Barry Yeoman, Morgan Housel, David Rogier, Marc Vetri, Michael Kidd-Gilchrist, Brandon Shell, Jeff Zeleny, Tony Braithwaite와의 인터뷰

250쪽 "기억하는 한 나는 거의 항상 말을 더듬어왔지만": Nathan Heller, "The Stutterer," Slate, February 21, 2011, https://slate.com/news-and-politics/2011/02/the-king-s-speech-raises-more-questions-about-stuttering-than-it-answers.html.

252쪽 "언어장애가 있는 분들을 다른 손님과 함께 앉힐 수가 없어서요": Barry Yeoman, "Wrestling with Words," *Psychology Today*, November 1, 1998.

252쪽 "집 근처 부둣가를 배회하거나": Barry Yeoman, "Tongue-Tied," *Out*, October 1997.

23장 | "더 부드러운 안식처"

Roísín McManus, Betty Altenhein, Stavros Ladeas와의 인터뷰

24장 | "아직이란 없답니다"

Dr. Courtney Byrd, Meghan Kleon, Austin Kleon, Owen Kleon과의 인터뷰
269쪽 말더듬이 아서 블랭크: "University of Texas to create center to study stuttering," Associated Press, October 19, 2020.

25장 | 엄마 아빠

가족과의 인터뷰

26장 | 당신이 아니었다면

Liz Rawson과의 인터뷰

27장 | 프렌즈

Hunter and Jessica Martinez와의 인터뷰

28장 | 형제

가족과의 인터뷰

감사의 말

우선 조너선 시걸 편집자께 감사의 마음을 전합니다. 그는 제가 제안서 작성을 시작하기도 전에 이 프로젝트를 믿어주었고, 점심 식사 자리에서나 장거리 통화 중에 오랜 시간 지혜와 조언을 아낌없이 나누어주었습니다. 어떤 상황에서도 늘 공감으로 문제에 대응해주고 특히 책에서 가장 어려운 부분을 다룰 때 세심하게 이끌어주며, 제가 끝까지 목표를 잃지 않도록 독려해주었습니다.

조너선 편집자와 함께 크노프 출판사에서 이 책을 출간하게 되어 한없는 영광이며 겸허한 마음이 듭니다. 더 나은 책으로 나올 수 있도록 세심한 관심을 기울여준 크노프 팀의 레이건 아서, 조던 파블린, 가브리엘 브룩스, 로라 키프, 사라 페린, 존 갤, 에이미 라이언, 대니얼 노백 등 모든 분들께 감사드립니다. 작가에게 보내준 진심 어린 지지에도 깊이 감사합니다. 제 이름이 크노프라는 이름과 나란히 인쇄된다는 사실이 아직도 비현실적으로 느껴집니다. 그리고 이렇게 아름다운 표지를 디자인해준 올리버 먼데이 님께도 특별한 감사를 전합니다.

저의 에이전트인 어밀리아 아틀라스에게도, 매번 내딛는 걸음마다 보여준 지원과 통찰에 감사드립니다. 팬데믹 이전 어느 날, 몰리와 함께 커피를 마시며 '지연The Delay'이라는 제목의 책을 쓰고 싶다고 이야기했을 때, 그녀는 망설임 없이 "지연된 삶Life on Delay이 더 좋겠네요"라고 말했지요. 그녀의 말이 옳았습니다.

이 프로젝트는 여러 민감한 인터뷰와 대화를 바탕으로 하고 있으며, 그중 대부분은 매슈 엥겔이 거의 1년 동안 기록해주었습니다. 젊고 재능 있는 저널리스트인 그의 도움이 없었다면 이 작업을 끝까지 완주할 수 없었을 겁니다. 복잡한 신경화학과 의사소통 과학을 읽기 쉽게(부디 그러했기를 바랍니다) 풀어 말더듬의 의학적 측면을 전하도록 도움을 준 아니카 네클라손에게 진심으로 감사드립니다. 크고 작은 사실들을 꼼꼼히 검토해준 힐러리 매클렐런에게도 큰 빚을 졌습니다.

《애틀랜틱》은 기자와 편집자들에게 꿈의 직장이며, 저는 그곳의 일원임을 언제나 자랑스럽게 여깁니다. 제가 팀에 합류하여 목표를 추구할 수 있도록 격려해준 제프리 골드버그와 애드리엔 라프랑스에게 감사드립니다. 또한 과거와 현재의 직장 동료들에게 감사 인사를 전합니다. 특히 닉 바우만, 노라 켈리, 요니 아펠바움, 줄리엣 라피도스, 드니즈 윌스, 재니스 월리, 안나 브로스, 헬렌 토빈, 엘렌 쿠싱, 샨 왕에게 진심으로 감사합니다. 2019년 조 바이든과 말더듬에 대한 저의 글을 편집하며 미묘한 뉘앙스와 복잡한 문제들을 깊이 파고들도록 이끌어준 로리 에이브러햄에게 감사드립니다. 기사가 최상의 형태로 완성될 수 있도록 힘써준 이본 롤츠하우젠, 윌 데이비스, 루이제 슈트라우스, 아르시 라지우딘, 마크 펙메지안에게도 감사의 마음을 전합니다.

바이든 기사를 쓰는 경험은 제 삶을 바꿔놓았습니다. 그 글을 쓸 수 있었던 것도, 나아가 이 책을 집필할 수 있었던 것도 세계적인 수준의 교육을 받은 덕분입니다. 초등학교와 중학교 시절 홀리 트리니티에서 저를 지도해주신 선생님들께 감사드립니다. 특히 날마다 자유 글쓰기를 연습하게 해준 셀라노 선생님께 더없는 감사의 마음을 전합니다. 셀라노 선생님 덕분에 (대부분의 경우) 저는 여전히 두려움이 아닌 기대감으로 글쓰기를 마주합니다. 고등학교 시절 저를 지도해주신 영어 선생님들께도 감사합니다. 특히 패트라뇨니 선생님, 웰런 선생님, 그리고 고인이 되신 크리스천 선생님께 감사드립니다. 펜실베이니아주립대에서 4년 동안 저를 도와주신 모든 분들께도 감사드리며, 특히 폴 켈러만과 엘리자베스 젠킨스 선생님께 진심 어린 감사를 전합니다.

업무 초창기 제가 거의 아무것도 모를 때, 인내심을 가지고 지도해준 편집자, 관리자, 그리고 인턴십 코디네이터분들에게도 감사드립니다. 특히 WXPN[필라델피아 기반의 비영리 라디오 방송국]의 사라 모블리, 《필라델피아 위클리》의 팀 휘태커, 《마그넷》의 에릭 밀러와 매튜 프리치에게 감사드립니다. 새내기 저널리스트인 제가 《덴버 포스트》에 안착하도록 도와주신 그렉 무어, 케빈 데일, 레이 리날디, 터커 쇼, 수전 브라운, 데이나 코필드, 댄 페티,

안야 세메노프, 존 일리, 제이슨 블레빈스, 리사 케네디, 조앤 오스트로우, 리카르도 바카, 존 웬젤, 존 무어, 애런 온티베로즈에게 감사의 마음을 전합니다. 후에 뉴욕의 디지털 퍼스트 미디어에서 일할 기회를 준 (그리고 정리 해고가 닥쳤을 때도 직원들이 새로운 일자리를 찾도록 도와준) 짐 브래디와 로빈 톰린에게 감사드립니다. 《에스콰이어》에서 4년간 매거진 저널리즘의 기술을 가르쳐주신 데이비드 그레인저, 마크 워런, 제이 필든, 마이클 헤이니, 마이클 서배스천, 마이클 므라즈, 존 셀러스, 스티브 캔델, 마이크 니자, 존 케니, 톰 주노드, 찰리 피어스, 엘리엇 카플란에게도 감사드립니다. 《롤링 스톤》에서 따뜻하게 맞아주고 평생의 꿈을 이루도록 도와준 제이슨 파인, 션 우즈, 제리 포트우드, 그리고 피비 나이들에게도 진심 어린 감사를 전합니다.

저는 정말 운이 좋게도 뛰어난 저널리스트이면서 훌륭한 인성이 돋보이는 멘토들을 만났습니다. 오랜 세월 동안 글쓰기, 인생, 원고 수정에 관해 조언해주고 늦은 밤 위로의 전화도 아끼지 않았던 마이크 세이거에게 감사드립니다. 이름 없는 프리랜서였던 제게 기회를 준 조시 숄마이어에게 감사드리며, 거의 모르는 사이였음에도 저를 믿어준 맥스 포터에게도 깊은 감사의 마음을 전합니다. 대화를 시작하자마자 본능적으로 이 책의 흐름을 이해한 (원고 속 한 구절의 문장까지 남겨준) 제니퍼 시니어에게도 감사합니다. 마감을 앞둔 패닉 속에서 제 말을 경청해준 로버트 콜커에게도 감사드립니다. 책을 쓰는 일은 결국 매일 아침 일어나 한 걸음씩 내디디며 끝을 향해 나아가는 것이라는 인생의 좌우명을 들려준 패트릭 래든 키프에게 감사드립니다. 이 원고가 그저 프린터에서 출력한 하얀 종이 뭉치에 불과했을 때부터 읽어주고 귀중한 피드백을 남겨준 빌 세인트 존—그리고 앞서 언급한 다른 분들께도—감사드립니다. 또한 특별히, 제가 막다른 길에 놓였을 때 그저 한 사람에게 이야기하듯이 쓰라고 조언해준 데이브 홈스에게 진심 어린 감사를 보냅니다.

이 책을 위해 인터뷰 요청에 응해준 모든 말더듬이 동지들, 그들의 가족들, 치료사들, 연구자들, 그리고 과거에 저와 인연을 맺었던 분들께 마음을 담아 감사를 전합니다. 배리 요먼, 조 도나허, 토미 로빈슨, 키아 존슨, 존 무어, 에릭 잭슨, 차야 골드스타인, 마크 오말리아, 드루브 굽타, 라이언 코너스, 크리스 슐러, 아이샤 에임스, 매트 버누카, 제프리 거츠, 엠마 알펀, 윌 블러젯, 캐린 헤링, 크리스텔 쿠바트, 루벤 슈프, 쿠날 마하잔, 크리스 콘스탄티노, 마이클 슈거맨, 호프 걸락, 데릭 다니엘스, 조던 스콧, 제프 셰임스, 루시 리드, 마이클 시한 등과 같은 분들 덕분에 저는 전 세계 말더듬 공동체의 따뜻한 환영을 받았습니다. 정말 행운이라고 생각합니다. 매달 꾸준히 함께해주는 전국 말더듬 협회 브루클린 및 맨해튼 지부 회원들께도 감사합니다. 또한 프렌즈의 리 카지아노와 모든 분들, 미국 말더듬 연구소의 헤더 그로스먼과 모든 분들, 전국 말더듬 협회의 태미 플로레스와 모든 분들, 유소년 말더듬 지원 단체인 세이SAY의 노아 콘맨, 트래비스 로버트슨, 네이선 패터슨 및 전체 팀원에게 감사 인사를 전합니다.

이 책에 이름이 실린 모든 말더듬이들에게도 감사드립니다.

특히 여러 차례 여러 시간 동안 인터뷰에 응하며 내밀한 이야기를 들려준 짐 매케이, 제럴드 맥과이어, 라일 브루어, 즈즈즈즈제롬 엘리스, 로신 맥마누스, 그리고 고 헌터 마르티네스에게 가없는 감사를 전합니다. 젊은 말더듬이들에게 새로운 길을 제시해준 코트니 버드 박사님과 클레온 가족에게도 감사합니다.

팬데믹 기간 동안 저는 매일 밤 전 세계 말더듬이 동지들과 대화를 나누었는데, 그 모든 이야기를 책에 담지 못해 아쉽습니다. 기꺼이 시간을 내어 우리가 공유하는 말더듬이라는 경험에 대해 통찰을 나누어준 한나 몬타녜스, 윌 네이딩, 존 프랭크, 호세 랄랏, 앤드루 로지에, 조너선 골드스타인, 제프 로즈, 롬틴 파바레쉬, 크리스티나 해리스, 데빈 키즐, 펠리페 프리아스, 메릴 맥퀸, 말릭 압달라, 크리스토퍼 퀘스텔, 켈빈 브룩스, 수닐쿠마르 봄발레, 헤더 맥레오드, 그리고 그래프 가족, 악셀라리스 가족, 스톤 가족, 아담 스타이너, 켈리 밀러, 잭 타미시에아, 재러드 리치먼, 톰 부데이, 위스버티 벨레즈, 스티븐 구글리, 래리 스타인, 롱 공, 카린 그란스트롬, 버나드 글레넌, 캔디스 애데어, 토머스 윌리엄스, 오드리 에르난데스, 크리스토퍼 콜리지, 알렉스 로젠, 에릭 에신하트, 알리사 메시치, 빌 그레이엄, 아리 월드만, 아틸리오 스파노, 에디슨 칠루시아, 제프 슈워츠, 게이브 알트만, 랜디 판차리노, 로버트 그라이더에게 깊이 감사드립니다.

독자로 살아온 제 삶에 지울 수 없는 흔적을 남긴 모든 작가들에게 깊이 감사드립니다. 특히 데이비드 카, 팀 오브라이언, 조앤 디디온, 메리 카, 리처드 프라이스에게 특별한 감사를 전합니다. 이 작업을 완수하는 동안, 제 감정을 확실하게 끌어내주는 음악이 없었다면 제대로 해내지 못했을 겁니다. 밥 딜런, 닐 영, 타운스 반 잔트, 캐럴 킹, 델로니어스 몽크, 빌 에반스, 존 페이히, 윌코, 데이비드 버만, 제이슨 몰리나, 리플레이스먼츠, 오시즈 등 많은 아티스트들에게 감사합니다. 비록 직접 만난 적은 없지만, 영화 〈화해의 조건〉에 나온 어머니와의 인터뷰 장면을 보고 저도 가족을 인터뷰할 용기를 얻었습니다. 빙 리우 감독에게 감사드립니다. 〈게리 샌들링의 정신 수행 일기 The Zen Diaries of Garry Shandling〉를 통해 삶의 교훈을 전해준 저드 애퍼타우 감독, 그리고 우리는 결국 서로를 집까지 데려다주는 존재일 뿐이라는 소중한 깨달음을 준 고 람 다스에게도 감사합니다.

걷기도 이 책의 중요한 일부로, 포트 그린 공원 산책은 크나큰 치유의 시간이었습니다. 공원을 훌륭한 상태로 가꿔주시는 모든 분께 감사드립니다. 오후 시간 위안을 준 낫 레이즈 피자와 루이지즈의 피자 한 조각에도 감사합니다. 저를 한없이 여유롭게 만들어준 헝그리 고스트 커피와 다시금 정신이 번쩍 들게끔 해준 라 베이글 딜라이트의 베이컨, 에그, 치즈롤도 감사합니다. 그리고 뉴욕의 그린라이트, 북스 아 매직, 맥널리 잭슨, 더 스트랜드 같은 서점을 비롯해 수년간 이 도시를 위해 애써온 모든 책방에 감사합니다. 또한 폴리틱스 앤드 프로즈, 태터드 커버, 북피플, 스카이라이트, 시티 라이츠, 파웰스 등 미국 전역의 근사한 독립 서점들이 독서를 사랑하는 모든 이에게 따뜻한 공간을 제공해준 데에도 깊은 감사를 드립니다.

제가 스스로 말더듬을 받아들이기 훨씬 전부터 곁에 있어주고 받아들인 이후에도 변함없는 응원을 보내준 친구들에게 마음 다해 감사합니다. 뉴욕에서의 삶이 온전할 수 있었던 건 여러 친구들 덕분입니다. 특히 케빈 로치포드, 라이언 보트, 벤 콜린스, 매트 밀러, 카프리스 사사노, 벤 보스코비치, 브렌든 클링켄버그, 조 머피, 메러디스 마틴에게 감사합니다. 거리상의 제약에도 불구하고 여전히 가까운 친구로 남아준 앤드루 드마이클리스, 댄 우민스키, 에밀리 틸리, 마이크 로이드, 콜린 세인트 존, 라이언 존슨에게도 특별한 감사 인사를 보냅니다.

가장 다정하고 따뜻한 장모님 캐롤과 장인어른 더그 로슨에게 감사드리며, 처음 만난 순간부터 저를 가족으로 받아준 바비, 대니, 내털리 로슨에게도 감사합니다. 오랜 세월 저를 보살펴준 모든 이모, 삼촌, 사촌들에게도 감사의 마음을 전합니다. 형수 제니와 조카인 J와 T에게도 감사합니다. 당신들이 헨드릭슨 가족에게 가져다준 기쁨은 말로 다 표현할 수 없습니다.

그리고 무엇보다도 엄마, 아빠, 그리고 맷 형에게 넘치는 사랑과 감사의 마음을 보냅니다. 가족의 이야기를 글로 쓰도록 허락하는 데는 대단한 용기와 희생이 필요합니다. 세 분 모두 이 작업을 지지해줬을 뿐만 아니라 기꺼이 참여해주었지요. 그 은혜를 어떻게 갚아야 할지 모르겠지만, 날마다 당신들의 깊은 사랑과 응원에 감사하고 있습니다.

그리고 마지막으로, 이 프로젝트를 시작할 때는 여자친구였지만 마무리하는 지금은 나의 아내인 리즈 로슨에게 감사의 마음을 전합니다. 당신이 내게 얼마나 소중한 존재인지 표현할 적절한 말이 없어. 당신은 크든 작든 어떤 도전이라도 우리가 함께 맞설 수 있도록 만들어주잖아. 당신은 단순한 삶의 동반자가 아니라 내 영혼의 반쪽이야. 당신이 이 세상에 존재한다는 사실에 정말 감사해. 나는 당신을 찾아내서 정말 행복해. 사랑해.

마침내 내뱉은 말

초판 1쇄 펴낸날 2025년 8월 28일
지은이 존 헨드릭슨
옮긴이 이윤정
펴낸이 박재영
편집 임세현·이다연
마케팅 신연경
디자인 조하늘
제작 제이오
펴낸곳 도서출판 오월의봄
주소 경기도 파주시 회동길 513 203호
등록 제406-2010-000111호
전화 070-7704-5240
팩스 0505-300-0518
이메일 maybook05@naver.com
X(트위터) @oohbom
블로그 blog.naver.com/maybook05
페이스북 facebook.com/maybook05
인스타그램 instagram.com/maybooks_05

ISBN 979-11-6873-158-5 03300

이 책은 저작권법에 따라 보호받는 저작물이므로 무단전재와 복제를 금합니다.
이 책 내용의 전부 또는 일부를 이용하려면 반드시 저작권자와 도서출판 오월의봄에 서면 동의를 받아야 합니다.

책값은 뒤표지에 있습니다. 잘못된 책은 바꾸어 드립니다.

만든 사람들
책임편집 이다연
디자인 조하늘